庆祝石河子大学建校七十周年

1949—2019

丝绸之路经济带与新疆发展丛书

"一带一路":新疆发展与中亚合作高校智库联盟
中亚文明与向西开放协同创新中心

"一带一路"与新疆发展研究

夏文斌 主 编
张彦虎 李豫新 副主编

中国社会科学出版社

图书在版编目（CIP）数据

"一带一路"与新疆发展研究/夏文斌主编.—北京：中国社会科学出版社，2019.6

（丝绸之路经济带与新疆发展丛书）

ISBN 978 - 7 - 5203 - 4638 - 2

Ⅰ.①一⋯　Ⅱ.①夏⋯　Ⅲ.①区域经济发展—研究—新疆　Ⅳ.①F127.45

中国版本图书馆 CIP 数据核字（2019）第 128674 号

出 版 人	赵剑英
责任编辑	范晨星
责任校对	赵雪姣
责任印制	王　超

出　　版		中国社会科学出版社
社　　址		北京鼓楼西大街甲 158 号
邮　　编		100720
网　　址		http://www.csspw.cn
发 行 部		010 - 84083685
门 市 部		010 - 84029450
经　　销		新华书店及其他书店
印　　刷		北京君升印刷有限公司
装　　订		廊坊市广阳区广增装订厂
版　　次		2019 年 6 月第 1 版
印　　次		2019 年 6 月第 1 次印刷
开　　本		710×1000　1/16
印　　张		16.25
插　　页		2
字　　数		251 千字
定　　价		78.00 元

凡购买中国社会科学出版社图书，如有质量问题请与本社营销中心联系调换
电话：010 - 84083683
版权所有　侵权必究

丝绸之路经济带与新疆发展丛书
编 委 会

主任兼主编： 夏文斌

委　　员（按姓氏笔画顺序）：

于逢春　王小平　王希隆　王瀚林　厉　声

冯　杰　刘仲康　李　肖　李豫新　李万明

张彦虎　杨兴全　赵忠秀　荣新江　廖肇羽

总　　序

夏文斌

　　人类社会进入 21 世纪，新的问题、新的挑战纷至沓来。在这样一个重要节点，作为有着五千多年历史文明的大国，正在以前所未有的智慧和力量，展现在世界大舞台上。特别是在世界经济总体低迷，局部地区冲突不断的情况下，如何保持世界经济政治的总体平衡，如何维护世界的和平发展，如何扩大交流交融，增进全世界人民的总福祉，世界在观察和探索着，更在关注着中国的一举一动，因为，毫无疑问，中国的发展规模和巨大成就，已经实实在在地影响着世界的整体发展。现如今，中国的发展离不开世界，世界的发展更离不开中国。

　　在全球化的背景下，中国何去何从，这是一个有责任的大国必须首先考虑的。如何从当今世界发展的新走向出发，从当今中国改革开放的新需求出发，研究并制定出利国利世界的新构想，这是对当今中国领导层的一个新考题。于是，我们看到中国不负世界期待，提出了令世界都高度关注并普遍认同的"一带一路"倡议。对于国家西部的新疆而言，如何发挥丝绸之路经济带核心作用，更好地发挥新疆区域优势、产能优势、历史文化优势和相关政策优势，在国家战略中，写好向西开放的新文章，打开向西开放的新通道，为丝绸之路经济带发挥更大的作用，所有这些，都需要我们学术界认真研究探讨。为此，我们组织编写了"丝绸之路经济带与新疆发展丛书"，其目的也正是要服务于国家需求，发挥跨学科的优势，从理论和实践互动的角度，深入调研，扩大学术交流，将丝绸之路经济带背景下需要特别关注的问题提出来，并加以解决。实践在发展，为实践服务并引领新实践前进的理论一刻也不能停滞。这套丛书力求做到以下几点。

一是从国家需求出发，深入研讨丝绸之路经济带的建设问题。"凡事预则立，不预则废"。丝绸之路经济带的提出，是面对世界和中国新发展而提出的伟大倡议，这要求我们的学术理论研究必须站在世界发展的最前沿，必须站在历史新发展的高度，做到回顾历史，历历在目，关注现实，底气十足，面向未来，见微知著。要加强理论上的顶层设计，只有从世界与中国的一些重大理论和实际问题出发，才能够从根本和目标上为丝绸之路经济带建设提供重要的理论和实践指南，才能真正为解决新疆发展问题和实现长治久安提供智库作用。"不谋全局者不能谋一域，不谋万世者不足谋一时"。中华民族从来都是一个有眼光有历史感的民族。此时此刻，我们不由得想到两千多年前，我们的先人们为了经济文化的交往，历尽千辛万苦，开启了一条贯通中西的丝绸之路，这是历史之路，交流之路，文明之路。历史的烟云已慢慢逝去，我们仿佛看到一代代中国人，登高望远，负重前行。今天，历史的接力棒交到了我们这一代人手中，我们也充分相信，我们这一代中国人一定能站在历史的制高点，站在巨人的肩膀上，将世界和中国的发展蓝图描绘得更加丰富多彩。

二是发挥跨学科优势，全方位拓展丝绸之路经济带的研究。当今世界现代化的一个重要特质就是系统化、立体化、整体化。也就是说，任何一项大工程都必须整合各种资源和要素，构建一个复杂的系统创造终端。"一带一路"倡议提出要做到"五通"，即政策沟通、设施联通、贸易畅通、资金融通、民心相通。而要做到这"五通"，就需要我们政策部门、金融部门、建设交通部门、法律部门、文化教育部门加强联系，密切配合，共同完成这一大目标。当然，我们说五通建设，不是各部门简单相加，而是要进行深入融合，形成合力。在这样一个如此大的工程中，我们的学术研究就不能各自为战，而必须有共同的目标，全方位地进行联合攻关，才能加快共建"智力丝绸之路"。从学科和学术视角来看，丝绸之路经济带与新疆的发展，既涉及经济学，即如何在全球化背景下，打破地方壁垒，发挥市场经济的决定性作用，加强贸易往来，加强产能合作等；又涉及社会学，即如何从丝绸之路经济带的社会合作出发，提出社会治理的新举措，从而保证新疆的社会和谐稳定；还涉及政治法律，即如何增强丝绸之路经济带沿线国家的政治互信，坚持法治，共同打击恐怖主义等；还涉及文化学、历史学，即如何通过回首丝绸之路的历史文化价值，构建丝绸之路文化共同体，实现文化的纵深交流，将丝绸之路的文明之光一代代传承下去。

三是聚焦新疆现实问题，有针对性地解决新疆发展的迫切问题。改革开放以来，新疆的经济社会发展取得了长足的进步。但必须看到的是，由于历史和现实的一些原因，新疆在发展过程中还面临着诸多挑战，安全因素、发展因素、民生因素、文化价值因素等都在影响着新疆的发展。可以说，新疆的发展涉及政治、历史、经济、社会、宗教、民族等各种因素，并且这些因素相互交织，异常复杂，面对这些实实在在地摆在我们面前的问题，我们当然不应回避，更不应误读，而必须运用辩证唯物主义观点和方法，全面分析这些问题及原因，在更加广阔的空间审思这些问题，我们的研究一定要接地气，避免一般性的空头议论，要出实招。所有这些，都要求我们的学者更加注重问题意识，注重透过现象看本质，在发现问题、解决问题中展示出我们学者的使命。

现实是变化发展着的，我们的学术研究当然应当与时俱进。愿我们这套丛书能够在丝绸之路经济带建设的滚滚洪流中，在新疆发展的阵阵号角声中，展示出其独特的理性作用。

目　录

"一带一路"的风险与对策 …………………………………… 蓝庆新(1)

"一带一路"倡议框架下的区域研究人才的培养：问题与

　　前景 …………………………………………………… 宁　琦(21)

"一带一路"背景下新疆企业走向中亚国家面临的机遇与

　　挑战 …………………………………………… 李豫新　代　敏(31)

中亚与中国合作指数分析 ……………………………………… 翟　崑(59)

强化金融支撑　推动丝绸之路经济带核心区建设 …………… 谢婷婷(91)

核心区建设背景下新疆棉花与纺织产业高质量

　　发展研究 …………………………………… 张　杰　杜伟伟(103)

当前新疆棉花产业发展主要问题与

　　对策研究 ………… 王　力　陈　前　苗海民　张　杰　程文明(112)

十八大以来新疆新兴旅游产业发展研究

　　——以东天山北坡草原生态旅游发展为例 ………… 张彦虎(143)

新疆能源建设对策研究 ………………………………… 孔令丞(155)

新疆兵团现代农业集团化组织构架 …………………… 李万明(183)

兵团工业用水与工业经济增长、产业结构变化的关系分析

　　——兼论对兵团向南发展的启示 ………… 王光耀　罗万云(194)

如何凭借历史文化积淀促进精神文明建设的思考 …………高人雄(205)

新疆文物保护面临的问题与建议 ……………………………林梅村(212)

清代犯屯再研究
　　——以新疆哈密为例 ……………………………………何汉民(237)

"一带一路"的风险与对策

蓝庆新[*]

面对当前复苏乏力的全球经济形势，加强区域合作已成为推动世界经济发展的重要动力。"一带一路"倡议是中国政府在国际和地区形势深刻变化的经济、政治、社会环境下提出的。体现了中国政府致力于维护全球自由贸易体系和开放型经济体系的发展态度，表达了中国促进沿线各国加强合作、共克时艰、共谋发展的合作发展理念。从国际视野看，"一带一路"倡议可以再写古丝绸之路的辉煌，构建中国全方位开放新格局，促进亚欧国家共同繁荣，也为中国营造较好的国际发展环境。从国内角度看，在中国经济"换挡期"推进"一带一路"建设，能够有效地将过剩优势产能和资本输出，加快中国企业全球化步伐，推动国内经济转型升级。因此，共建"丝绸之路经济带"和"21世纪海上丝绸之路"两大构想一经提出便受到了国际社会的高度重视，得到了沿途各国的广泛支持。虽然目前"一带一路"倡议的经济效益正日益凸显，但面对全球治理体制的巨大变革以及我国经济新常态发展特征的进一步明确，"一带一路"倡议所面临的风险也在实施与发展过程中愈加明显。只有全面预判及审视风险类型，合理预防和化解不确定因素，才能有效规避由风险所带来的损失，放大机遇所产生的效益，从而确保"一带一路"倡议的稳步有序推进。

---

[*] 蓝庆新，对外经济贸易大学教授、博士生导师。

一　"一带一路"倡议的意义与内涵

(一)"一带一路"倡议实施的意义

"一带一路"是一个站在全球高度的伟大倡议，它不仅有力地推动了我国新一轮对外开放，促进了国内经济协调发展，并且也促进了区域内资源的自由流动，实现了区域经济的优势互补；同时，也在很大程度上改变了全球政治经济的空间布局和活动方式，为世界范围内的均衡发展做出了新的贡献。因此，"一带一路"倡议不仅对我国经济的发展具有重大的意义，对于区域乃至世界经济的发展都具有深远的影响。

1. "一带一路"倡议对于我国的意义

其一，促进了国内区域经济均衡化发展。虽然近年来我国区域经济发展差距呈缩小态势，但是，受地理区位、资源禀赋以及发展基础等因素影响，使得东快西慢、海强陆弱的格局仍未有根本改观。而"一带一路"将构筑新一轮对外开放的"一体两翼"，在提升向东开放水平的同时加快向西开放步伐，从而助推了内陆沿边地区由对外开放的边缘迈向前沿。因此，"一带一路"倡议既加快了中西部地区的改革开放步伐，激活经济活力，又促进东部地区经济结构的升级转型，从而推动了东中西部协调发展。具体来讲，首先针对中西部地区，由于"丝绸之路经济带"的建设，将有力地成为全面提升中西部地区经济水平的主引擎，在加大中西部对外开放程度的同时，也将极大地提升其经济活力。并且，通过承接东部产业转移，可以使中西部产业的实力和核心竞争力得到很大程度的提升，在弥补了其产业薄弱环节的同时，充分发挥成本优势，扩大盈利空间。其次针对东部地区，积极推动"21世纪海上丝绸之路"建设，将深化东部与海外地区，尤其是东南亚国家的经贸合作力度，这既有利于东部地区借此实现产业的转型升级，也将带动其对外投资的输出，从而促进其整体经济的提质升级。

其二，实现了国际贸易伙伴构成多元化。长期以来，美国、日本、欧洲等发达经济体一直是我国主要的贸易伙伴，但自2008年金融危机之后，发达经济体进入了漫长的复苏阶段，因而消费能力偏低，使得我国出口西方的道路受阻。而"一带一路"为我国对外贸易指明了新的方向。由于沿线国家对于轻工业品、家电等产品的需求极大，而我国在这些方面正好具备一定的优势；同时，对于我国急需的矿产资源，沿线国家也有着丰富的储备。因此，这种资源禀赋的差异为"一带一路"的贸易奠定了良好的基础，不但在一定程度上降低了我国对发达国家的贸易依赖程度，并且多元的贸易伙伴也为我国产品开辟了新的市场，成为未来推动我国外贸增长的新引擎。

其三，提升了对外直接投资的规模与质量。第一，总体上"一带一路"沿线国家资源较丰富，工业基础薄弱，基础设施供给严重不足，与中国经济存在着较强的互补性，为中国企业在"一带一路"开展直接投资和工程承包业务提供了有力的契机。第二，要素成本的上升以及资源、环境承载压力的不断加大，使得我国企业将优质过剩产业转移到其他一些国家和地区的需求强烈，而"一带一路"提高了我国与沿线国家产业对接的效率，从而加快了我国产业转型升级的步伐。第三，虽然"一带一路"沿线国家的市场机制不成熟、政治和社会不稳定性风险较高，但随着我国与沿线国家各层面的联系交流不断增多，使得"一带一路"的投资风险也会随之降低，从而提高了投资的成功率与回报率，因此，在很大程度上将会使对外投资的质量得到显著的提升。

其四，推动了人民币国际化进程。人民币国际化作为我国的国家金融战略之一，近年来已经取得了积极进展，有力支持了我国在国际经济治理中地位的提升。而"一带一路"倡议的提出，将给人民币国际化提供了更为广阔的发展空间。第一，中国商品、服务和投资将进入更多新市场、新领域，中国与"一带一路"沿线国家和地区的资本及贸易往来将不断加深，人民币在跨境贸易结算中的地位会越来越高，也会有越来越多的国家把人民币作为本国储备货币。第二，随着商业银行"走出去"的步伐不断加快，使其在"一带一路"沿线国家的机构设置不断完善，与沿线国家的银行往来也不断加强，因此，扩大了沿线国家提供人民币金融服务的覆盖面；同时，运用资金交易、保值避险等产品服务及风险管理工具，使得沿线国家使用人民币的交易风险降低，从而也在一定程度上提升了人民币的接受程度。第三，政策性金融机构，如亚投行、丝路基金等通过信贷以及投资等方式，将在很大程度上推动人民币的输出和在"一带一路"相关国家的使用，从而对人民币走出国门实现国际化也将是一个极大的促进。

2. "一带一路"倡议对于区域经济发展的意义

其一，创造了区域经济合作新格局。自20世纪50年代以来在欧盟（最初是欧共体）的示范作用下，"国际区域经济一体化"迅猛发展，一体化组织不仅数量越来越多，而且规模越来越大。当今国际区域经济合作的发展格局呈现以下两个特点：一是发达国家发展程度高，而发展中国家发展程度低；二是西欧及北美洲发展程度高，而亚洲、东欧、南美洲及非洲发展程度低。以德国和法国为主导的欧盟经济圈是当今世界区域经济一体化程度最高的经济区，以美国为主导的北美自由贸易区是综合实力最强的经济区。相比之下，中国与"一带一路"沿线国家的经济合作将打破发达国家主导的一体化局面，开创属于发展中国家自己的区域合作新格局，促进区域经济一体化在全球领域的发展。

其二，为沿线国家分享中国发展改革红利提供了契机。"一带一路"沿线60多个国家大多是新兴经济体和发展中国家，虽然多数处于经济发展上升期，但资金、技术等方面的不足在很大程度上制约了其发展速度。而我国拥有四十年的改革开放经验与成果，且与沿线国家的发展具有一定的相似性，因而在"一带一路"建设中，不但可以提供给沿线国家一系列财力与物力的支持，并且也可以通过不断深入的交流与对话，分享我国在经济发展中的经验与教训，从而有助于沿线国家少走发展的"弯路"，充分释放其发展的潜力。同时，作为全球最大的新兴市场经济体，中国也将为"一带一路"沿线国家提供更为广阔的市场空间，通过进一步加强与中国的经贸合作，必将为沿线国家经济的增长注入新的活力。

其三，有利于营造和平稳定的区域发展环境。当今世界，地缘政治格局正在经历着深刻变革，亚太地区日益成为全球政治经济博弈的重点和热点地区；同时，在各种危机的冲击和影响下，贸易保护、经济制裁、局部摩擦时有发生，网络攻击、极端主义、武装冲突仍对区域经济的安全构成极大威胁。而"一带一路"倡议借鉴传承了"丝绸之路"这一和平共赢的历史符号，致力于通过沟通交流，管控好历史遗留的矛盾和分歧，增进战略互信，消除贸易投资合作障碍，发挥各自优势，寻找共赢发展的最大公约数，在发展中解决各种问题，筑牢和平发展的经济纽带，进而推动和谐、稳定、均衡、普惠国际秩序的重塑。因此，通过"一带一路"倡议合作，不仅能够有效推动区域经济合作，促进要素资源优化配置，释放沿线各国巨大的发展潜力，并且通过构建和谐包容的人文环境，不断增强命运共同体意识，从而进一步拴牢了利益的纽带，使区域内各经济体在互利共赢、共同发展的一致目标下推进区域经济合作，进而有利于营造和平、稳定、和谐的区域发展环境。

3. "一带一路"倡议对于世界的意义

其一，重视制度合作，消除人为阻碍，搭建了全球经济一体化的新平台。随着一体化程度的提高，区域合作组织形式不断改变，从自由贸易区、关税同盟、共同市场、经济联盟到完全的经济一体化，而制度合作所起的引导作用也在不断增强。"一带一路"不同于以往的区域合作，其重点就是加强与沿线国家的制度合作，消除阻碍经济交往的各种人为因素，形成保证生产要素高度自由流动与便利化配置的制度体系，最终将亚洲、欧洲及非洲经济连为一体，成为实现全球经济一体化的重要战略平台。

其二，打造了全球经济新的增长点。"一带一路"地区覆盖总人口约46亿人，超过世界总人口的60%，而经济总量达20万亿美元，约占全球的三分之一，这样庞大的经济体对于世界经济的影响不言而喻。而"一带一路"充分利用了现有的双边、小多边和多边等机制，搭建了灵活开放的战略伙伴关系网络，打通了我国与东亚、南亚、中亚、中东欧以及非洲、拉美等地区之间的合作交流之路，使各方均能享有合作网络体系带来的红利，从而进一步激发了这些新兴经济体的增长活力，进而有效带动了全球经济的增长。因此，"一带一路"将成为全球经济的火车头，通过其强大的经济辐射能力，为全球经济的可持续增长提供了可靠的保证。

其三，增强了国际金融体系的稳定性。随着"一带一路"建设的推进，亚洲基础设施投资银行、丝路基金逐步发挥作用，因此使得人民币在跨境基础设施投资与产能合作中的作用日益突出。一方面，通过推动人民币国际化进程的加速，促进了与人民币相关的各项金融改革与开放，从而加强了人民币作为国际货币的职能。另一方面，更具国际竞争力的人民币对于维护区域内货币稳定、建立富有竞争力和更加稳定的区域性货币体系作用显著，因此，"一带一路"倡议将使人民币以更加开放的姿态参与到新型国际货币体系的建构当中，将对国际货币金融体系改革、消除国际金融体系的脆弱性和不稳定性发挥十分积极的作用，进而为世界经济走向繁荣提供更有力的支持。

其四，加快了全球经济治理改革的步伐。第一，"一带一路"顺应了广大发展中国家改革全球经济治理机制的诉求，通过互联互通，使发展中国家可以联手培育新的经济增长点和竞争优势，在充分反映发展中国家的利益的同时，进一步弱化了发达国家对全球经济治理的控制权和领导权，从而进一步推动了全球贸易投资自由化的进程。第二，"一带一路"是对现有全球经济治理规则的补充与完善，在充分利用现有国际规则的基础上，通过发挥自身优势，搞增量改革，从而很好地避免了历史上多次出现的新兴大国崛起与现存霸权国家和世界体系发生的正面对抗和冲突。第三，"一带一路"鼓励向西开放，加大了对于中亚国家、蒙古国等内陆国家的开发与合作，从而彻底改变了欧美式的全球化所造成的贫富差距、地区发展不平衡的困境，以包容性发展的理念推动了世界经济的共同繁荣。

（二）"一带一路"倡议的内涵

"一带一路"发端于中国，贯通中亚、东南亚、南亚、西亚乃至欧洲部分区域，东牵亚太经济圈，西系欧洲经济圈，是世界上最具发展潜力的经济带。由于经济带上的国家发展阶段不一样，自然资源禀赋各异，贸易比较优势明显，经济互补性强，开展互利合作的前景广阔。"一带一路"不是一个实体和机制，而是合作发展的理念和倡议，也是中国新一轮对外开放的组成部分。是充分依靠中国与有关国家既有的双多边机制，借助既有的、行之有效的区域合作平台，旨在借用古代"丝绸之路"的历史符号，高举和平发展的旗帜，积极主动地发展与沿线国家的经济合作伙伴关系，共同打造政治互信、经济融合、文化包容的利益共同体、命运共同体和责任共同体。"丝绸之路经济带"重点的合作方向有三个：

北线是中国经中亚、俄罗斯至欧洲（波罗的海）；中线是中国经中亚、西亚至波斯湾、地中海；南线是中国至东南亚、南亚、印度洋。"21世纪海上丝绸之路"重点合作方向有两个：西线是从中国沿海港口过南海到印度洋并延伸至欧洲；东线是从中国沿海港口经南海到南太平洋。

对"一带一路"倡议的内涵我们要注意以下几个问题：

第一，"一带一路"是双向合作，包括进出口协调、吸引外资与对外投资，区域经济一体化建设和各种要素资源的双向流动，而非单纯的企业对外投资。以往对"一带一路"的研究多是从中国企业对外投资的角度进行的，但是"一带一路"作为区域经济合作的重要模式，其本身是双向的，是一种统筹国内外资源的双向合作，企业对外投资是其十分重要的战略手段，但不是全部。它应包括企业在"一带一路"上的所有双向国际合作，既注重优势资源与产能"走出去"，也重视优质的外部资源"引进来"，从而使沿线国家企业的国际化水平和竞争力水平得到整体的提升，促进区域经济的全面发展。

第二，"一带一路"重要任务是产能国际合作。产能国际合作是"一带一路"建设的一个重要抓手和平台。产能国际合作与"一带一路"倡议的目的是一致的，都是要推进务实合作，实现互利共赢。产能国际合作实际上是基于一个最基本的考虑，就是中国确实存在富余的优势产能，诸如钢铁、水泥、平板玻璃、电解铝等。这些产能非但不是落后产能，而且是符合标准、符合规范的先进产能，同时中国的装备产能是巨大的，且由于具备较先进的装备和施工水平，因而性价比好，装备和施工普遍要比其他国家企业成本低、进度快。从现在全球的情况来看，发达国家基础设施需要更新、改造、完善，发展中国家都在大力推进工业化和城镇化，因此他们需要大量的产能，特别是制造业的产能。因此，在"一带一路"建设当中，产能国际合作使"一带一路"建设与国家间的发展战略相契合。

第三，"一带一路"是企业行为，以企业为主体，而非单纯的政府和国家行为。"一带一路"是区域内沿线国家参与共建的长期项目，坚持市场运作，以企业为主体，遵循市场规律和国际通行规则，充分发挥市场在资源配置中的决定性作用和各类企业的主体作用，企业开展国际产能合作，开拓国际市场，自主决策，自负盈亏。

第四，"一带一路"讲求的是可持续发展，既不是利益的独享，也不等于对外援助，否则是难以持久的。"一带一路"坚持的是可持续发展，是在互利基础上的共赢模式，是一个互敬互让、完全平等的国际合作模式，并且严格恪守联合国宪章的宗旨和原则，遵守和平共处五项原则，即尊重各国主权和领土完整、互不侵犯、互不干涉内政、和平共处、平等互利。"一带一路"的确要用大量资金进行基础设施建设，但这是与沿路各国协商共建，不是单方面援助、施舍行为。"一带一路"建设的资金问题，更是金融界的市场行为，绝不是完全靠中国政府的资金援助，并且建成后要有正常的利益回报。

第五，"一带一路"讲求平等，对各国家和地区主体是平等互利的，各行为主体是机会均等的。"一带一路"讲求的是沿线相关国家无论大小、贫富都有平等的权利参加产能合作；对于中国，无论是大型国有企业还是中小型企业都存在着平等的机会，对于各个国家和地区的经济主体都能以平等身份参与其中。

第六，"一带一路"是包容性的开放发展平台，没有明确的边界概念，其边界也不局限于65个国家，并不特指某些国家和地区，凡是愿意参与其中的，都是可包容开放的，不排斥或针对哪些国家和主体，绝不搞"集团政治"和对抗性的"结盟"。

第七，"一带一路"是全球价值链的重构，是以中国为节点的双环流机制。通过"一带一路"的国际区域经济合作，中国将形成以自身为节点的双环流机制。在第一个环流中，发达国家是主导，中国仍处于较低的位势，处在产业链的低端，从事技术含量相对较低的活动，竞争优势容易流失，仍需不断努力向价值链上游攀升。在第二个环流中，中国凭借着庞大的制造能力和产业配套能力、适中的技术标准和技术水平、雄厚的外汇储备和资源调动能力，不断加大与发展中经济体的经济合作，布局中国的产业全球价值体系，中国处于该价值环流的高端位势，在全球范围内不断调整自身产业结构，实现与发展中经济体的互利共赢。在中国四十年来的改革开放中，通过不断承接发达国家的产业转移，第一个环流已基本实现，未来"一带一路"建设正是要打造第二个环流。中国在融入全球价值链的基础上,亟须注重构建基于供给侧和需求侧需要的双环价值链结构,也就是把依靠他国的"外围"关系转变为以中国为"核心"的控制关系,由在全球价值链中的"接包、承包"关系提升为"发包"关系,由价值链的低端上升为高端,由"打工者"转变成"老板"。在这两个环流体系中,中国越来越成为连接发达国家与亚非拉欠发达国家的中间节点和枢纽点。

第八,"一带一路"建设是中国标准走向世界、重塑世界经济格局的重要方略。"一带一路"倡议需要以标准化促进政策通、设施通、贸易通,支撑互联互通建设,促进投资贸易便利化。标准化对"一带一路"建设具有基础和支撑作用。全面深化与沿线国家和地区在标准化方面的双多边务实合作和互联互通,积极推进标准互认,有利于我国标准的海外推广应用,推动中国标准"走出去",有利于提升我国标准国际化水平,有利于更好地支撑服务我国产业、产品、技术、工程等"走出去"。

第九,"一带一路"的目标是通过完善区域基础设施建设,尽早建成安全高效的陆海空通道网络,实现区域互联互通,促进投资贸易便利化达到一个新水平,形成高标准的自由贸易区域网络,使沿线国家彼此之间经济联系更加紧密,政治互信和人文交流更加深入,形成更大范围、更宽领域、更深层次的区域经济一体化新格局,推动亚洲崛起从而实现全球化再平衡。

"一带一路"倡议拥有丰富深刻的内涵,无论是"一带"还是"一路",核心在于加强经贸合作,并以"政策沟通、设施联通、贸易畅通、资金融通、民心相通"为原则,蕴含着中国崛起的"中国梦"。"一带一路"的精髓在于不冲突不对抗的独立外交政策,其实质是借用古代丝绸之路的历史符号,向世界传达出中国将积极主动地与合作国家一同打造政治互信、经济融通、文化包容的利益共同体,这对于建立健全亚洲产业链、建立亚欧之间新型的合作伙伴关系有着重要的作用。

二 推进"一带一路"建设的政策建议

"一带一路"倡议涉及范围广、领域多,因而必须精细梳理,提早谋划，提前布局，精准制定对策措施，以期在将风险指数降到最低的同时，使沿线各国各地区在互利共赢的基础上实现协同发展，共享合作成果。

（一）政府层面的对策建议

1. 增强大国政治互信，积极寻求共同利益

首先，处理好与大国间的竞合关系，形成于我有利的战略态势。一方面，面对美、日等域外大国，我国应坚持不排斥、不曲求，不在大国的"神经中枢"上争高低，必要时可视情况在资金、技术、经验等方面，与其开展一些选择性合作，以减轻其战略猜疑，稀释其对抗动机。与此同时，加快推进与拉美国家的深度合作，借拉美之力，牵制美、日等国的注意力，从而减轻"一带一路"倡议承受的压力。另一方面，对俄罗斯等域内大国，我国应在避免触动其战略敏感神经的同时，努力构建多边、双边合作机制，在适度满足其合理利益诉求的基础上，着力提高双方的经济依存度、战略兼容度和行动协调度，从而有效维护域内的战略平衡，实现稳步协调发展。

其次，加强沟通协调，促进大国良性互动。第一，有针对性地加强与大国间的政策沟通，坚持诚信至上，树立双赢、多赢、共赢的合作新理念，着眼于共同利益，不断寻求及巩固大国间的政治和战略互信，坚持通过平等的对话协商以和平方式解决分歧争端，以共同发展为落脚点，全面建构与"一带一路"倡议相适应的新型大国合作模式。第二，坚持经济合作先行，搁置政治、安全、领土边界等敏感领域的争端，通过打造"一带一路"经济论坛，全面聚焦经济发展，挖掘合作潜力，从而充分调动各大国、其他沿线国家、国际组织甚至非政府组织的参与热情，打造一个开放、包容与透明的多边合作平台。第三，推动民间交流，促进民意相通。积极开展青年、智库、议会、非政府组织、新闻媒体等组织的友好交流，夯实大国合作的民意基础，增进人民间的了解及友谊。

最后，加强对外宣传，破除大国传统思维。"一带一路"是崛起的中国参与全球治理、承担大国责任的重要创举。而部分大国对"一带一路"倡议仍心存芥蒂，认为中国的"一带一路"倡议是谋求地方霸权的手段，并对中国影响力的提升感到担忧。因此，我国应进一步加强"一带一路"

在国际上的宣传力度，通过积极弘扬丝路精神，诠释中国当前"一带一路"倡议的"开放、发展、合作、共赢"的发展合作理念，使各国都可以认识到"一带一路"倡议的目的并不仅仅在于追求中国自己的发展和进步，而是将中国市场作为世界市场，以中国作为世界发展的引擎，切实履行责任帮助区域和世界实现和平发展。通过争取大国的认同，"一带一路"倡议将转变原有的"竞争博弈"为"优势互补"，从而有利于形成一条互利共赢、相互尊重、互联互通的新型大国合作道路。

2. 我国应进一步完善"一带一路"信息服务体系，构建对"一带一路"沿线贸易投资的风险防范机制

首先，完善关于"一带一路"沿线国家投资环境方面的信息服务。一是商务部等政府部门应充分发挥自身的信息优势，及时更新发布《国别贸易投资环境报告》《对外投资合作国别指南》《对外劳务合作国别和地区环境评估报告》等，并将"一带一路"沿线国家市场的国家标准、知识产权的程序、外商投资法规、商业注册程序、雇用法规、税收手续等关于投资与贸易的最新信息及时通过政府网站对外公布，从而减少我国企业的调查成本。二是银行及保险等金融机构应充分利用其海外分支机构众多、业务联系面广、合作伙伴多的优势，加强"一带一路"沿线国家市场信息的收集和发布工作，构建跨国投资的信息数据库，为在"一带一路"沿线国家直接投资的我国企业及时提供信息和咨询等方面的服务。三是构建一个由政府与协会、商会和中介组织等组成的集信息搜集、研究、咨询为一体的网络平台，为中国"走出去"企业提供沿线地区的统计数据、相关行业发展现状以及拟合作企业的基本信息，从而全方位降低其海外投资的风险。

其次，完善对"一带一路"沿线国家投资的风险评估预警体系。相关部门应加快完善对"一带一路"沿线国家投资的风险评估体系，注重投资风险的综合测评，从而帮助我国企业准确分析风险，并以此作为提供财政和信贷支持的依据。同时，要加强研究对"一带一路"沿线国家投资风险评估的有效方法，设立规范的风险评估流程，积极探索以企业履约能力、项目收益和现金流作为重要评估依据的授信模式，建立严格的风险评估预警体系。

再次，加强政策性风险补偿机制建设，鼓励企业主动购买境外投资保险。建议进一步完善官方保险制度。中国出口信用保险公司是由国家出资设立、具有独立法人地位的国有政策性保险公司，是我国唯一从事政策性出口信用保险业务的金融机构。该公司支持企业对外投资贸易合作的保险产品包括短期出口信用保险、中长期出口信用保险、海外投资保险和融资担保等，对东道国因发生国有化、汇兑限制、战争、暴乱、违约等政治风险而造成经济损失的参保企业提供风险保障。建议进一步增加该公司的注册资本金，提高其承保能力，并加强对外宣传，扩大参保面。中国的保险、银行等金融机构也应加强自身的承保能力，以此来辅助官方保险制度，并逐步发展成为海外投资保险的中坚力量。同时，鼓励我国企业积极利用保险、担保、银行等金融机构和其他专业风险管理机构的相关业务来保障自身利益。

最后，加强与"一带一路"沿线国家在投资保护和地区安全方面的合作。一方面，要进一步完善中国与"一带一路"沿线国家之间的投资保护协定。例如，早在20世纪90年代初，中国与中亚五国就已分别签订了双边投资保护协定，中国与乌兹别克斯坦的双边投资保护协定于2011年进行了重新签署。为了适应中国与"一带一路"沿线国家投资关系的新变化和国际投资的新形势，中国政府应与"一带一路"沿线国家进一步完善双边投资保护协定。从最惠国待遇、资金及技术交流等方面，为中方企业争取应有的权益，对其在"一带一路"沿线国家可能遭遇到的政治及经济风险提供充分保护。另一方面，中国政府应利用外交途径扩大政府间合作，定期通过高层对话等方式，及时与各国高层就政治、经济等多方面进行沟通、达成共识，减少贸易投资壁垒，避免政治风险。为了降低在中亚五国投资的政治风险，中国有必要加强与中亚、中东在维稳和反恐方面的国际合作。一是应加强上合组织内集体维稳机制建设，强化共同安全理念，组建必要的维稳力量，由各成员国按照统一大纲管理训练，联合演习和采取行动时由协调机构统一指挥；二是建立组织协助沿线国家政府维护其国内局势稳定的相应机制，例如沿线国家出现紧急事态时的磋商机制、情报互通机制与联合维和机制；三是积极参加有关国际公约，倡导区域性反恐合作，加强与国际反恐组织之间的经验交流与合作；四是加强国际合作，切断恐怖组织的资金来源；五是寻求全球层面的反恐合作，形成共同打击恐怖主义的合力。

3. 完善体制的顶层设计，促进我国企业在"一带一路"的健康发展

首先，建立国家级统一的"一带一路"管理机构。目前，"一带一路"在国家层面的跨部门协调力度不够，管理职能分散、部门不统一，可能会出现各部门间重复管理和遗漏管理，或办事效率低和管理资源浪费等现象，要加快建立高层次统一领导管理机构归口管理，加强对我国企业在"一带一路"建设上的宏观指导和管理，从而为我国企业在沿线国家开展经济合作提供坚实的组织保障，设立"一带一路"的国家级统一、独立的管理机构已势在必行。

其次，制订《"一带一路"中长期企业发展规划纲要》。我国应该进行顶层设计以研究并制定国家中长期对"一带一路"发展规划，统筹协调包括企业对外经济合作、金融投资和战略性资源投资等在内的对外开放布局。同时，还需要制订社会资本和人力资本的战略性投资规划。今后的较长一段时期，大规模、高技术的全球投资活动将依然延续繁荣发展的势头。为了推进我国企业参与"一带一路"建设，我国政府应根据新的发展格局和我国企业的后发优势，快速对我国企业参与"一带一路"做出整体的短、中、长期战略规划，具体明确我国企业对"一带一路"建设发展的规模目标、主体和结构定位、产业和区域选择、融资支持战略和政府扶持优惠政策等。为此，从国家顶层设计开始整体推进、制订完善的中长期规划，制订《"一带一路"中长期企业发展规划纲要》（未来10—20年的战略规划引领）。

再次，建立和完善"一带一路"促进、服务和监管的法律体系。在鼓励与促进我国企业参与"一带一路"的同时，不断建立、健全我国投资贸易等一系列法律体系，协调利用国际组织和规则，才能够保证"一带一路"的可持续发展。通过建立和完善"一带一路"法律体系，使我国企业在沿线国家开展经济合作有法可依，包括统一和规范各类性质企业进行境外投资的标准、促进和服务的政策，国有资本对外经济合作的监管、监控和监测以及维护海外市场的经营秩序等方面内容。以法律的形式保证我国企业对外经济合作制度的系统性、有效性、稳定性和长期

性，既要鼓励促进企业积极投身"一带一路"建设、切实维护企业的利益，也要加强监管，保证企业的合规经营。

最后，进一步创造公平条件，加大力度鼓励和引导非公有制企业参与"一带一路"。要实现"一带一路"在更大范围、更高水平、更深层次的发展就离不开非公有制企业的积极参与。非公有制企业是我国市场经济重要的组成部分以及"一带一路"建设的生力军，顺应市场规律，取消对非公企业的行业限制、建立平等金融环境、改善社会条件，为非公企业的对外经济合作铺路搭桥，将极大地激发其壮大自身实力以及国际化发展的热情，从而有利于非公企业突破自身发展的局限，进而带动我国整体经济的转型升级。非公有制企业是"最有活力的经济成分"，因此政府应给予各种所有制企业以平等的经营权力，从而在给予非公有制企业更大发展空间的同时，使其成为推动"一带一路"建设的新引擎。

4. 制定并完善对"一带一路"沿线国家直接投资企业的财政支持政策

首先，加大对参与"一带一路"的企业的财政支持力度。第一，通过政府指导、市场化运作方式，设立"一带一路"沿线国家开发基金，专门支持我国企业对"一带一路"沿线国家的投资合作业务。可以考虑发挥中国外汇储备资金主导作用，同时多渠道募集资金，形成国内机构主导，国外战略投资者或跨国公司参与的合作模式。可结合中国的战略需要，设立"一带一路"沿线国家能源资源开发专项基金、基础设施建设专项基金、农业开发专项基金等。第二，制定相关政策支持企业研发，在一定程度上对我国企业在"一带一路"中的相关研发费用、可行性研究费用、国家组织专家考察评估的支出等项目前期费用进行适当优惠与减免。第三，充分利用中央国有资本经营预算中的境外投资支出，引导和支持我国企业有针对性地对"一带一路"沿线国家开展矿产资源权益投资，以及境外电力回输等项目的投资。鼓励地方政府设立"一带一路"发展专项资金，支持对"一带一路"沿线国家的直接投资项目。对于企业开展"一带一路"沿线国家直接投资面临的各种困难，中央政府应鼓励地方政府根据各地的企业发展情况出台相关财政支持措施，同时总结典型地区行之有效的做法加以推广。第四，要简化以上财政方面的政策性支持资金的审批程序。

其次，积极研究并制定相关政策，给予对"一带一路"沿线国家直接投资企业以更多的税收优惠。第一，优化国内税收制度以提供税收激励与保障，（1）在企业所得税方面，应在我国《企业所得税法》中规定的境外抵免的计算公式、境外所得税税额、分国不分项原则、五年抵免起始的计算、间接抵免20%的控股条件等优惠政策基础上，对企业"一带一路"沿线国家投资利润实行进一步优惠的阶段性免税和减税政策，以增加企业的资金积累，增强自身"造血"功能。待企业经营稳定、利润增加后再逐渐减少税收减免优惠。（2）在进出口税收方面，除了已经对实物性投资的出境设备及零部件、散件、原材料实行统一的出口退税外，还应实行国外纳税额扣除政策，避免双重征税，减轻企业负担，增强其盈利能力。还要加大出口退税力度、简化出口退税程序。（3）为引导企业进行符合产业发展方向和调整优化对外直接投资地区结构和产业结构的投资，应制定更加优惠的税收鼓励扶持政策和规范管理措施。第二，完善国际税收协定以创造良好的税收环境。税收协定是对外投资活动中各国征税权划分的依据，为维护国家税收权益和对外投资企业利益提供重要的法律保障。我国政府应在已经与多国签订税收协定的基础上，继续与更多国家谈判，为我国企业在"一带一路"沿线国家争取东道国的国民待遇，避免双重征税。第三，实施优惠关税以鼓励对外投资。我国应在已与多个国家或地区签署的15项关税优惠协定基础上，加大力度与更多的国家开展谈判，给予更多"一带一路"沿线国家零关税待遇，进一步扩大零关税商品范围，使我国企业在更多的国家可以享受到关税的优惠。我国也应借鉴外国在国内税收法规中明确给予企业减免国内税收的优惠政策的成功经验，企业凡以自有技术、国产机械设备、半成品以及原材料在"一带一路"沿线国家实施对外投资的，可以享受低于普通贸易出口的出口关税，其项目中方工作人员可享受个人所得税减免优惠。

5. 加快研究并制定对"一带一路"沿线国家投资企业的金融支持政策

首先，推动国内金融机构对在"一带一路"沿线国家直接投资企业的融资支持力度。一方面，以政策性金融机构（如国家开发银行等）作为引导性力量，通过政策引导和扶持，采取政策性金融、商业性金融、民间资本等多种方式为在"一带一路"沿线国家直接投资的企业提供融资支持。另一方面，国内银行也应加快金融创新，针对中国与"一带一路"沿线国家投资合作项目设计金融产品，为其提供差异化服务，如离岸金融服务、股权融资服务、出口应收账款抵押贷款、海外资产抵押贷款等形式多样的业务种类。

其次，鼓励在"一带一路"沿线国家直接投资的中国企业充分利用境外金融资源。一是加大政策支持，鼓励有条件的国内企业和金融机构在"一带一路"沿线国家设立境外机构，赋予企业更大的境外投资自主权，支持其通过多种融资方式获得境外资金，充分利用外国在华投资银行的信贷资源，并推动有条件的企业通过在"一带一路"沿线国家或其他国家资本市场上发行股票债券、杠杆收购、海外存托凭证等方式拓宽资金来源渠道。二是积极推进中资银行的国际化经营战略，支持中资银行在"一带一路"沿线国家设立分支机构，为在"一带一路"沿线国家直接投资的中国企业提供全方位的金融服务。三是充分利用世界银行、IMF等国际组织对农业、低碳行业等项目的支持资金，为在"一带一路"沿线国家相关领域直接投资的中国企业融资。

最后，进一步推进人民币国际化进程和完善中国与"一带一路"沿线国家的货币互换机制。目前来看，中国与"一带一路"沿线国家之间的货币互换业务量正在逐渐增加，这将有力地推动中国对"一带一路"沿线国家的投资和贸易，但双方的货币互换机制仍需要不断完善，保障人民币回流国内的渠道畅通。允许"一带一路"沿线国家企业和个人在我国境内的银行直接开立人民币账户，既可直接存取人民币又可接受境外人民币汇款，使人民币通过银行信用渠道回流国内。允许"一带一路"沿线国家银行在中国境内建立合资银行，或通过中国境内商业银行代理境外银行，实现跨境支付清算，境外银行人民币清算需求可以通过其境内代理银行完成，保证银行体系的人民币回流通畅。鼓励商业银行在充分调研、充分考虑资金安全的基础上，尝试对境外部分具有较大规模和良好信誉的贸易机构提供一定限额的人民币商业贷款，促进其在边贸结算业务中使用人民币，增强人民币在"一带一路"沿线国家的流动性。

(二) 企业层面的对策建议

1. 投资前做好投资环境调研和风险评估

鉴于"一带一路"沿线许多国家情况千差万别，经济不发达，社会不稳定，政策和体制存在诸多风险，企业应在投资前做好投资环境调研和风险评估。例如，尽管"一带一路"沿线国家中的中亚国家的投资环境已得到了较大改善，但该地区仍属于高风险地区。因此，我国中小企业在开展对中亚五国直接投资之前，一定要进行深入细致的市场调研、环境评估和风险评估，充分了解中亚五国的政治、经济、法律、人文、自然等多方面环境因素，科学计算投资成本和预期收益，制定谨慎而周密的投资策略。基于中亚五国的政治风险普遍较高这一现实，投资者应当向中国出口信用保险公司申请海外投资保险。对于可能出现的汇率风险、利率风险和经营风险，投资者要建立切实可行的预防方案。此外，外国公司在中亚五国的注册手续比较繁杂，在注册过程中往往会遇到各种各样的意外情况，使注册时间有可能大大超过预期，中国企业对此应有充分准备，不仅要详细了解注册要求、程序，备齐所需的所有文件，也要正确选择注册企业的类型，为以后的经营业务调整打下坚实基础。

2. 中国企业应优化对"一带一路"沿线国家直接投资的产业选择和区位选择

目前来看，中国企业对"一带一路"大部分沿线国家直接投资的资源获取动机非常明显，同时在基础设施建设、通信和交通运输设备制造、进出口贸易等产业，也已经具备较强的竞争优势和市场基础。中国企业对"一带一路"沿线国家直接投资的产业选择和区位选择，需要与"一带一路"沿线国家经济发展水平、产业政策和区域发展规划相适应。近年来，各国均提出了新的经济发展规划，因此，根据各国新的产业和区位发展机遇，中国企业有必要适当调整对各国直接投资的策略，以获得被投资的产业成长利益和利用特定区位发展的优惠政策。举例来说，目前中国企业在哈萨克斯坦优先鼓励的产业领域已经具备一定的投资基础，但仍有较大的潜力可挖。因此，中国企业应在哈萨克斯坦政府鼓励的产业领域进一步发展直接投资，如农作物种植与农产品加工、木材加工及木制品生产、纺织品与服装加工、建筑和建筑材料生产、原油加工和油气领域基础设施建设、冶金业和金属制成品生产、化工、制药和国防工业、清洁能源生产、输变电线路建设和改造、道路交通基础设施建设、通信基础设施建设等。同时，在现有区位分布基础上，中国企业应注重对哈萨克斯坦的经济特区进行直接投资。如哈萨克斯坦近期的重点发展区域是南哈萨克斯坦州州府齐姆肯特市的南方经济特区，重点支持的产业是纺织服装加工。在中国劳动力成本不断提升的背景下，中国的纺织和服装加工类企业应该适当加大对哈萨克斯坦的直接投资，并争取进入哈萨克斯坦的南方经济特区。

3. 丰富和创新对"一带一路"沿线国家直接投资模式

其一以承包基建工程带动对"一带一路"沿线国家直接投资。"一带一路"沿线国家的基础设施水平普遍不高，近年来随着其经济发展水平的不断提高，产生了较强的基础设施建设投资需求。与"一带一路"沿线国家建筑类和工程承包类企业相比，中国企业在建设施工技术、工艺流程、成本控制等方面处于优势地位。对外承包工程项目，往往会带动租赁与商务服务业、建筑业、交通运输业的对外投资，中国对外直接投资总量中有相当大部分的投资就是通过这种模式发展的。因此，中国企业应充分发挥在对外承包工程方面的优势，带动对"一带一路"沿线国家直接投资的发展。

其二通过加强技术输出，拉动对"一带一路"沿线国家投资发展。"一带一路"沿线国家加强与中国企业科技合作的愿望强烈，合作空间巨大。如哈萨克斯坦由于经济实力较强，对中国技术需求远超资金需求，希望通过与中国企业以组建合资企业或联合开展技术研究的方式引进中国技术和资本；吉尔吉斯斯坦由于经济基础薄弱，同时需要中国资金和技术；塔吉克斯坦在农产品深加工技术方面，乌兹别克斯坦在种植业、养殖业、饲料加工业、农业机械制造业等方面，土库曼斯坦在农业新品种引进、农业节水技术、太阳能技术等方面，都对中国企业的技术有较强的需求和合作愿望。中国企业可充分利用该合作意愿，依托与中亚各国技术互补性，通过大力加强技术输出，拉动对中亚投资的发展。

4. 提高本土化水平和搞好公共关系

产业领域和投资项目确定之后，中国企业在"一带一路"沿线国家的经营方式将是影响投资是否能够成功的重要因素。根据现有中国企业对外投资贸易的经营经验，可以通过提高本土化和搞好公共关系来降低经营风险。具体措施包括以下几个方面。

其一，尽量选择可靠的当地合作伙伴，解决经营中遇到的问题。一些"一带一路"沿线国家投资政策和产业政策易变，税务、司法、海关等执法机关随意性较大。因此，中国企业对外直接投资合作宜多选择合资方式，且要选择可靠的合作伙伴。当地可靠的合资方更熟悉本国情况，代表公司出面同政府有关部门交涉更有利于各类问题的顺利解决。如果中国企业设立独资企业，则应聘请有实力的顾问，帮助协调解决与各级政府部门和其他企业之间的相关事宜。

其二，遵守当地法律，聘请当地有经验的律师为法律顾问。中国企业应该在涉及自身重要利益的经营环节上，提前注意利用法律手段保护合法权益。比如，就投资活动可能涉及的利润汇出、劳务许可、享受优惠政策等问题，应该在项目启动前，聘请当地有经验的律师作为法律顾问，与当地合作伙伴明确协商，并争取写入投资协议。按照法律规定的正常程序办事，不轻信任何口头承诺或口头协议。

其三，处理好与当地员工和工会的关系。中国企业投资与经营，应熟悉当地的《劳动法》等法律法规，尽量多聘用当地人员，妥善处理与当地员工和工会的关系，减少劳资纠纷。要严格遵守当地法律在员工雇佣、解聘、社会保障等方面的规定，依法签订雇用合同，足额发放员工工资和福利金，缴纳规定的社保费。最大限度地保证安全生产，对员工进行必要的技能培训。解聘员工时，要按雇用合同规定处理。保持与工会组织必要的沟通，注意了解员工的思想动态，进行必要的疏导，发现问题及时处理。

其四，积极发展与当地政府和议会的关系。中国企业不仅要与当地中央政府主管部门建立良好关系，还需要与议会、地方政府积极发展关系。了解中央政府和地方政府的职责划分，关注议会各专门委员会的职责及涉及外企经营的重要议题，与有影响力的议员保持沟通和交流。

其五，尊重当地居民的风俗习惯，承担必要的社会责任。中国企业应了解和尊重被投资国的社会传统、文化背景等，处理好与当地居民的关系。通过赞助、支持和参与当地社会活动，提升中国企业海外形象，促进与当地社会的融合。中国企业还应积极参与当地环境保护、扶危济困、助学等公益事业和慈善事业，树立企业良好形象，提高当地社会对中国企业的认可度。要熟悉并尊重当地风俗习惯和宗教。尤其是在商务社交和企业工作安排方面，要注意尊重当地风俗习惯，尊重各国的宗教信仰，以期获得当地社会各界的广泛支持。

5. 鼓励创新，提升企业核心竞争力

企业应与高校、职业技术学院等联合设立企业发展中心，研究企业发展战略并提供技术支持，实现资源配置的优化。推进制度、技术和管理创新，增强核心竞争力。鼓励企业雇用高素质员工并进行培训。同时，中央和地方政府应对专门的技术实验研究机构给予财政支持，选派技术专家对辖区内企业进行扶持指导，以解决企业在实际中遇到的技术问题，为"走出去"提供支持。

"一带一路"倡议框架下的区域
研究人才的培养：问题与前景

宁 琦[*]

国别和区域研究以特定国家或区域为对象，是一个横跨人文和社会科学等的学科交叉领域。随着中国的快速发展，以及"一带一路"倡议的实施，中国和世界之间的联系更加紧密，中国需要更全面和系统，也更细致和具体地理解世界，需要一个立足于中国文化和价值的天下观，在这一背景之下，国别和区域研究就显得异常重要。而现有人才储备以及人才类型难以满足"一带一路"建设的需要，在某种程度上掣肘了"一带一路"建设的进程和效果。培养符合"一带一路"建设需要的各领域专业人才变得尤为迫切。

一 传统的高校外语人才培养的局限性

1. 外语人才培养定位和方向单一

目前在中国高校，外语人才培养主要有两个方向：交流工具型语言人才和综合人文型语言人才。人才培养方向非常单一。交流工具型语言人才主要来自专业类外语大学，综合人文型语言人才多来自综合性大学的外语专业。这与不同类型大学的传统和学科定位紧密相关。

---

[*] 宁琦，北京大学外国语学院院长、教授、博士生导师。

单纯从传统学科性质而言，外语学科被定位为工具学科，在培养工具型优秀外语人才方面进行了非常多的探索和实践，经验丰富、成效显著。

传统的专业性外语院校，因为学科相对单一，对教师团队的教学要求非常高，学生专业训练时间较为充裕，使学生能够熟练掌握语言技能和语言专业知识，但同时在人文社科等知识领域拓展和思考研究能力培养方面会相对有所欠缺。而身处综合性大学的外语院系，会受到大学整体氛围的影响，以及大学自有的多学科资源的支撑，教师团队又素有研究传统和要求，学生有机会接触到多学科的思想和学者，相对综合素质强、知识面宽、研究能力强，却也因而挤占了语言技能训练和专业知识学习的时间和精力，所反映出来的语言面貌和口语实践能力就有可能较为薄弱。

综合整个外语学科的发展特点，专业性外语院校注重语言实践能力，注重教学薄弱研究，综合性大学的外语专业更为注重人文素质的培养，教学偏重理论，研究能力强。

由此可见，从中国长期的外语学科教育和研究实践来看，专业性外语院校和综合性大学外语院系在人才培养和教师团队建设方面已经走出了不同的发展道路，无形中已形成不同的人才培养目标、方式和经验，形成不同的教师队伍条件、结构和评价标准。各个综合性大学，因为历史的不同，在所谓综合素质体现方面所给予学生的培养亦是千差万别，重工、重理、重文、重医、重教育等各有不同。

2. 学习英语的规模不小，但效果并不理想，而学习其他语种的规模较小

目前的全民英语学习，几乎是从娃娃抓起。与此同时，随着"一带一路"倡议的实施，全国各大高校，尤其是外语类院校，竞相掀起了小语种资源建设的浪潮，目前在教育部备案的外语专业，据悉已经有近100个，基本实现覆盖邦交国家至少一种官方或通用语言的人才培养。然而与这一热潮相对的是，真正符合需要的人才资源严重短缺，即便是英语人才也并不充足，而熟悉"一带一路"沿线国家和区域事务与问题的专家更是少之又少，根本无法满足中国对外开放的需要，更无法与今天中国的国际地位和作用的发挥相匹配。

仅以俄语为例,据不完全统计,目前我国开设俄语专业高校有164所,在校学生近2万人;开设公共俄语教学的高校120余所,学生约1.4万人;中学开设俄语课程的学校有近70所,2.3万余人。

从这一例子来看,仅就规模而言,和我们预想就相差很远,和我们的需求相比相差得更远。这为我们未来的发展既留出空间,也留下非常大的压力。

3. 与外国语言文学学科相关的研究领域和人才培养方向相对狭窄

传统外国语言文学学科,从名称就可看出其传统定位。综观中国外国语言文学学科的发展,其传统研究领域,成绩最为突出的是国别语言文学研究,文学作品翻译及其研究对中国社会有着十分深远的影响,引导着整个中国的阅读习惯和精神生活。第二个涉外研究领域,是语言对象国的文化、历史与国家概况研究。其他领域,研究队伍参差不齐,而且人员数量有限,依研究者能力和兴趣,散点分布,研究无法形成体系。自然科学领域、高科技领域对于我们而言,更是有心无力的领域。而这却正是我们今天迫切需要了解和开拓的领域。

2013年,国务院学位委员会学科评议组编写发布的《学位授予和人才培养一级学科简介》中,对外国语言文学一级学科的学科内涵进行了描述,包括外国语言研究、外国文学研究、翻译研究、国别和区域研究、比较文学与跨文化研究。[①] 国别和区域研究借助历史学、哲学、人类学、社会学、政治学、法学、经济学等学科的理论和方法,探讨语言对象国家和区域的历史文化、政治经济社会制度和中外关系,注重全球与区域发展进程理论和实践,提倡与国际政治、国际经济、国际法等相关学科的交叉渗透。

由此可见,外国语言文学学科的内涵也在随着中国的发展和现实需要发生着变化,学科建设与调整势在必行。其中增加的学科方向,就是国别和区域研究。借助语言和获得、分析一手研究资料的优势,将是未来外国语言文学学科的重要发展方向。当前,教育部国别和区域研究基

---

① 国务院学位委员会学科评议组编:《学位授予和人才培养一级学科简介》,高等教育出版社2013年版,第49—50页。

地和备案中心有四百余家，已经具有相当的规模，尤其是国别研究中心，基本覆盖了世界大部分国家，最终要实现国别研究的全覆盖。

二　当前国别和区域研究存在的问题

1. 跨学科的人才培养模式和学术研究团队建设分离

由于国别与区域研究的跨学科性质，使研究团队组织和人才培养面临更高要求和更多考验。目前，系统的国别与区域研究跨学科人才培养和学术研究团队的建设刚刚起步，尚未形成教学科研合力和完善合理的人才培养模式，这与国家对国别与区域研究成果和人才的迫切需要形成强烈反差。

2. 相关人才队伍和人才培养相对滞后

"一带一路"建设的初步实践已凸显出中国在相关领域的学术研究和人才准备上的严重不足。整体上看，缺少充分的国别与区域研究的前期积累和系统建设，缺少对学科属性的内涵和外延的明确界定，缺少普遍接受的跨学科评价标准和职业发展通道。与学科发展目标相适应的国别和区域研究的人才队伍和人才培养相对滞后，体量较小、布局分散、人才培养经验不足、研究范围窄、资源分配不均，尚未形成合理梯队和储备。研究成果、队伍建设、人才成长都将面临相对较长的周期。如何整合各学科的优势力量使国别与区域研究尽快获得体系性发展，如何把最优秀的研究力量和最优秀的学生吸引到该领域的研究和学习中来，确保国别与区域研究的学术成果、教研队伍和产出人才能够充分满足国家战略的迫切需要，并且在多个领域开展前瞻研究和理论准备，是当前国别与区域研究面临的又一巨大挑战。

3. 学科体系缺少原创性，偏重大国研究及其人才培养

国别与区域研究学科的形成和发展一直带有浓厚的西方视角和西方中心主义的色彩，大国研究和全球战略区域研究的力量相对充足，发展中国家和相对落后区域研究力量和成果都很薄弱。就国别研究来说，专业性的研究主要集中于少数几个大国，虽成果十分丰富，研究的系统性、持续性也很强，但对其他国家的研究则相形见绌，很多国家未被纳入研

究视野、成为专门的研究课题，只是偶被提及。不仅如此，对已纳入研究范围的国家的重视程度也不够高。

4. 国别研究与区域研究的界限和定位不清晰

当前，全国很多高校都在大谈国别和区域研究及其人才培养，纷纷进行智库建设。但是，到底需要什么样的国别和区域研究，似乎并没有统一的认识。有的甚至将国别研究和区域研究混为一谈，没有弄清最为基本的国别研究和区域研究的区别和定位。事实上，只有在学理上厘清这两个方面的区别与联系，才能进行富有成效的学科建设和人才培养。

区域研究不能等同于国别研究，也不是若干国别研究的叠加，两者有本质的不同。区域研究的重点，是针对构成整个世界的不同文明区域的文明根源、历史变迁及相互关联的跨学科研究领域；国别研究则是以现代民族国家为基本单位，针对单一国家的语言文化、政治经济以及国家间的国际关系为对象的学科领域。

区域研究不单纯以民族国家来界定边界，它常常突破现有的民族国家界限，从"局部的整体"出发，来理解该区域的历史与现实的变化。区域研究更多强调区域本身在语言、宗教、文化、社会结构上的同源性，强调文明母体及其历史演变的研究，即便在国际关系和国际政治的框架下，亦从该区域不同国家间的互生、互动和互构的角度来理解。

而现有的国别研究，通常局限在单一国家内，对其当代语言、文化国情、历史与现状、现实社会政治状况等进行纵深研究和把握，即便涉及孕育其形成的文明起源、宗教历史渊源、文化形成与演变的基础等问题，亦是服务于对该国诸多现象与状况的分析与阐释。而且，国别研究的理论预设具有浓厚的西方现代主义色彩，虽然国别研究曾对形成完整的世界历史格局做出过贡献，但在全球化时代也造成诸多偏见和矛盾。

今天的中国，处于从一个区域性大国向全球性大国转变的过程中，愿意为全球发展提供经验和智识。中国必须要找到超越民族国家思考范式的新途径和新理论，才能为解决自身和世界的问题做出应有贡献。为提供更加具有前瞻性的理论视角，我们需要寻找更符合全球变迁趋势、应对时代难题的新方法。

5. 国别和区域研究的基础理论研究与智库建设存在矛盾

当前不少学校都在建设与"一带一路"有关的研究机构和中心，既有以国别研究为重点的，也有以区域研究为重点的，还有以问题意识为导向的。而且纷纷提出为国家咨政服务，建设高水平智库的目标。

作为综合性大学的外语学科，到底在智库建设方面发挥什么样的作用，如何看待高校的核心工作，我们对此的态度是比较保守的。我们认为，高校更为重要的责任是进行相关学科的基本的理论建设，从思想、方法到理论阐述、研究范式都要建立起一整套的科学体系，用以指导当前和未来的理论与实践，为开展前瞻性的基础理论研究打下良好的基础；还有就是人才培养，为国家智库建设提供具有开阔的国际视野、深刻的洞察力和卓越的研究能力的人才队伍。同时，在培养人才的过程中，高校不断优化人才培养模式，以长远的眼光去发掘和研究更具普遍意义和基础意义的研究课题，为国家的未来之需做好充足的研究和理论准备。

在智库建设方面，高校应该考虑得更为长远、深远，没有长期的跟踪研究、应有的成果积累、人才培养和储备，是不可能在短时间内变成一个真正意义上的智库的。在既有的基础上能够成为国家急需、特色鲜明、制度创新、引领发展的高端智库，围绕国家重大战略需求开展前瞻性、针对性、储备性政策研究并且产出有价值的成果，固然十分重要，但这仍然只是高校的部分责任，甚至只是高校科学研究和人才培养的副产品、对接现实的应用型产品。

三 国别和区域研究人才培养的对策

1. 厘清学科定位，建构中国视角的国别和区域研究学科布局

厘清国别研究和区域研究的学科内涵，把握重点环节和中心任务。首先要解决国别和区域研究的基础理论和基本方法，不能也不应简单地照学照搬西方视角和西方中心主义，应积极探索该研究领域的新概念、新方法、新视角，尽快建立具有中国视角和中国话语特点的国别与区域

研究理论的框架，初步构建中国特色的国别与区域研究的交叉学科体系。

在推进理论建构的同时，逐步形成国别和区域研究的整体布局，基本原则是在发达国家和区域的研究中建立全方位的研究组合，在发展中国家和区域的研究中完善地区性布局。基本方针是依托学科齐全和研究力量雄厚的优势，推动全面研究，突出重点研究，树立示范式研究。

2. 打破学科壁垒，创立交叉学科人才培养模式

打破交叉学科的界限，分层次制定国别和区域研究人才培养目标，培养大批兼具语言能力和专业基础的跨学科的复合型国别和区域研究人才。同时，培养一批在国别和区域研究领域具有国际影响力的中青年专家。

国别与区域研究中，外语学科是基础和桥梁，以丰富的外语研究资料为通道，以各区域第一手的文化、社会、政治实情为立足点，将开启多角度、多层次区域和国别研究的广阔空间。通过与国外战略合作伙伴的协作，建设世界一流的区域与国别研究的国际化课程体系，包括国际网络课程和暑期课程。

在本科生培养层次，借鉴较为成熟的"外国语言和外国历史""多语种复合+"模式的培养经验，依托各高校人文学科，在现有基础上探索多个"外语+""多语复合+"的本科人才培养模式。在研究生培养层面，以高校国别和区域研究的现有力量为支撑，通过国际合作，建立研究生联合培养机制和联合授予学位机制，与已有合作伙伴关系的国外高校建立上述两个机制，研究生由国内外导师联合指导，培养愿意且能够潜心研究对我国长远发展具有战略意义的基础性课题的学术型人才。

3. 整合学科资源，集中优势力量开展科学研究

遵循学术发展规律，根据分区域、有重点、补短板原则，坚持基础理论与现状研究相结合、语言基础与跨学科结合两条主线，长期研究与日常咨询相结合，以问题为导向，加强对当代世界政治、经济、文化和社会的综合研究，探索以语言为基础、多学科交叉的国别和区域研究领

域，服务国家总体建设。

在理论基础方面，国别和区域研究横跨历史学、地理学、政治学、经济学、社会学、宗教学、民族学、人类学、语言学、文化研究等多个学科，具有高度的多样性、差异性和复杂性。从学理上看，国别和区域研究既包括人文科学类的学科，如语言、文学、艺术、民俗、哲学、古代史等，也包括社会科学类的学科，如政治学、经济学、社会学、人类学等。

国别和区域研究的重点突破，需要与中国的历史和现实问题密切结合，一方面可以充分调动学者的问题意识和现实关怀，另一方面可以通过扎实的积累和创新探索新的研究范式。我们既要对重点国家进行点式的深入研究，分析总结不同国家的代表性特征和问题，又要将国别研究置于特定区域、置于更为宏阔的地理与文明的格局中加以考察，提取区域中的共性和差异性问题，阐释深层次的历史与现实关联，促进多元文化的包容共生和彼此尊重，为区域问题的解决提供方案。

因此，当前中国的国别和区域研究，应该以国别研究为点，问题研究为线，区域研究为面，以线连点，以点、线带面，通过多学科理论和研究方法的指导，构筑国别和区域研究的内在架构和逻辑，最终形成国别和区域研究的支撑和互补。

4. 对接国家需求，建设国家智库及其智力储备

高校国别和区域研究机构，立足于全球性、战略性、前瞻性、交叉性的基础研究，在引领该领域学术研究的基础上，要紧密围绕国家"一带一路"倡议的相关重大问题、热点问题开展深度研究，努力成为该交叉研究领域的原创型思想智库。用理论成果指导国家实践，并在成果的实践应用中，修正和完善理论成果和学科体系。同时，以理论研究和实务研究带动人才成长，为国家智库建设提供源源不断的具有开阔的国际视野、深刻的洞察力和卓越的研究能力的人才队伍，用他们的远见卓识，不仅满足国家的今日之需，更能够从容满足国家的未来之需，特别是未来某一时刻的随时之需。

同时切记，高校在智库建设方面，应合理区分层次，根据自身优势和重点，进行优先和优化建设，有所为有所不为，有所先为有所后为，

有所多为有所少为，切忌自以为无所不能、面面俱到。

四　结语

　　国别和区域研究具有非常广阔的发展前景。从高校层面看，推进国别和区域研究是21世纪大学的新使命。

　　当前中国政府倡导的"一带一路"建设和构建"人类命运共同体"的理念，是对中国和世界都具有深远影响的宏伟构想。对内，中国特色话语体系的建设尤为迫切；对外，对区域与沿线国家的研究刻不容缓。

　　但面对当前的国别和区域研究，我们还缺乏足够的自信，多处于浅层次的了解和介绍上，流于形式和表面。在"一带一路"倡议实施的初级阶段还可以应对，但随着合作与交流的不断深入，会越发捉襟见肘。国别和区域研究的学科体系建构、科学研究和人才培养刻不容缓。除了文学、文化、艺术、风俗等我们在传统上一直予以关注的部分（这方面我们也有很多的空白点和薄弱的部分，也有人云亦云的倾向，不足以提供全面准确的支撑），我们还需要关注当代社会、经济、政治、生活、国民心态、大众文化、极端势力、先进技术等部分，以及其背后深刻的历史背景和根源，特别是要十分珍惜我们获取一手研究资料的能力，这在当今的国别与区域研究中是非常重要的。

　　值得关注的是，随着对"一带一路"概念的解读，其沿线国家数量在不断扩大，现在已有65个国家被纳入进来。对这些国家的研究要找准重点、区别对待。而且，从2017年5月召开的"一带一路"国际合作高峰论坛来看，29位国家元首或政府首脑亲临峰会，130多个国家派出代表参会，可见"一带一路"倡议已引起全世界的广泛关注。未来"一带一路"概念会有更大的外延，可能推广至非洲、拉丁美洲和南美洲各国，因此对这些区域的研究应该提前纳入日程、着手储备研究和教育资源，在可能的情况下先行开展相关研究。

　　在中国高校建设国别与区域研究领域，培养国别与区域研究人才，是中国国力提升、中国国家利益延伸到世界的必然要求，具有十分广阔的前景。在这个过程中，既要借鉴国际上的成熟经验，更要体现出应有的东方视野。以语言、历史和文化为基础，加强对当代世界的认知。努力培养和造就一批真正理解其他区域文化、历史和现实的人才，为中国在相关领域的发展奠定基础。

"一带一路"背景下新疆企业走向中亚国家面临的机遇与挑战[*]

李豫新　代　敏[**]

改革开放以来，新疆经济实现跨越式发展，经济增长迅速，在新的历史时期，新疆企业紧随国家号召，迈向了中亚五国的市场。据商务部统计，仅2017年，新疆企业在中亚国家境外投资的总数高达275家，同比增长41.5%；一批重大标志性项目建成投产或开工建设[①]。新疆企业已经在中亚国家建设了12个经贸合作区，涉及多个领域，累计投资超过20亿美元。但是，由于国际形势和企业自身的问题，新疆企业"走出去"面临一系列的困境和挑战。如何摆脱困境和克服挑战，促使新疆企业更好、更快地走向中亚国家，值得深入研究。我国新疆与中亚国家有着特殊的地缘经贸关系，中亚五国与我国新疆地区在资源禀赋、生产结构和经济发展水平上具有较强的相似性和同构性，具有较强的合作潜力。新疆企业走向中亚国家不仅有利于我国与中亚国家在"一带一路"倡议下更好地进行区域经济合作，而且对实施西部大开发战略、推动中国西部地区经济和社会发展、缩小西部与东部地区经济差距具有一定的作用。

---

[*] 本文为石河子大学兵团屯垦戍边研究中心开放课题"新疆企业走向中亚国家面临的机遇与挑战"的研究成果。

[**] 李豫新，教授，博士生导师，石河子大学兵团屯垦戍边研究中心主任；代敏，石河子大学经济与管理学院博士研究生。

[①] 蒋颖、周颖、刘治宇：《"一带一路"倡议下中国企业全球化的机遇和挑战》，《国际税收》2017年第5期。

探讨新疆企业走向中亚国家的发展机遇与挑战，有利于推动新疆产品走向中亚市场，优化对外投资国别和产业布局，更好地指导新疆企业开拓中亚市场，在更高层次上参与国际经济技术合作。

一 新疆企业走向中亚国家的基本情况

（一）新疆企业总体情况

改革开放以来，新疆经济社会得到较快的发展，企业数量也呈现出上升趋势。截至 2016 年，新疆企业总数已达 151379 家，是 2001 年新疆企业总数的近 30 倍。从新疆企业总数及地区分布来看（见表1），2011—2016 年，新疆企业总数从 57559 家快速上升至 151379 家，年均递增 21.34%。其中北疆地区的乌鲁木齐市企业数从 23172 家快速上升至 59800 家，年均递增 20.88%；克拉玛依市的企业数从 2393 家上升至 4461 家，年均递增 13.27%。南疆地区的喀什企业数从 2248 家快速上升至 9263 家，年均递增 32.74%。总体而言，新疆北疆地区的企业数要多于南疆地区。值得注意的是，阿拉尔市、图木舒克市、五家渠市 3 个自治区直辖县级市自 2004 年建市以来发展迅猛，三市企业数从 2011 年的 367 家上升至 2016 年的 2619 家，年均递增高达 48.15%。

表1　　　　　2011—2016 年新疆企业数各地区分布情况　　　（单位：家）

地区＼年份	2011	2012	2013	2014	2015	2016	年均递增（%）
乌鲁木齐市	23172	25664	35946	46228	53956	59800	20.88
克拉玛依市	2393	2534	2552	2571	3855	4461	13.27
吐鲁番市	1243	1664	2257	2851	3645	4081	26.84
哈密市	3010	3387	3483	3579	4162	5268	11.84
昌吉州	4002	4474	5734	6994	8078	8873	17.26
伊犁州直属县（市）	3394	3591	5091	6591	7537	11127	26.80
塔城地区	1136	1261	2303	3345	3467	3580	25.81
阿勒泰地区	1582	1752	2138	2525	2912	3330	16.05

续表

年份\地区	2011	2012	2013	2014	2015	2016	年均递增（%）
博州	1614	1673	2060	2448	2780	3135	14.20
巴州	5340	5763	8148	10533	12288	14642	22.35
阿克苏地区	3808	4839	6019	7200	8039	9026	18.84
克州	708	897	1079	1261	1519	1519	16.49
喀什地区	2248	2900	4778	6657	7692	9263	32.74
和田地区	1498	1860	2458	3057	4236	7207	36.91
新疆维吾尔自治区直辖县级市	2411	2625	3777	4930	5415	6067	20.27
其中：石河子市	2044	2120	2696	3272	3341	3448	11.02
阿拉尔市	146	180	469.5	759	1166	1488	59.09
图木舒克市	45	102	199	296	300	390	54.02
五家渠市	176	223	413	603	608	741	33.31
企业数合计	57559	64884	87827	110770	129581	151379	21.34

资料来源：根据2012—2017年《新疆统计年鉴》整理所得。

从新疆企业的所有制分类来看（见表2），2011—2016年，新疆私营企业较多、比重较大，国有企业和股份制企业数次之，集体企业、联营企业、涉外企业及其他企业占比很小。私营企业占比从2011年的63.51%上升到2016年的70.98%，已经占据了新疆企业的三分之二。国有企业位居其次，从2011年的24.96%下降到2016年的13.81%。股份制企业占比从2011年的9.62%上升到2016年的14.05%，超过了国有企业成为新疆第二多的企业类型。

表2　2011—2016年按所有制分类的各类新疆企业占总体的比重（单位:%）

年份	国有企业	集体企业	私营企业	联营企业	股份制企业	其他企业	涉外企业
2011	24.96	1.15	63.51	0.12	9.62	0.32	0.32
2012	23.31	1.06	64.56	0.10	10.35	0.31	0.31
2013	19.53	0.86	66.35	0.16	12.54	0.28	0.28

续表

年份	国有企业	集体企业	私营企业	联营企业	股份制企业	其他企业	涉外企业
2014	17.18	0.73	67.47	0.20	13.91	0.25	0.25
2015	15.55	0.65	69.28	0.17	13.89	0.23	0.23
2016	13.81	0.57	70.98	0.15	14.05	0.21	0.21

资料来源：根据2012—2017年《新疆统计年鉴》、新疆维吾尔自治区商务厅相关数据整理所得。

从行业分布来看，2011—2016年，新疆企业从事第一产业的比重由3.58%增加到6.92%，主要分布在农业和畜牧业等领域；从事第二产业的企业数由14.32%下降到13.62%，主要分布在制造业（包括农副产品加工业、纺织业、食品制造业、化工产品制造业等）、采矿业等领域；在第三产业中的企业数由82.10%下降到79.46%，主要分布在租赁和商务服务业、房地产业、信息技术服务业、交通运输业（主要是道路运输业）等领域。

表3　　　　2011—2016年按产业分布的新疆企业占比情况　　　（单位：%）

年份	第一产业企业比重	第二产业企业比重	第三产业企业比重
2011	3.58	14.32	82.10
2012	4.33	14.99	80.67
2013	3.47	13.82	82.71
2014	8.98	13.47	77.54
2015	6.43	13.35	80.23
2016	6.92	13.62	79.46

资料来源：根据2012—2017年《新疆统计年鉴》、新疆维吾尔自治区商务厅相关数据整理所得。

（二）新疆企业"走出去"的发展现状及其特征

1. 新疆"走出去"企业的分布

新疆"走出去"企业主要分布在中亚五国。由于中亚国家的自然资源禀赋、经济发展水平以及投资环境等方面的不同,在中亚的新疆企业大多分布在哈萨克斯坦和吉尔吉斯斯坦两国。在哈萨克斯坦的新疆企业主要集中在阿拉木图市和努尔苏丹市(原阿斯塔纳市),另外在阿克托别州、东哈萨克斯坦州、南哈萨克斯坦州、巴甫洛达尔州等地也有分布。据不完全统计,截至2016年年底,在哈萨克斯坦投资的新疆企业有1000多家,主要从事石油、资源开发、纺织品加工、铁路、电信、农业、化工等行业领域,其中近800家企业为小规模私营企业,主要从事商贸流通行业领域。吉尔吉斯斯坦有400多家新疆企业,主要分布在该国首都比什凯克市和南部的奥什市,主要从事石油、纺织品加工、电信、农业、商贸流通等行业领域。此外,乌兹别克斯坦目前有200多家新疆企业,主要分布在塔什干市,从事的行业涉及石油、资源开发、铁路、电信、农业、化工、机械设备、电站设备、地铁建设、工程承包以及商贸流通等多个领域。塔吉克斯坦目前有200家新疆企业,主要集中在首都杜尚别市。土库曼斯坦的新疆企业相对较少,仅在首都阿什哈巴德有80多家新疆企业。新疆企业走向中亚国家的形式主要是境外建厂、商贸流通和对外经济技术合作等。选择境外建厂的企业主要以大型国有企业和大型股份制企业为主,最具代表性的企业有新疆建工集团、新疆广汇实业集团、新疆八一钢铁集团等;从事商贸流通的企业主要以中小型私营企业为主,代表性企业有新疆野马集团、新疆三宝集团等;选择对外经济技术合作的企业主要是国有企业,代表性企业有中国石油集团、中国石化集团新疆分公司等。

2. 新疆"走出去"企业从事的行业和代表企业

新疆企业走向中亚国家主要从事石油能源、工程和道路建设、矿产加工、建材、通信、金融、商贸流通、食品加工以及服务行业等行业领域。在石油能源领域,主要以中国石油总公司、中国石化总公司、中海油等大型驻疆央企为主;工程、道路建设领域主要有新疆特变电工、新疆建工集团、中国路桥总公司等;在矿产加工领域主要有新疆八一钢铁总公司、爱力克金属有限公司、紫金矿业等;在建材行业主要是华新水泥、新疆屯河型材有限公司、新疆生产建设兵团在塔吉克斯坦设立的海力公司等;商贸流通领域是我国新疆企业在中亚国家从事最普遍的行业,阿拉木图的巴拉霍克市场、比什凯克市的多尔多伊市场和奥什市的卡拉苏市场是中国商品集散的三大市场，这一领域主要有新疆大得实业公司投资的大唐商城、新疆野马公司、新疆亚联公司投资的商贸城等私营企业；在食品加工领域具有代表性的新疆企业是新疆轻工业集团在哈萨克斯坦投资的新康番茄酱厂①。此外，新疆经济技术开发区和新疆三宝集团在哈萨克斯坦开发的三宝—乌鲁木齐经开区哈萨克斯坦阿克套工业园、新疆中泰集团在塔吉克斯坦投资的中泰新丝路塔吉克斯坦农业纺织产业园、新疆塔城国际资源有限公司在塔吉克斯坦投资的中塔工业园区都是新疆企业在中亚国家成立的大型境外工业园区②。

3. 新疆本土企业走向中亚国家的比例较小

新疆"走出去"企业分为三类，分别是中央驻疆企业（下文简称央企）、其他省区转移到新疆的企业（下文简称外省在疆企业）以及新疆本土企业。从新疆"走出去"企业的现状来看，央企和外省在疆企业"走出去"的数量远远超过新疆本土企业。其中最具代表性的央企当数中国油气企业。2010 年，油气企业对外合作部组织 12 家地方企业召开走向中亚座谈会，有针对性地为地方企业与哈萨克斯坦油田牵线搭桥，提供市场信息，建立沟通渠道，取得了较好的效果③。自 2016 年以来，一批外省在疆企业抓住难得的发展机遇，从国际国内资源的优势互补中创造发展条件，更加积极稳妥地实施"走出去"战略。而新疆本土企业竞争力弱，规模小，无法在竞争激烈的中亚市场上站稳脚跟，仅有特变、三宝、广汇等少数大型本土企业成功走向中亚市场。

4. 新疆境外投资企业主要分布在中亚国家

境外投资是新疆企业走向中亚国家的一种重要形式。2017 年新疆境外投资企业总数为 340 家，其中在中亚五国的境外投资企业总数达到 254

---

① 唐红梅、王丽丽、李志刚：《新疆企业加速布局亚欧市场》，《乌鲁木齐晚报》（汉文版）2014 年第 2 期。

② 原帼力、麦迪娜·依布拉音：《丝绸之路经济带核心区视域下新疆推进境外园区建设的思路》，《新疆师范大学学报》（哲学社会科学版）2018 年第 4 期。

③ 秦海英：《新疆企业"走出去"参与国际竞争合作的思考》，《经济研究参考》2011 年第 33 期。

家，占新疆境外投资企业总数的74.71%，占全国在中亚五国境外投资企业总数的41.03%，这充分说明新疆境外投资企业主要分布在中亚五国，也说明了新疆已成为我国在中亚五国投资的重要省份。哈萨克斯坦也是新疆境外投资企业的首选国家，2017年新疆在哈萨克斯坦的境外投资企业总数为118家，位列中亚五国的第一。乌兹别克斯坦和吉尔吉斯斯坦也是新疆境外投资企业的主要选择国家，2017年新疆在两国的境外投资企业数目分别是60家和41家，其他两国的境外投资企业分布相对较少。同时，2017年新疆在中亚五国的境外企业数占全国在中亚五国的境外企业数的比重为41.03%，说明我国在中亚五国的境外投资企业中有接近一半的企业为新疆企业。这也从侧面反映出"一带一路"倡议的提出和丝绸之路核心区的确立，使得新疆逐渐成为我国对外（尤其是中亚五国）的重要门户，进一步加速了新疆企业走向中亚国家进行境外投资的步伐。

表4　　2017年新疆境外投资企业在中亚五国的数量及比重

中亚五国	新疆在中亚五国的境外企业数（个）	新疆在中亚五国境外企业数占境外企业总数的比重（%）	中国在中亚五国的境外企业数（个）	新疆在中亚五国的境外企业数占全国在中亚五国境外企业数的比重（%）
哈萨克斯坦	118	34.71	242	48.76
乌兹别克斯坦	60	17.65	161	37.27
吉尔吉斯斯坦	41	12.06	108	37.96
塔吉克斯坦	30	8.82	75	40.00
土库曼斯坦	5	1.47	33	15.15
中亚国家合计	254	74.71	619	41.03

资料来源：根据新疆维吾尔自治区商务厅相关数据整理所得。

5. 新疆"走出去"的民营企业比例不断上升

新疆企业走向中亚国家大多是民营企业和国有企业，集体经济、"三资"企业以及其他企业较少。近年来，越来越多的新疆民营企业抓住"一带一路"倡议带来的巨大机遇，纷纷走向中亚国家，大力拓展中亚市场。截至 2017 年，在新疆走向中亚国家的近 1800 家企业中，有 1200 多家企业为民营企业，占新疆企业总数的 67%，可见民营企业在新疆企业中的主导地位。其中，据不完全统计，在哈萨克斯坦的民营企业数为 800家，在吉尔吉斯斯坦的民营企业有 260 家，在乌兹别克斯坦的民营企业有 150 家，在塔吉克斯坦和土库曼斯坦的民营企业有近 200 家。大部分民营企业在中亚五国主要从事商贸流通业务。伴随着进出口贸易权的放开，新疆民营企业从事对外贸易活动越来越多，"走出去"的新疆民营企业也越来越多，民营企业对新疆对外贸易发展贡献也越来越大[①]。

二 新疆企业走向中亚国家面临的机遇

（一）中亚国家的发展有利于新疆企业"走出去"

1. 中亚国家均在实施相应的国家发展战略

近年来，中亚国家总体形势平稳，各国经济持续恢复性增长，五国又积极制定、落实国家发展战略，充分发挥地缘和资源等优势，加大基础设施建设，改善投资环境，加快交通枢纽建设，实施产业结构调整，努力改善民生、维护国家稳定。

哈萨克斯坦是中亚地区主要国家，其经济发展一直是中亚国家中的翘楚。2014 年哈萨克斯坦制定了"光明之路"的新经济政策，致力于国内推进基础设施建设，保障经济持续发展和社会稳定。2015 年哈萨克斯坦政府制定了《哈萨克斯坦共和国 2015—2019 年工业创新发展国家纲要》，将 16 个制造行业[②]定为重点发展领域。2017 年 1 月，在"光明之路"新经济政策基础上，时任总统纳扎尔巴耶夫提出"第三次现代化"计划，强调运用数字技术培育新兴产业，大力提高传统产业生产力水平，努力将农业和建筑业作为哈萨克斯坦经济发展的新驱动力，加快发展亚

[①] 付鑫：《新疆民营企业"走出去"现状、问题及对策》，《新疆农垦经济》2016 年第 2 期。

[②] 这 16 个制造行业包括：黑色冶金、有色冶金、炼油、石化、食品、农药、工业化学品、交通工具及配件和发动机、电器、农用机械、铁路设备、矿山机械、石油炼化和开采机械、建材、创新和航天工业。

欧物流基础设施，更加积极地融入中国的"一带一路"建设中，加快推进"一带一路"建设同"光明之路"新经济政策对接，进入与中国务实合作的新阶段①。这一战略将大力带动我国企业，特别是新疆企业进入哈萨克斯坦市场，在基础设施建设、交通物流、贸易、制造业、农业、旅游业等具有巨大发展潜力的领域进行探索，以期与哈萨克斯坦进行更深层次的合作。

乌兹别克斯坦是中亚国家中经济增速最快的国家，近十年乌兹别克斯坦 GDP 年均增长超过 7.8%。2017 年乌兹别克斯坦政府提出了"2017—2021 年进一步发展行动战略"，战略中提到乌兹别克斯坦政府未来将致力于人力资源发展，建立有效的教育、科研和企业生产转化一体化机制，对科研、创新、技术、工程等领域投入加大，鼓励工业园区建设和外国投资，建立平等竞争的国际市场环境。乌兹别克斯坦的这一战略为新疆企业在乌兹别克斯坦进行进一步的投资和发展奠定了政策基础，同时鼓励新疆企业在乌兹别克斯坦发电站建设、工业园区建设、铀业资源、油气开发、钾肥等领域进行投资。另外，乌兹别克斯坦将从 2019 年起禁止对外出口棉花，全部用于本国市场，给新疆"走出去"企业带来了难得的发展机遇，企业可在乌兹别克斯坦开拓纺织产业，利用乌兹别克斯坦高质价优的原材料，并借助中国的先进技术和管理经验进行纺织服装全产业链投资。

吉尔吉斯斯坦是我国"一带一路"倡议的积极参与者，其国内政局平稳，经济基本保持稳定，年增长率为3.8%。2012 年年底，吉尔吉斯斯坦出台了《2013—2017 年吉尔吉斯斯坦稳定发展战略》，将经济发展的优先方向定为电力、矿产开发、农业、轻工业和服务业等。2015 年，吉尔吉斯斯坦成为欧亚经济联盟正式成员国，为进一步提高商品与服务的竞争力，吉尔吉斯斯坦政府积极号召"欧亚经济联盟"与我国"一带一路"倡议进行对接，并提出"大力支持出口导向型和替代进口型产业的发展，推动吉尔吉斯斯坦国产商品和品牌在国内外市场的发展，扩大吸引外资，

---

① 丁志刚、潘星宇：《"丝绸之路经济带"背景下中亚五国投资环境评估与建议》，《欧亚经济》2017 年第 2 期。

新增就业岗位"等一系列利好政策。同时，在"一带一路"框架下中吉两国将进一步加强产能、农业等领域的合作，在已通车的中吉乌铁路（中国—吉尔吉斯斯坦—乌兹别克斯坦）国际公路的基础上，加快推进比什凯克热电厂改造、比什凯克—奥什第二公路、比什凯克市政网改造、农业灌溉系统改造等合作项目，这为我国新疆企业走向吉尔吉斯斯坦投资打下了坚实的基础，未来新疆企业将在此基础上与吉尔吉斯斯坦在环境保护、交通运输、燃料能源开发等重点领域进一步合作，这是未来新疆企业在吉尔吉斯斯坦的发展重点。

塔吉克斯坦近年来经济发展总体平稳，政局稳定，市场开放。2016年12月塔吉克斯坦政府发布《2030年前国家发展战略》，提出了未来塔吉克斯坦经济发展的四大任务，即塔吉克斯坦在落实能源、交通和粮食安全三大发展战略的同时，致力于吸引国外直接投资，在金融、矿产资源勘探开发、火电站建设、石油冶炼、水泥生产、电信运营、农业等诸多领域与中方进行合作。作为全球第一个与中国签订《共同推进"丝绸之路经济带"建设谅解备忘录》的国家，塔吉克斯坦对中国开展经贸合作抱有强烈意愿，积极响应"一带一路"倡议的号召，两国在"一带一路"框架下的各项合作顺利展开，对双边经贸关系起到积极的推动作用。塔吉克斯坦致力于建设本国工业体系，实现由农业国向工—农业国的转变，而这一历史机遇正需要我国新疆企业的深度参与。随着"一带一路"建设在塔的深入推进，新疆企业在塔吉克斯坦的发展前景将更加广阔。

土库曼斯坦经济稳定发展，国内生产总值连续多年保持较快增长，是我国在中亚地区的第二大贸易伙伴和最大的天然气供应国。2003年土库曼斯坦政府制定了《2020年前土库曼政治、经济和文化发展战略》国家纲要，提出要把土库曼斯坦建成一个社会经济发展指标达到世界高水平、居民生活保障程度达到高水准的快速发展的强国。根据纲要内容，土库曼斯坦开始强调以出口和国内需求为导向，优先发展有竞争力的行业，尤其是基础经济行业，具体包括石油天然气、电力、化工、纺织、农产品加工、交通、通信以及建材工业等领域，加快完成产业结构调整，实现工业等领域现代化改造，建立多元经济体制。在《土库曼斯坦2011至2030年国家社会经济发展纲要》中，土库曼斯坦再次提出化工、纺织、交通通信、卫生、旅游等行业是该国未来发展前景广阔的领域。以土库曼斯坦为起点的中国—中亚天然气管道是21世纪"能源丝绸之路"的伟大创举。在中土天然气合作不断巩固的同时，双方在铁路基础设施、IT设备、纺织等非资源领域合作取得显著成效，为新疆企业加强与土库曼斯坦的产能合作，推动能源、交通、纺织、农业、建材和高科技等领域的深入合作奠定了扎实的基础。

2. 中亚国家不断推进对外开放

21世纪以来，中亚国家保持了10余年的高速增长正在发生转折，多数国家越来越与世界经济同步发展，步入低增长的调整时期。中亚国家越来越深刻地认识到对外开放的重要性，纷纷调整对外开放战略布局，为引进外资发展本国经济提出诸多优惠政策。同时，中亚国家越来越积极地融入中国的"一带一路"建设中，进入与中国务实合作的新阶段。

中亚国家自独立以来，积极促进与其他国家的贸易往来，坚持奉行积极吸引外国投资的政策，并加强有关立法工作。2015年哈萨克斯坦加入世界贸易组织，并签署亚洲基础设施投资银行的协议。为进一步实现对外开放，加快哈萨克斯坦发展，哈萨克斯坦建立了10个经济特权，并于2011年颁布《哈萨克斯坦经济特区法》，对经济特权的设立以及特权企业享有的优惠等予以了明确规定。乌兹别克斯坦现已与150个国家和地区建立了贸易关系，与45个国家签署了最惠国待遇，现有外资企业约5000家。乌兹别克斯坦已将吸引外资纳入优先发展领域，并颁布了《外资法》《外国投资权益保障和维护措施》，2014年发布《关于促进吸引外国直接投资补充措施》的相关法令，为外商提供了诸多权利、优惠和特权。截至2017年，已建立4个经济特区，以期吸引更多外资，促进乌兹别克斯坦区域经济发展。吉尔吉斯斯坦为进一步加大开放力度，建立了4个自由经济区，大力吸引外资企业来吉投资，对自由经济区注册的企业给予税收优惠，对外资企业用于生产的机器设备免征进口关税。吉尔吉斯斯坦政府规定，凡在政府鼓励投资的优先发展领域进行投资，以及在吉尔吉斯斯坦发展规划下对特定区域进行投资的企业，均可享受相应优惠。塔吉克斯坦奉行开放的对外经济政策，积极参加多边和区域经济合作组织，陆续建立4个自由经济特区，为鼓励企业投资塔吉克斯坦，入驻自由经济特区的外资企业均享有特殊、优惠的关税和税收制度以及简化的注册程序等政策。土库曼斯坦积极推进对外开放政策，参加多边和区域经济合作组织，对外国投资在海关、进出口管理、税收以及签证制度等方面给予优惠。土库曼斯坦设立阿瓦扎国家级旅游区（属于自由经济区），除一般性优惠政策外，土库曼斯坦政府还对在该区域内开展投资活动的外国投资者提供一系列签证居留、税费、金融、保险、交通运输等方面的特殊优惠。

3. 中亚国家市场潜力巨大

中亚国家市场潜力巨大，主要体现在以下几个方面。第一，中亚各国独立后都实行了鼓励生育的人口政策，人口增长率不断上升。2004年中亚五国共有人口5847万人，到2016年总人口达7011万人，是我国新疆总人口的3倍，根据目前中亚地区的人口发展趋势，预计2030年前后这一地区的总人口可能达到1亿人，到2060年前后可能达到1.5亿人[①]。面对如此庞大的中亚市场，新疆作为我国向西开放的重要门户，新疆企业"走出去"具备得天独厚的地缘优势。第二，中亚国家经过了二十多年的经济复苏与发展，人民生活水平不断提高，购买力日益增强，对生活所需的轻工业产品需求量大增，但是中亚国家的轻工业发展欠缺，产品种类不多，质量不高，数量不足，还无法完全满足中亚人民的需要。而我国尤其是新疆地区在轻工业方面有着显著的优势，为新疆企业走向中亚市场带来了机遇。第三，中亚五国正处于工业化建设初期阶段，其工业体系多不完善，工业化发展过程中，亟须借助外部力量。第四，中亚国家正处于城市建设的高峰期，基础设施建设投资需求巨大，亟须吸引外资，加强该领域的合作。

（二）国家战略及相关政策推动新疆企业"走出去"

1. 国家的发展战略

20世纪80年代末，在我国沿海开放成功推进的基础上，中央开始实

---

① 程云洁：《新疆企业面向中亚市场"走出去"的动因及优势分析》，《新疆财经》2009年第3期。

施沿边开放战略。1987年4月，国务院在批转《关于民族工作几个重要问题的报告》中强调指出，新疆、西藏、云南等地和其他一些少数民族地区，应把握自身优势，进一步对外开放。新疆的对外开放战略主要是面向中亚的对外开放战略。新疆维吾尔自治区党委、政府提出了"全方位开放、向西倾斜、内引外联、东联西出"的方针，明确了以地缘优势带动资源优势，以贸易先行促进产业联动，把新疆建成全国向西开放的重要基地和桥头堡。新疆对外开放战略开始形成。新疆对外开放战略在国家的支持下，开放重点更加明晰，中亚国家成为新疆最重要的战略合作伙伴。新时期，新疆企业把握对外开放战略的新内涵，发挥自身优势，走向中亚国家已成为对外开放的应有之义。

改革开放以来，由于东西部地区发展差距的历史存在和过分扩大，已成为一个长期困扰中国经济和社会健康发展的全局性问题。在此背景下，1999年国家开始实施西部大开发战略。支持西部地区开发建设，实现东西部地区协调发展，是我们党领导经济工作的一条重要方针，也是我国现代化建设中的一项重要的战略任务。西部大开发战略的实施，为新疆经济和社会发展提供了前所未有的机遇和良好的条件。西部大开发战略实施近20年来，一批对新疆维吾尔自治区经济增长和结构调整有重大作用的水利、能源、交通等基础设施和基础产业项目陆续建成或部分建成。西部大开发战略在新疆实施以来，国家在规划指导、政策扶持、资金投入、项目安排、人才交流等方面加大了对新疆地区的支持力度，东中部地区也通过多种途径、采取多种形式积极援助新疆地区的发展，在基础设施建设、人才援疆、产业援疆等多方面进行投资，为新疆企业走出国门开发中亚市场奠定了重要基础。

自国家实施"对口援疆"战略以来，"对口援疆"工作不断深入，特别是在资金、人才、技术和项目等方面加大了对新疆的支持，极大地促进了新疆社会经济的全面发展。2010年3月29—30日，全国对口支援新疆工作会议在北京召开，至此全国新一轮援疆大幕拉开。在新一轮对口援建的强大推动下，新疆天山南北形成了大建设、大开放、大发展的局面，做到了全面援疆、民生优先，形成了互动互利的新一轮援疆热潮。2013年9月23—24日，第四次全国对口支援新疆工作会议在北京召开，会议分析了新疆工作形势，研究部署就业、教育、人才等援疆重点工作。2014年5月28—29日第二次中央新疆工作座谈会在北京举行，会议全面总结了2010年中央新疆工作座谈会以来的工作，科学分析了新疆形势，明确了新疆工作的指导思想、基本要求、主攻方向，对当前和今后一个时期新疆工作做了全面部署。提出进一步深入推进对口援疆工作，会议强调，举全国之力，深入推进对口援疆工作。在第二次中央新疆工作座谈会上，习近平总书记再次强调，对口援疆是国家战略，必须长期坚持，把对口援疆工作打造成加强民族团结的工程。自国家实施对口援疆战略以来，在对口援疆省市和新疆维吾尔自治区政府的不懈努力下，新疆实现了跨越式发展。对口援疆省市在财力、物力、人力方面进行大力支持，使得新疆基础设施条件建设逐步完善，一大批项目的启动对新疆的经济社会发展做出了巨大贡献，同时带动了一批中小企业的快速发展，为新疆企业"走出去"提供了技术支持和财力保障。

新疆的地缘政治、资源禀赋、文化渊源，决定了在丝绸之路经济带建设中的核心区地位。这为新疆参与国际区域合作提供更加广阔的空间，为新疆的发展提供全新的路径。通过"一带一路"倡议的大力实施，新疆企业依托新疆独特的优势，充分发挥自身潜力走向中亚国家，不仅可以为我国"一带一路"倡议的推进贡献一分力量，而且可以促进新疆企业的快速发展，为新疆可持续发展注入新动力。

2. 国家重大方针政策

党的十八大提出"积极帮助企业开拓国内外市场"，为新疆企业"走出去"提供了政策支持，十八届三中全会提出"使市场在资源配置中起决定性作用"，"促进企业走出去"，十九大提出"加快完善社会主义市场经济体制"，"要以'一带一路'建设为重点，坚持'引进来'和'走出去'并重，创新对外投资方式，促进产能国际合作，形成面向全球的贸易、投融资、生产、服务网络，加快培育国际经济合作和竞争新优势"，为新时代新疆企业对外投资合作指明了方向。国家"十三五"规划更是将新疆定位为丝绸之路经济带核心区，将通过发挥新疆独特的区位优势和向西开放重要窗口的作用，深化与中亚、南亚、西亚等地区国家交流合作，给予新疆特殊的政策支持，引领新疆企业更好更快地走向中亚国家。为加快企业"走出去",中央加大了对"走出去"企业的政策扶持力度,2014年5月,国务院办公厅公布《国务院办公厅关于支持外贸稳定增长的若干意见》,鼓励企业采取绿地投资、企业并购等方式到境外投资,促进部分产业向境外转移。2014年9月,商务部颁布了新修订的《境外投资管理办法》。2016年税务总局明确了企业在境外经营及投资所得的确认、境外抵纳税款和减免税处理等一系列政策问题,充分发挥税收协定的作用,最大限度地争取我国企业在缔约国投资所能获得的经济利益。2017年中国人民银行,为支持企业"走出去",不断深化外汇管理体制改革,取消不必要的管制,简化手续,为企业"走出去"提供外汇便利;鼓励有条件的商业银行设立和发展境外机构,为"走出去"企业提供便利的金融服务等。

3. 自治区和兵团的相关政策

为鼓励企业"走出去",2009年新疆维吾尔自治区商务厅《境外投资管理办法》规定,下放和简化对外投资的核准权限和程序至省级商务主管部门,缩短了"走出去"企业的审批时间。2015年自治区政府在非公经济、PPP模式、外贸发展、金融保障等方面采取了一系列措施,为新疆企业"走出去"创造良好环境。2015年5月,自治区商务厅与中国工商银行签署《实施"一带一路"建设,支持新疆企业"走出去"战略合作协议》,为新疆企业"走出去"提供政策支持,并统筹协调相关单位做好优质服务工作。2016年农业发展银行支持丝绸之路经济带核心区建设,对新疆企业实施放宽客户和项目准入条件、实行差异化信贷管理,对新疆"走出去"企业实行优惠利率、开辟信贷"绿色通道"、优先保障信贷计划和资金需求等倾斜性的扶持政策,大力支持新疆企业"走出去"。2016年,兵团发布了《关于进一步做好境外投资工作和推进国际产能与装备制造合作的实施意见》,在如何加快新疆企业"走出去"等方面做了具体安排。2017年,兵团关于《加速推进新型工业化进程的若干意见》中再次提到鼓励新疆企业"走出去",支持新疆企业在国外建立生产基地、资源供应基地和研发机构,开展国外资源、专利技术、著名品牌、商业网络和制造基地收购。研究建立战略性新兴产业进出口扶持政策,支持企业进口关键设备和引进先进技术。加快出口产品生产加工基地建设,开拓国外市场。综上所述,截至2017年,自治区和兵团相继出台了一系列相关政策,为企业"走出去"提供了强有力的政策支持。

(三)核心区和特区建设共同助力企业"走出去"

1. 丝绸之路经济带核心区建设

新疆维吾尔自治区政府坚决贯彻国务院把新疆打造成为丝绸之路经济带核心区的战略安排部署,坚持以政策沟通、设施联通、贸易畅通、资金融通、民心相通为主要内容,紧紧围绕"三通道""三基地""五大中心"和"十大进出口产业集聚区"等重点任务,不断完善核心区建设政策规划体系,务实创新、主动作为,核心区建设行稳致远,取得阶段性成果。通过加快"三通道"建设,有助于实现新疆与沿线国家的"设施联通"。"三基地"建设有助于发挥新疆资源优势,实现能源供应的多元化,开辟安全便捷的战略能源资源大通道,规避潜在的能源风险,保障国家能源资源的战略安全。"五大中心"建设是对国家"三中心"的拓展和延伸,在此基础上,根据新疆自身发展实际和发展基础,以及周边国家的现实需求,自治区又提出了建设"金融中心"和"医疗服务中心",建设"金融中心"有助于落实国家提出的"拓宽金融合作领域"任务安排,强化金融机制创新,增强金融服务支撑能力,促进我国与沿线国家"资金融通";建设"医疗服务中心"是对国家"密切人文交流合作"任务安排的具体化,有助于挖掘新疆独特的人文资源,带动相关产业发展,促进我国与沿线国家的"民心相通"。建设"十大进出口产业集聚区"与国家提出的"大力拓展产业投资"是相辅相成、互相促进的,通过建设"十大进出口产业集聚区",可以形成规模效应,提升产业竞争力,为企业"走出去"创造条件;通过"拓展产业投资",可以开辟国际市场,带动产品、技术和标准"走出去",推动紧缺资源"引进来",满足国内需求,为"十大进出口产业集聚区"发展提供有力支持。新疆核心区建设的稳步前进,为新疆企业"走出去"创造了条件,为新疆与中亚各国深化合作打下坚实基础。

2. 打造高水平经济特区

2010年5月,中央新疆工作会议上中央正式批准喀什、霍尔果斯设立经济特区，充分发挥喀什地区和伊犁州对外开放的区位优势，拓展对外联结通道，发挥口岸和交通枢纽的作用，加强与中亚、南亚、西亚和东欧的紧密合作，实现优势互补、互利互惠、共同发展，努力打造"外引内联、东联西出、西来东去"的开放合作平台，把喀什、霍尔果斯经济开发区建设成为我国向西开放的重要窗口。《国务院关于支持喀什霍尔果斯经济开发区建设的若干意见》（下文简称为《意见》）将喀什定位为新疆两个国际性枢纽之一，沟通大西洋和印度洋的交通枢纽，主要以喀什为核心节点，涵盖疏附、疏勒、阿图什、阿克陶、乌恰等周边节点以及红旗拉甫、卡拉苏、伊尔克什坦、吐尔尕特等重要口岸，充分利用内陆经济特区等政策优势，打造成为我国"一带一路"西向开放的口岸中转型国家级综合交通枢纽，重点强化我国与中亚、西亚国家以及印度洋方向的人员物资交往流通。霍尔果斯经济开发区作为另一个经济特区，《意见》将其定位成现代化、国际化的西部特区，并确定实行"一区三园"模式。"一区"即霍尔果斯经济开发区，"三园"分别为霍尔果斯口岸、伊宁市配套产业园区、清水河配套产业园区[①]。两个经济特区的稳步发展，为新疆企业创造了更多发展机遇。

三 新疆企业走向中亚国家面临的困境与挑战

（一）新疆企业走向中亚国家面临的问题与困境

随着我国"一带一路"倡议的持续推进和新疆与中亚国家的经贸合作不断深入，新疆企业加快了"走出去"的步伐。但是，由于新疆企业的起步较晚，"走出去"的经验较少，目前新疆企业整体发展仍处于相对落后的状态，面临诸多问题与困境，主要表现：企业人才缺乏，员工专业素质不高；企业管理水平不高，短期化行为严重；民营企业融资困难，造成资金短缺；企业资金结算周期长，利润汇出难；企业缺乏"走出去"经验，不了解中亚法律法规；家族企业缺乏规范化管理，阻碍企业长期发展；企业抢夺中亚市场，进行恶性竞争；企业缺乏对专利产品的保护和自主品牌的培育；中亚国家的基础设施不完善，影响企业发展等，极

---

① 宋林遥：《新疆两"特区"初露芳容》，《大陆桥视野》2014年第1期。

大影响了新疆企业"走出去"的步伐和能力的提升。

1. 企业人才缺乏，员工专业素质不高

随着新疆企业走向中亚国家的数量越来越多，企业规模的不断扩大，涉及领域越来越广，这就需要相关专业的大量高素质人才，但目前企业所需要的这方面的复合型人才远远不够。企业人才短缺的原因主要有以下几方面：一是中亚国家规定外资企业优先使用中亚国家的劳动力，外籍劳务人员有一定的比例限制，超出比例的人员难以拿到工作许可。如塔吉克斯坦政府规定，外国企业用工比例为1:9，即外国企业在塔吉克斯坦进行经营，塔吉克斯坦员工应不少于90%，而其他中亚国家也有类似的规定。二是中亚国家人才也相对紧缺，新疆企业很难招聘到足够所需的专业人才；同时新疆企业在当地认知度较低，在当地人才市场上缺乏竞争力，企业也难以吸引和招聘到优秀的当地人才。三是新疆企业派往中亚的员工，没有实现市场化薪酬，薪酬水平相对缺乏竞争力，加之企业员工长时间远离家乡在外工作，内心情感难以满足，导致企业凝聚力差，员工流失率较高。此外，新疆"走出去"企业员工的语言障碍，外籍员工对新疆企业制度的认知程度，以及中外员工文化程度和专业技能的差异，极大影响了新疆企业的进一步发展。企业员工的专业素质不高，也是企业走向中亚国家面临的困境之一。

2. 企业管理水平不高，短期化行为严重

新疆企业管理水平不高主要表现在三方面，一是部分"走出去"企业虽具备完善的公司治理结构，但在实际运作过程中不太规范，企业集团内部关系尚未理顺，企业内部管理随意性强，管理粗放。二是部分企业家族色彩浓厚，难以形成企业核心价值观，导致与职业经理人之间的矛盾冲突，造成企业管理制度执行困难，管理效率低。三是很多"走出去"企业缺乏企业发展战略，一些企业的经营者没有战略管理意识，企业缺乏长远的战略规划，即使有也仅仅停留在纸面上，企业短期化行为严重，影响到企业的持续发展[1]。

---

[1] 孙景兵：《新疆民营企业集团发展面临的问题及对策研究》，《开发研究》2007年第5期。

3. 企业融资困难，造成资金短缺

新疆"走出去"企业多以中小型民营企业为主，普遍存在着规模较小、资金短缺、融资困难的问题，这些民营企业受到了国内融资和国外融资两方面的困境。一方面，与国内大部分民营企业一样，"走出去"民营企业同样融资困难，导致资金短缺。国家金融统计报表显示，国家对小规模的民营企业（指企业规模不到50人的企业）的贷款比重还不到贷款总额的1%，平均每年大约7%的民营企业由于资金短缺而导致破产[①]。此外，"走出去"民营企业由于企业性质的特殊，在国内金融机构进行融资时常常需要提供不动产和其他资产进行担保和抵押，这会在一定程度上增加经营成本，制约了企业的长期发展。同时，我国服务于"走出去"企业的国家开发银行和中国进出口银行，通常对民营企业的金融支持占比很小，使得企业无法获得充足的金融支持。另一方面，由于"走出去"的民营企业在国外的市场规模小，信用等级低，财务制度不规范，境外资产无法抵押等原因，在境外金融机构也面临着融资困难，使得企业资金短缺，制约企业长期发展。

4. 企业资金结算周期长，利润汇出难

目前，中亚五国的本国货币与人民币均不能直接结算，需要以美元计价结算，而受国际经济危机和国际汇率波动的影响，中亚五国的货币不断贬值，这给新疆企业在中亚经营过程中的经济往来和利润汇出都带来了风险。除土库曼斯坦以外，其他中亚四国均规定外国投资者拥有的本国货币（指外国投资者携带的外国货币）可以自由兑换，合法利润可以自由汇出。但在实际操作过程中，由于外汇短缺等问题，乌兹别克斯坦、吉尔吉斯斯坦和塔吉克斯坦外汇兑换及利润汇出往往会比较困难。而土库曼斯坦的外汇管制则更为严格，每人每天可购买的外汇不得超过1000美元，人员出境时每人最多可携带1万美元。新疆企业在中亚各国经营必须考虑外币兑换及利润汇出的问题，这从一定程度上阻碍了企业走向中亚，并在中亚国家进一步地发展。

---

① 张永强：《青海省企业参与"一带一路"建设刍议》，《青海师范大学学报》（哲学社会科学版）2018年第3期。

5. 企业缺乏"走出去"经验，对中亚国家法律法规重视不够

企业缺乏走向中亚市场的经验，一是新疆企业不太熟悉中亚国家的市场规则，对各国的消费者不甚了解，因而缺乏对产品和中亚市场的准确定位，导致在中亚国家的生产经营活动不顺，使企业蒙受了一定损失；二是中亚各国的发展情况不同，企业没有完全根据中亚国家的具体情况采取相应的发展战略，使企业常常陷入发展困境。同时，一些新疆企业在与中亚国家的合作中法律法规意识淡薄，没有重视或者忽视了解掌握中亚国家法律法规，还有一些小企业为节约费用，没有聘请法律顾问，出现法律纠纷后，这些企业便陷入被动，常常蒙受较大损失。

6. 企业缺乏规范化管理，阻碍企业长期发展

新疆"走出去"企业中有大量家族企业，这些企业长期缺乏规范化管理体制，制约了企业发展。"走出去"企业在发展初期，采取家族化经营，这种方式的优势在于家庭成员工资成本低，便于沟通与协商，使企业初期得到了一定规模的发展。但是，随着企业逐步发展，规模扩大，经济利益提高，缺乏规范化管理，家族化经营的弊端也显现出来。例如在工资分配和管理职位等诸多问题上，都会产生一定的矛盾，导致有些员工会离开企业，这在一定程度上会制约企业自身发展[1]。此外，由于家庭人员特殊的血缘关系，放松了企业制度建设和行为的管理，致使企业长期缺乏现代企业制度，这也会影响新疆企业的长期发展。因此，新疆企业长期的家族化经营模式缺乏规范化管理，阻碍企业进一步走向中亚。

7. 企业恶性竞争，影响正常经营

走向中亚的新疆企业，常常为了抢夺中亚市场，主动（或者被动）进行恶性竞争，主要表现在两方面：一是为了打压其他竞争对手，快速占领中亚市场，新疆"走出去"企业往往选择主动（或者被动）采取降价促销的经营方式，利用价格战来抢夺市场份额，既扰乱了市场秩序，也造成了企业自身和其他企业的经济利益损失；二是由于中亚国家正处

---

[1] 陆兵：《中国企业走向中亚市场的风险和防范措施》，《新疆师范大学学报》（哲学社会科学版）2017年第2期。

在转型期，市场机制还不健全、法律法规不完善、产权保护意识薄弱以及政府监管缺失等，一些"走出去"的新疆企业为了长期占领中亚市场，通过各种不公平竞争和非法手段来危害其他企业利益，使其他企业难以正常经营。

8. 企业缺乏对专利产品的保护，自主品牌培育不足

目前，一些"走出去"的新疆企业缺乏对专利产品的保护，使得中亚市场上涌现出许多假冒伪劣商品，严重降低了中亚人民对新疆企业生产或销售商品的信任，对新疆企业造成了非常恶劣的影响。部分新疆企业缺乏对自主品牌的培育，为了短期利益，选择贴牌生产热销商品运往中亚市场，这些企业没有自己的品牌，也没有自己的核心技术，仅仅依靠模仿其他企业获取利润。同时，很多新疆"走出去"企业没有专门的品牌管理机构与人才，缺乏品牌建设和营销能力。

9. 中亚国家的基础设施不完善，影响"走出去"企业的发展

中亚国家经济发展相对落后，基础设施陈旧且不足，口岸通关效率低，综合功能弱。以交通设施为例，虽然中国与中亚各国航空、铁路、公路的联系通道有10多条，但除航运及阿拉山口、霍尔果斯、巴克图、吉木乃、都拉塔等陆路口岸联系较为便捷外，其他口岸山势险峻，海拔偏高，路况差，常年通关受到限制，使运费居高不下。自中亚国家独立以来，忙于经济体制改革和经济结构调整，经济社会发展处于修复期，在管理体制不甚完善的条件下，交通等基础设施建设与养护资金不足，道路普遍失修、失养。受货车普遍吨位大、超载超限运输的影响，许多道路破坏严重，车辆通行能力显著下降。这些问题增大了新疆企业走向中亚国家的经营风险与成本，给新疆企业在中亚国家开展经贸合作带来了不便，阻碍了新疆企业走向中亚国家。

（二）新疆企业走向中亚面临的挑战

随着中国与中亚国家的经贸合作不断深入，越来越多的新疆企业走向了中亚国家，并取得了丰硕的成果。在"走出去"的过程中，新疆企业面临着巨大的发展机遇，但同时也面临着许多挑战，具体表现为中亚地区大国势力角逐，国际局势不稳定；内部矛盾突出，政局复杂多变；

存在宗教极端主义，腐败频发；内部组织多，存在贸易壁垒等，一定程度上制约新疆企业走向中亚国家。

1. 大国势力角逐，国际局势不稳定

俄罗斯是中亚地区传统影响力最大的国家，与中亚五国关系都极为密切。历史上，俄国在中亚地区的统治长达一个多世纪之久。因此，俄罗斯和中亚国家之间存在千丝万缕的联系，这种联系决定了俄罗斯在该地区具有其他大国所完全不具备的影响力。时至今日，俄罗斯仍把中亚地区视为本国的势力范围，不容其他大国挑战其在中亚地区的权威。除了俄罗斯视中亚为自己的势力范围，美国和欧盟等西方发达经济体也展开了对中亚市场的争夺，因此，中亚市场竞争十分激烈。但中亚各国目前的利益诉求是实现自主发展，更倾向于奉行大国平衡的外交政策。出于对能源的战略考量和地缘政治利益的诉求，美欧等大国也都希望在中亚地区维持一定的势力和影响力。大国势力角逐的复杂性为中国新疆企业走向中亚国家增加了政治风险和安全风险。

2. 内部矛盾突出，政局复杂多变

中亚地区民族较多且多数杂居，民族关系较为复杂，矛盾冲突时有发生，如塔吉克族和乌兹别克族的历史矛盾，吉尔吉斯斯坦与塔吉克斯坦边民对峙事件及吉尔吉斯斯坦与乌兹别克斯坦边防军交火事件等。此外，某些自然资源的分布不均及边界争端也会影响到五国间关系，如跨界河流的开发利用等。中亚国家间的矛盾不仅会对外国投资者的安全造成影响，还会影响中亚国家在交通、电力等方面的合作，增加投资者在当地运营企业的成本，这些矛盾成为新疆企业走向中亚国家必须考虑的因素。中亚五国自独立以来国内政局稳定情况不一。哈萨克斯坦在纳扎尔巴耶夫的带领下，通过修改宪法、议会改革，不断减少议会权力，加强总统权力，基本完成了从三权分立式的总统制向总统集权制的过渡，较好地维持了政局的稳定。吉尔吉斯斯坦 2005—2010 年发生了两次非正常政权更迭，2011 年政权顺利过渡，阿坦巴耶夫成为总统后，其经济实现了一定程度的恢复和发展，但政局和社会稳定未完全恢复，导致社会动荡的因素也并未完全消除。2011—2017 年，吉尔吉斯斯坦国内反对派较为活跃，政局存在分化的风险①。政党权力斗争、政治制度不完善一直是吉国政权不稳定的重要因素。土库曼斯坦自独立之初就实行了总统集权制，因此并未出现总统与反对派直接对峙的情况，近年来国内政局相对稳定，土库曼斯坦总统别尔德穆哈梅多夫执政能力和地位进一步加强。乌兹别克斯坦虽在独立之初也实行了总统集权制，但其反对派和极端势力较为活跃，近年来其国内已发生多起恐怖袭击和大规模骚乱，政局持续不稳。塔吉克斯坦独立之初，因反对派与政府对国家发展有分歧，爆发了持续五年之久的内战，致使国民经济全面崩溃。虽然近年来塔吉克斯坦最终实现了民族和解，但这种政治平衡仍是脆弱的。目前中亚五国已经将稳定作为国家发展最重要的目标，在政局稳定性方面有较大改善。

3. 宗教极端主义影响大，腐败现象频发

宗教极端主义则是威胁外国投资者投资安全的另一个重要因素。近期，中亚大部分地区局势相对稳定，但不可否认宗教极端主义这一隐患仍然存在。从外部环境来看，中亚地处宗教极端思想主要传播路线上，又与阿富汗相邻，美军撤离后宗教极端组织对中亚的威胁不容乐观。从自身情况来看，中亚地区的宗教分布状况比较复杂，虽然伊斯兰教占绝对主导地位，但不同国家世俗化程度和宗教氛围不同，各信教地区也存在不同宗教派别。宗教冲突和民族矛盾往往结合在一起，再加上各国经济水平差异较大，这使得中亚各国容易受到宗教极端主义的影响。相对而言，哈萨克斯坦安全环境最好，与阿富汗接壤的三个国家（乌兹别克斯坦、塔吉克斯坦和土库曼斯坦）安全形势则较为严峻，特别是塔吉克斯坦②。由于集权制的传统，中亚五国行政系统普遍工作效率低下，贪腐行为多发，政策执行过程中官员权力较大，有相当的随意性，企业办理各种手续环节烦琐且时间较长，官员往往不按法律法规办事，甚至需要行贿，这给新疆企业带来了不可预知的风险，也是我国新疆企业走向中亚国家面临的主要挑战之一。

---

① 杨恕、靳晓哲：《吉尔吉斯斯坦政局变化及其影响因素评析》，《新疆社会科学》（汉文版）2017 年第 1 期。

② 关雪凌：《"9·11"后美国的中亚战略简析》，《俄罗斯研究》2002 年第 2 期。

4. 内部组织多,存在贸易壁垒

中亚国家参与了不同的经济组织,遵循相应的贸易规定和规则。哈萨克斯坦、吉尔吉斯斯坦是 WTO 成员方,必须遵循 WTO 相关协议规定,如削减关税、逐步取消非关税措施、取消配额和许可证、取消被禁止的出口补贴、开放服务业市场(包括银行、保险、运输、建筑、旅游、通信、法律、会计、咨询、商业批发、零售等行业)、扩大知识产权的保护范围、放宽和完善外资政策、增加贸易政策的透明度等。而这些规定对非 WTO 成员方并不适用,WTO 成员方与非 WTO 成员方之间存在一定的贸易壁垒。同时,哈萨克斯坦和吉尔吉斯斯坦又是欧亚经济联盟的成员国,该组织对外具有一定的排他性,即在联盟内实现零关税制度,但对联盟外的国家则实行统一关税制度。对非欧亚经济联盟成员国具有一定的贸易壁垒,限制了其他国家与欧亚经济联盟成员国的贸易往来①。因此,中亚国家参与不同的经济组织,带来了不同的关税壁垒,给新疆企业走向中亚造成了一定程度的影响。

四 促进新疆企业更好走向中亚国家的对策建议

(一)加强政府的服务管理能力

一是加强规划指导和统筹协调。在新疆维吾尔自治区层面建立"走出去"工作协调机制,分类研究中亚五国的投资相关政策,做好指导和服务工作,加强对中亚国家政策环境、经济环境、市场需求以及产业状况的研究和信息指导,为企业提供全方位的综合信息,指导企业合理有序投资,及时向企业做出重大风险警示和通报,协调解决企业在中亚国家投资遇到的问题,及时防范风险,规范竞争秩序,保障企业合法利益。二是进一步完善政府支撑平台。建立和扩大新疆与中亚国家的地方政府、经济主管部门、投资促进机构以及中亚各国驻华使领馆、办事处的联系与合作,保障企业在中亚国家获得良好亲商服务。不断完善法律、金融、

---

① 伊万·沙拉法诺夫:《哈萨克斯坦入世对欧亚经济联盟的经济影响分析》,《新疆财经》2017 年第 1 期。

人才、投资促进和保障、宣传引导、企业家全球互助六大"走出去"服务平台，结合新疆对外投资经济合作事中事后监管系统的数据，创建新疆企业"海外通"管理服务系统。三是大力推进对外投资管理制度改革。进一步加大简政放权力度，除特殊类投资外，简化项目备案管理程序，做好事中和事后监管工作，完善金融支持、信息咨询、人才培训、风险防控等投资促进服务体系，进一步规范工作流程，简化审批手续，为企业从事中亚投资提供保障。四是充分发挥企业服务信息平台作用。组织整合、集成优化信息资源，提供信息资源共享的各类渠道，致力于为企业进行中亚投资提供信息服务保障。

（二）加大政府的政策支持引导力度

一是完善财税、金融、保险等支持引导政策。积极争取国家商务部发展专项资金支持，落实企业在中亚国家所得税收抵免政策，创造有利的税务环境。在进一步扩大贷款规模的基础上，鼓励金融机构通过银团贷款、出口信贷、项目融资等多种方式为新疆企业提供贷款。充分利用国家"两优"贷款（优惠出口买方信贷和援外优惠贷款）支持新疆企业参与中亚国家的大型投资项目。鼓励新疆的商业性保险机构积极承保境外投资商业险，降低企业保险成本，帮助企业及时规避各种投资风险。二是加大对重点投资领域重大项目的支持力度。积极争取国家优先考虑将新疆企业境外投资的重点项目纳入"一带一路"的多边合作框架予以支持。三是进一步细化新疆境外投资措施，鼓励企业的境外投资行为，促进企业"走出去"，带动新疆产能、装备、产品、技术和服务出口，促进新疆丝绸之路经济带核心区建设。

（三）大力推进基础设施建设

一是加快新疆现有铁路的升级改造，发展高速、重装铁路的建设。加快新疆喀什至乌兹别克斯坦安集延铁路论证和建设步伐，构建第二条亚欧铁路大动脉，实现中国与世界上两大能源富集区（中东波斯湾、中亚里海地区）的大连接。围绕丝绸之路经济带建设，加速建设公路、民航及管道工程，为新疆企业走向中亚提供交通便利。二是完善现有口岸功能和现有通关口岸的设施条件建设，设计一批铁、空、公相结合的多样化陆地口岸。三是大力建设新疆通信网络，特别是互联网的基础设施建设，以奠定信息化发展的基础。四是加快推进乌鲁木齐市等中心城市物流枢纽和专业市场建设，实现商流、物流合理规划和流动，以降低成本，提高效率，做到货畅其流。

（四）积极打造中亚经贸合作产业园区

一是建立中亚经贸合作产业园区。充分对接中亚国家的基础设施建设和市场消费需求，充分发挥企业的主体作用，在中亚国家的主要城市打造中亚经贸合作区，支持和引导新疆企业入驻，推进中国—中亚生产加工基地建设，优化产业布局，提升企业国际竞争力，拓展新的发展空间。二是瞄准我国与中亚国家的比较优势，联合更多有条件、有实力的新疆企业赴中亚国家建立产业园区、重点贸易中心（市场），带动中小配套企业"走出去"，实现集群式对外投资。

（五）建立现代企业管理体制

一是选择适用于企业的组织架构，以体制创新带动管理创新，逐步完善企业管理体系和组织结构，寻求企业最适合的组织结构，使企业决策更快更有效率。二是在企业不同发展阶段，建立和完善销售体系、信息收集及反馈体系、质量管理及可追溯体系、网络建设体系、物流体系、研发体系等企业核心制度体系，以激发企业活力，使企业持续稳步发展。三是培养优秀的中层管理人员，赋予中层管理人员更大的自主权进行决策，以核心员工带动下级员工，增强企业凝聚力，有效提高企业的执行力。四是进行标识化管理，通过各项标识，对员工工作进行引导，增强行为规范意识，通过完善各项标识，做到制度化管理。

（六）加大企业人才培养、引进力度

一是建立人才联合培养计划，与我国高校联合培育企业所需的复合型人才，有针对性地开设企业所需的语言翻译、专业技能等课程。二是优先培育、引进紧缺人才，加快培养企业经营管理人才队伍，建立一支

熟悉中亚市场、具备现代管理经验和驾驭市场能力的优秀企业团队。三是加大高技能专业人才的培养、引进力度，建立一支结构合理、自主创新能力强的高技能人才队伍。四是加强对企业的外籍员工生产技能和生产管理水平的培训，提升他们对企业的忠诚度和凝聚力。

（七）重视中亚国家的营商环境

一是企业要秉持谨慎的态度，做好市场调研工作，实地考察中亚国家的基础设施及资源条件，详细了解中亚国家投资、税收、劳务等相关法律法规。二是企业要详细了解中亚各国的投资优惠政策，包括针对外国企业的一般性优惠政策、行业优惠政策和地区性优惠政策以及我国与中亚国家签订的双边协议等。三是重视对中亚国家营商环境的评估，新疆企业在"走出去"过程中应对中亚国家的市场环境、政策政务环境、社会化服务环境、融资环境和法治环境等营商环境做出合理的判断，规避劣势，有效利用相关优惠政策，积极稳妥在中亚国家开展营商活动。

（八）塑造企业良好形象

一是加强企业形象建设。企业在中亚国家的经营过程中应注重当地政府在环保、用工等方面的规定要求，切实履行社会责任，积极参与社区公益活动，提高企业的社会美誉度。二是重视与当地居民、非政府组织等的沟通交流。可充分发挥中国驻中亚国家使领馆、商会与其他组织的作用，更多地接触当地社会团体，通过各种宣传手段向消费者介绍、宣传企业文化，让消费者了解熟知、加深企业印象，为新疆企业在中亚国家经营创造良好的外部舆论环境。

（九）探索不同所有制企业联合走向中亚国家

一是充分尝试民营企业和国有企业联合走向中亚的方式。新疆企业可以探索以民营企业为主、国有企业为辅，以民营企业打前战、国有企业随后跟进的混合所有制海外投资方式，采用这种方式可以聚集资本，增加要素流动，拓展企业走向中亚国家的形式，为企业提供更加广阔的发展空间。二是探索中外合资企业和国有企业联合走向中亚的方式。这种方式可以充分结合中外合资企业共同出资、共同经营、共负盈亏、共担风险的特点和国有企业承担大型投资项目的优势，利用中外合资企业的特殊性和国有企业的知名度降低"走出去"的风险，提高企业竞争力，有利于企业相互促进，共同发展。

（十）规避企业"走出去"风险

一是企业应使用国家提供的信用风险保障产品，如贸易、投资、工程承包、劳务、人身和财产安全保险等服务，充分利用中国出口信用保险公司、中国进出口银行等机构的相关服务规避风险。二是企业在当地经营过程中应熟悉并严格遵守当地相关法律规定，了解并尊重当地商业习惯，尽量避免误会和纠纷的产生。三是企业应熟悉当地政府事务，掌握与当地政府和执法机构的沟通技巧。企业应尽可能地保持与当地议员、政府官员及执法人员的联系，出现问题时应及时与当地相关部门积极沟通加以解决，避免产生不必要的误会和纠纷。四是企业在中亚国家如出现纠纷，应以保护员工人身安全为第一要务，按照当地法律规定使用正确手段维护自身权益。

（十一）重视企业品牌建设

一是坚持品牌战略。从商标注册、专利申请、质量认证和产品包装与研发等各个方面进行品牌建设。二是做好品牌战略规划。三是做好产品定位，明确产品的市场占有情况，对产品进行用户需求分析，做好产品的价格以及销售模式的分析，充分了解竞争对手的情况。四是打造核心产品，明确企业的核心竞争力，培养企业稳固的消费群体。五是重视品牌的美誉度，重视产品研发和服务升级，了解消费者对品牌的建议，重视消费者对产品的口碑宣传，重视消费者的用户体验。

中亚与中国合作指数分析

翟崑[*]

为了更加精确科学地评估中国与中亚国家互联互通的发展情况，便于新疆与中亚国家开展更加精准的对接和合作，课题组在深入学习《推动共建丝绸之路经济带和21世纪海上丝绸之路的愿景与行动》（以下简称《愿景与行动》）并综合分析已有研究的基础上，优化升级了"五通"指标体系。同时，课题组根据2016年国内外权威机构公布的数据，对中国与中亚国家的五通指数进行了科学测算和全面分析，并在系统研究中国—中亚经济走廊的发展机遇和风险后提出了具有针对性、可行性和可操作性的政策建议。

一 五通指数体系

北京大学全球互联互通研究中心2015年研究开发了五通指数，全面、动态、准确、客观地反映了中国与"一带一路"国家的五通状况，受到国内学术界和外交部、发改委等部委的普遍关注和高度肯定。在此基础上，课题组根据课题要求和中亚与中国互联互通情况的变化，对2015年的指标体系进行了优化升级。

---

[*] 翟崑，北京大学国际关系学院教授、北京大学全球互联互通研究中心主任。

（一）五通指数简介

2015年3月28日，国家发改委、外交部、商务部联合发布《愿景与行动》，明确提出"一带一路"倡议的合作重点为"政策沟通、设施联通、贸易畅通、资金融通、民心相通"，即"五通"。

为了量化"一带一路"沿线国家互联互通的相关进展，北京大学科研人员在深入学习《愿景与行动》并综合分析已有研究的基础上，提出五通指数的理念，在指标体系中不仅纳入沿线国家的政治、基础设施、贸易环境、金融环境和人文环境指标，更创新性地加入了用以测量各国与中国互联互通程度的指标，以"通"为主，以"五"为辅，构建了能够更好反映"一带一路"互联互通水平的指数，并于2015年12月12日面向社会发布，撰写了以五通指数为主要内容的《中国经济年鉴"一带一路"卷》，由经济日报出版社出版《"一带一路"沿线国家五通指数报告》。

"五通指数"是综合反映"一带一路"沿线国家互联互通发展水平的评估指标体系。具体而言，五通指数的研究目标包括以下四点：第一，摸清沿线国家互联互通现状；第二，支撑"一带一路"合作中的风控决策；第三，探索建立互联互通进展跟踪的长效机制；第四，推动"一带一路"问题国别研究。

（二）五通指数体系的变化

根据课题研究需要，课题组基于更加精确地体现互联互通、合并相似的指标、淘汰区分度小的指标、用直接指标替换间接指标的考虑，修订了2015年五通指数指标体系，建立了科学性、可行性、可持续性、绝对指标与相对指标相结合等指标体系构建原则，并经过多轮实际测算和专家评议，最终确定了2016年五通指数指标体系。新体系包括5个一级指标、15个二级指标、45个三级指标，2016年和2015年的指标体系变动情况见表1和表2的对比。

表 1　　　　　　　　　2016 年五通指数指标体系

一级指标	二级指标	三级指标
A. 政策沟通	A1 政治互信	A11 高层交流频繁度
		A12 伙伴关系
		A13 政策沟通效度
	A2 合作机制	A21 驻我国使领馆数
		A22 双边重要文件数
		A23 双边共建合作机制
	A3 政治环境	A31 政治稳定性
		A32 政府公信力
		A33 法律有效性
B. 设施联通	B1 交通设施	B11 整体基础设施质量
		B12 交通设施联通度
	B2 通信设施	B21 互联网设施发展水平
		B22 国际漫游费用
		B23 互联网普及率
	B3 能源设施	B31 石油输送力
		B32 天然气输送力
		B33 电力输送力
C. 贸易畅通	C1 畅通程度	C11 贸易壁垒
		C12 贸易条件指数
		C13 双边贸易额
	C2 投资水平	C21 协定签署
		C22 中国对该国直接投资流量
		C23 该国对中国直接投资流量
	C3 产能合作	C41 对外工程合作
		C42 对外劳务合作
		C43 商业管制
		C44 劳动市场管制
D. 资金融通	D1 金融合作	D11 货币互换合作
		D12 金融监管合作
		D13 投资银行合作
		D14 商业银行合作

续表

一级指标	二级指标	三级指标
D. 资金融通	D2 信贷体系	D21 信贷便利度
		D22 信用市场规范度
	D3 金融环境	D31 总储备量
		D32 公共债务规模
		D33 货币稳健性
E. 民心相通	E1 旅游活动	E11 旅游目的地热度
		E12 来华旅游人数
		E13 旅游签证情况
	E2 科教交流	E21 科研合作
		E22 汉语学院建设
		E23 科技合作平台
	E3 民间往来	E31 文化交流活动
		E32 友好城市数量
		E33 民众好感度

表2　　　　　　　　　2015年五通指数指标体系

一级指标	二级指标	三级指标
A. 政策沟通	A1 政治互信	A11 高层交流频繁度
		A12 伙伴关系
		A13 政策沟通效度
	A2 合作机制	A21 驻我国使领馆数
		A22 双边重要文件数
	A3 政治环境	A31 政治稳定性
		A32 清廉指数
B. 设施联通	B1 交通设施	B11 物流绩效指数
		B12 是否与中国直航
		B13 是否与中国铁路联通
		B14 是否与中国海路联通
	B2 通信设施	B21 电话线路覆盖率
		B22 互联网普及率
	B3 能源设施	B31 石油输送力
		B32 天然气输送力
		B33 电力输送力

续表

一级指标	二级指标	三级指标
C. 贸易畅通	C1 畅通程度	C11 关税水平
		C12 非关税贸易壁垒
		C13 贸易条件指数
		C14 双边贸易额
	C2 投资水平	C21 双边投资协定
		C22 中国对该国直接投资流量
		C23 该国对中国直接投资流量
	C3 营商环境	C31 跨国贸易自由度
		C32 商业管制
D. 资金融通	D1 金融合作	D11 货币互换合作
		D12 金融监管合作
		D13 投资银行合作
	D2 信贷体系	D21 信贷便利度
		D22 信用市场规范度
	D3 金融环境	D31 总储备量
		D32 公共债务规模
		D33 货币稳健性
E. 民心相通	E1 旅游活动	E11 旅游目的地热度
		E12 来华旅游人数
	E2 科教交流	E21 科研合作
		E22 百万人拥有孔子学院数量
	E3 民间往来	E31 我国网民对该国的关注度
		E32 该国网民对我国的关注度
		E33 友好城市数量
		E34 民众好感度

由两个表的对比情况可以看出，政策沟通方面的政治环境中的三级指标去掉了"清廉指数"，增加了"政府公信力"和"法律有效性"。设施联通方面的交通设施三级指标体系全部优化，2015 年的三级指标为"物流绩效指数""是否与中国直航""是否与中国铁路联通"和"是否与中国海路联通"，2016 年的三级指标改为"整体基础设施质量""交通

设施联通度"和"互联网设施发展水平";通信设施的三级指标用"国际漫游费用"取代了"电话线路覆盖率"。贸易畅通方面的二级指标用"产能合作"取代了"营商环境",三级指标为"对外工程合作""对外劳务合作""商业管制"和"劳动市场管制"。二级指标畅通程度方面,"关税水平"和"非关税贸易壁垒"合并为"贸易壁垒";同级指标投资水平方面用"协定签署"取代了"双边投资协定"。资金融通的三级指标增加了"商业银行合作"。民心相通的三级指标增加了"旅游签证情况";同级指标"百万人拥有孔子学院数量"改为"汉语学院建设",并增加"科技合作平台"指标;同级指标将"我国网民对该国的关注度"和"该国网民对我国的关注度"合并为"文化交流活动"。

优化后的指标体系更具现实性、客观性、动态性和综合性。现实性是指课题组根据中亚与中国交流的进展,扩大了备选基础指标的范围。客观性是指课题组在构建指标组合时最大限度地减少了指标筛选过程中的人为干预。动态性是指课题组加入了对数值时序变动性的评估和对时序差异的测量。综合性是指课题组运用情报学和国际关系学等各学科的优势,完善了研究框架。

二 中亚与中国的五通指数

2016年中亚与中国的五通指数在总体上以及五通的各个领域都发生了明显变化,其具体变化情况和原因分析详见下述。

(一) 2016年中亚与中国五通指数测算结果

本报告设定总评分为100分,对5个一级指标——政策沟通、设施联通、贸易畅通、资金融通、民心相通赋予相同的权重,均为20分,对每一"通"的二级指标的权重平分20分,相应的每个二级指标下的三级指标平分每个二级指标的分。根据测算结果,课题组将"一带一路"沿线国家互联互通的发展现状分为"顺畅型"(60分及以上)、"良好型"(50—60分)、"潜力型"(40—50分)、"薄弱型"(40分及以下)四个等级。

2016年中亚与中国五通指数相较2015年发生了以下变化，一是级别相对提升；二是排名总体下降；三是政策沟通和民心相通得分较高；四是得分呈三级阶梯状分布。

1. 2016年中亚与中国的五通指数的特点

一是级别相对提升。2016年"一带一路"沿线国家五通指数的平均得分为51.4分，互联互通水平总体处于"良好型"等级。2015年则为"潜力型"，级别提高。从2016年中亚五国与中国五通数据来看，哈萨克斯坦属于"顺畅型"；乌兹别克斯坦和塔吉克斯坦属于"良好型"；吉尔吉斯斯坦和土库曼斯坦属于"潜力型"。中亚五国两年的五通指数排名及评分见表3和表4。

表3　　　　中亚五国五通指数排名及评分（2016年）

等级	排名	国家	政策沟通	设施联通	贸易畅通	资金融通	民心相通	总评分	2015年排名	排名变动
顺畅型	5	哈萨克斯坦	14.32	12.71	13.13	16.18	13.02	69.36	6	+1↑
良好型	27	乌兹别克斯坦	11.62	10.16	10.16	7.82	11.82	51.59	15	-12↓
良好型	29	塔吉克斯坦	12.18	7.54	7.46	12.08	11.51	50.77	34	+5↑
潜力型	41	吉尔吉斯斯坦	10.89	6.53	9.38	9.70	11.46	47.96	29	-12↓
潜力型	49	土库曼斯坦	10.79	6.23	9.77	5.61	11.45	43.84	33	-16↓
		平均分	11.96	8.634	9.98	10.278	11.852			

表4　　　　中亚五国五通指数排名及评分（2015年）

等级	排名	国家	政策沟通	设施联通	贸易畅通	资金融通	民心相通
良好型	6	哈萨克斯坦	8.74	8.08	8.41	6.53	6.73
良好型	15	乌兹别克斯坦	7.48	6.16	6.91	6.02	5.78
潜力型	29	吉尔吉斯斯坦	5.12	4.57	6.68	4.47	6.50
潜力型	33	土库曼斯坦	7.53	5.94	6.09	1.71	5.21
潜力型	34	塔吉克斯坦	7.15	3.52	5.61	4.59	5.48
		平均值	7.204	5.654	6.74	4.664	5.94
		沿线国家总体平均值	5.57	4.98	6.53	4.98	5.89

二是排名总体下降。从国别排名看，哈萨克斯坦上升1名，乌兹别克斯坦下降12名，塔吉克斯坦上升5名，吉尔吉斯斯坦下降12名，土库曼斯坦下降16名。五国在五通方面的平均得分为10.54分，比沿线63个国家的平均分10.39分稍高。

三是政策沟通和民心相通得分较高。中亚五国的五通水平在"一带一路"沿线处于一般水平，但政策沟通和民心相通的得分普遍较高，分别为11.96分和11.852分，设施联通、贸易畅通和资金融通的得分分别为8.634分、9.98分和10.278分。

四是得分呈三级阶梯状分布。2016年，哈萨克斯坦的排名遥遥领先，处于高位；乌兹别克斯坦和塔吉克斯坦的排名相差不大，处于中位；吉尔吉斯斯坦和土库曼斯坦的排名相近，但处于低位。

区域对比分析来看，参考上述中亚国家在五通各领域的平均分可知，中亚在政策沟通和民心相通方面得分高于平均分，分数分别为10.39分和11.59分，在设施联通、贸易畅通和资金融通等方面的得分在五大区域中也基本处于中等偏上水平。这三个领域的平均分为8.71分、10.32分和10.36分。具体对比见图1。

2. 2016年五通指数变化的原因分析

中亚与中国五通指数的变化既有五通指标体系优化的因素，也是中亚与中国互联互通改善的必然结果。

一方面，五通指数指标的优化对五通指数变化产生一定影响。为动态跟进"五通"的最新变化，保持五通指数的活力和价值，课题组在深入学习"一带一路"倡议推进情况的基础上，按照现实性、客观性、动态性和综合性的原则，对五通指数的指标体系进行了优化，扩大了备选基础指标的范围，减少了指标筛选过程中的人为干预，确保五通指数具有更为丰富的现实意义，更能全面反映动态变化。

另一方面，中亚—中国互联互通的改善是五通指数变化的主因。政策沟通方面，高层互访效果显著。2016年以来，中国领导人会见哈萨克斯坦总统等外国政要时，多次沟通"一带一路"建设，建立健全了政府间的沟通机制。2016年乌兹别克斯坦新总统米尔济约耶夫上台后，锐意改革，扩大开放，也有利于"一带一路"在中亚地区的建设。2016年5

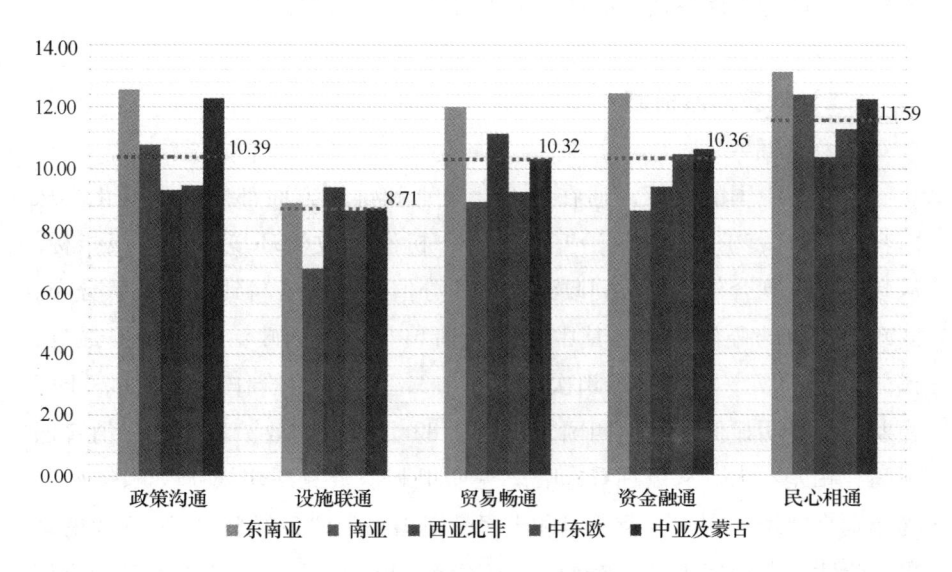

图1 2016年五通指数一级指标区域特征对比

月11日，乌兹别克斯坦驻华大使达尼亚尔·库尔班诺夫表示，乌方高度重视与中方的合作，支持"一带一路"倡议，认为"一带一路"倡议是对中乌两国合作以及地区经济合作的重要补充。

设施联通方面，中亚国家作为交通枢纽的地位迅速提升。中国通过哈萨克斯坦已有两条向西铁路大通道，大部分中欧班列过境哈萨克斯坦。而中哈连云港物流合作项目则使哈获得通往亚太地区的出海口。2017年2月，一列装载720吨小麦的火车从哈萨克斯坦出发，经阿拉山口到达连云港，哈借此实现向东南亚的出口。随着土库曼斯坦对"一带一路"态度更加积极，土加快基础设施建设，已建成哈萨克斯坦—土库曼斯坦—伊朗铁路，并加快建设土库曼斯坦—阿富汗—塔吉克斯坦铁路，推进中亚—西亚交通走廊。

贸易畅通方面，中哈在政策沟通和设施联通方面的发展促进两国贸易畅通。数据显示，哈萨克斯坦等中亚国家农产品到达中国市场的通关时间缩短90%。中国已在土库曼斯坦承包下近百亿元的项目，包括钻井、采油、采气以及修筑铁路等大量基础建设工作，双方每年百亿元级别的贸易额已成为土库曼斯坦财政收入不可或缺的一部分。

(二) 政策沟通指数

1. 得分情况

中亚与中国的政策沟通在内容、级别和排名方面都发生了变化。从内容看，政策沟通包含政治互信、合作机制和政治环境三个一级指标。从政治互信到合作机制再到政治环境的分值，呈现从高到低阶梯状分布，即政治互信的分值最高，其中哈萨克斯坦与中国的政治互信情况最好，得分为5.80元，土库曼斯坦次之，为5.31元。但在合作机制方面，土库曼斯坦得分明显低于其他四国，仅为2.82元。五国政治环境的分值普遍不高，相差不大。从级别看，哈萨克斯坦和塔吉克斯坦属于"顺畅型"，乌兹别克斯坦、吉尔吉斯斯坦和土库曼斯坦属于"良好型"。2015年的结果为哈萨克斯坦属于"顺畅型"，土库曼斯坦、乌兹别克斯坦和塔吉克斯坦属于"良好型"，吉尔吉斯斯坦属于"潜力型"。排名方面，从区域排名看，中亚在政策沟通指数的排名仅次于东南亚，位居第二。从国别排名看，中亚国家的排名变化较大，其中，土库曼斯坦下降12名，吉尔吉斯斯坦上升6名，从潜力型跃居为良好型。相关得分和排名情况可参照表5和表6。

表5　　　　　　　　五通指数—政策沟通（2016年）

级别	排名	国家	A1 政治互信	A2 合作机制	A3 政治环境	政策沟通总评分
顺畅型	6	哈萨克斯坦	5.80	4.62	3.90	14.32
	16	塔吉克斯坦	4.07	4.62	3.49	12.18
良好型	19	乌兹别克斯坦	4.57	4.62	2.44	11.62
	24	吉尔吉斯斯坦	4.32	4.10	2.47	10.89
	26	土库曼斯坦	5.31	2.82	2.66	10.79

表6 五通指数—政策沟通（2015年）

级别	排名	国家	高层交流频繁度	伙伴关系	政策沟通效度	双边重要文件	驻我国使领馆数	政治稳定性	清廉指数	总评分
顺畅型	8	哈萨克斯坦	0.88	0.88	0.8	0.8	0.4	0.36	0.35	6.66
良好型	14	土库曼斯坦	0.72	0.75	0.8	0.6	0.22	0.56	0.2	5.74
	15	乌兹别克斯坦	0.66	0.75	0.7	0.8	0.44	0.28	0.21	5.71
	18	塔吉克斯坦	0.66	0.75	0.7	0.8	0.22	0.15	0.27	5.45
潜力型	30	吉尔吉斯斯坦	0.5	0	0.7	0.8	0.44	0.2	0.32	3.9

2. 原因分析

（1）高层互访频繁

中国与中亚五国的政治互信程度一直保持较高水平，双方战略互信水平较高，高层交流频繁，建立了长期战略友好关系。从互访次数看，十八大以来，中国与中亚国家领导的互访次数普遍高于其他地区，其中中哈高层领导互访最频繁。例如，2017年5月14日，"一带一路"国际合作高峰论坛期间，哈萨克斯坦、乌兹别克斯坦和吉尔吉斯斯坦总统都率团参加，同年6月2日，习近平主席对哈萨克斯坦进行国事访问。高访有利于加深战略互信，增进政治交流。

（2）沟通机制相对健全

从合作机制来看，中亚五国是中国的传统战略伙伴，在上海合作组织机制下，五国同中国的沟通渠道顺畅。在上合组织框架内，中国与中亚国家建立了首脑会晤、部长会议等级别的对话机制以及若干协调机构。这些官方机制把中国与中亚国家的关系建立在较为可靠与规范的基础上。另外，共建"丝绸之路经济带"是习近平主席在访问哈萨克斯坦期间提出的，一定程度上说明哈萨克斯坦及中亚地区在"一带"建设中的重要地位。中哈签署"丝绸之路经济带"与"光明大道"新经济政策对接合作规划，旨在提升两国互联互通水平，推动投资贸易发展。乌兹别克斯坦、塔吉克斯坦等国也是首批与中国签署"一带一路"合作协议的国家，因此在五通指数方面，中亚国家得分比较高。

3. 挑战

中亚国家在政治环境指标上得分普遍偏低，这主要与这些国家的政府公信力不足、民间交往的基础薄弱有关。政府公信力方面，地方政府在政策执行中却发生扭曲，经常设置许多限制性措施。民间交往的基础方面，当地民众对"一带一路"建设、签署的协议以及项目情况还没有全面系统的认识。他们对"一带一路"建设可能带来的资源环境等问题和争议存在忧虑，同时也有语言习俗、价值观念的差异和冲突。①

（三）设施联通指数

1. 得分情况

基础设施网络承担着连接经济走廊沿线国家的纽带作用。通过交通、能源、通信等基础设施的互联互通，有助于促进中国与中亚的经济发展。中亚设施联通的平均得分在五大区域中排名第三。从内容看，交通设施、通信设施与能源设施三个领域得分的差别较大，平均得分依次为4.932分、2.588分和1.11分。交通设施得分最高，且分值分布比较均匀，其中哈萨克斯坦分值最高，为5.98分；塔吉克斯坦次之，为5.25分。通信设施的分值平平，相差也不大。能源设施得分低，且塔吉克斯坦、吉尔吉斯斯坦和土库曼斯坦的分值为零。从级别看，设施联通的测算中，哈萨克斯坦属于"顺畅型"，乌兹别克斯坦属于"良好型"，塔吉克斯坦、吉尔吉斯斯坦和土库曼斯坦属于"薄弱型"。2015年，哈萨克斯坦属于"顺畅型"，乌兹别克斯坦属于"良好型"，两个国家的等级没有发生变化。塔吉克斯坦、吉尔吉斯斯坦和土库曼斯坦属于"潜力型"。从排名看，相较2015年，中亚设施联通排名变化非常大，哈萨克斯坦下降4名，乌兹别克斯坦下降3名，塔吉克斯坦上升15名，土库曼斯坦下降40名，吉尔吉斯斯坦下降12名。从得分看，设施联通总评分基本呈现两级阶梯状分布，且其中的分值相差大，最高分的哈萨克斯坦的总得分是最低分的土库曼斯坦的分值的两倍以上。因此可见，中亚与中国在设施联通领域的进展情况不平衡。两年具体得分和排名情况详见表7和表8。

---

① 龙海波：《促进我国与中亚"贸易畅通"》，《中国经济时报》2014年12月9日第1版。

表7　　　　　　　五通指数—设施联通（2016年）

级别	排名	国家	B1 交通设施	B2 通信设施	B3 能源设施	设施联通总评分
顺畅型	6	哈萨克斯坦	5.98	3.40	3.33	12.71
良好型	14	乌兹别克斯坦	4.93	3.01	2.22	10.16
薄弱型	39	塔吉克斯坦	5.25	2.29	0.00	7.54
薄弱型	53	吉尔吉斯斯坦	4.44	2.08	0.00	6.53
薄弱型	56	土库曼斯坦	4.06	2.16	0.00	6.23
		平均分	4.932	2.588	1.11	8.634

表8　　　　　　　五通指数—设施联通（2015年）

级别	排名	国家	物流绩效指数	是否与中国直航	是否与中国海路联通	是否与中国铁路联通	电话线路覆盖率	互联网普及率	石油输送力	天然气输送力	电力输送力	总评分
顺畅型	2	哈	0.68	1.00	1.00	1.00	0.56	0.60	0.53	0.40	0.00	6.70
良好型	11	乌	0.60	1.00	1.00	1.00	0.14	0.42	0.00	0.47	0.00	5.10
潜力型	16	土	0.58	1.00	1.00	0.00	0.24	0.11	0.00	1.00	0.00	4.92
潜力型	41	吉	0.55	1.00	1.00	0.00	0.17	0.26	0.00	0.00	0.40	3.79
潜力型	54	塔	0.63	1.00	1.00	0.00	0.11	0.18	0.00	0.00	0.00	2.92

2. 原因分析

"一带一路"倡议提出以来，中亚国家将各自发展战略与"一带一路"建设对接，致力于通过深化与中国各领域务实合作，实现民族振兴和共同发展。在互联互通方面，各国正加快完善公路、铁路、口岸、管道、通信线路、航线网络建设，努力打造现代化"立体丝绸之路"。[①]

交通设施方面，中亚五国交通设施得分都处于中等偏上水平，最低的土库曼斯坦得分为4.06。中国同中亚国家之间有长达3300公里的边界线，交通基础设施合作空间广阔。2013年以来，中国西部至欧洲西部公路、中塔公路等项目加快推进。2014年5月19日，江苏连云港中哈国际物流基地正式启用，成为中亚国家过境运输、仓储物流、参与国际贸易

---

① 钟声:《中国—中亚 "一带一路"共创辉煌》,《人民日报》2017年1月4日第3版。

的重要平台。此外,渝新欧、汉新欧、郑新欧、长安号、义新欧等国际货运班列陆续开通运营,密切了中国同中亚之间的交通联系。[①] 哈萨克斯坦位于亚欧大陆的中心,"一带一路"合作倡议提出以来,经哈萨克斯坦过境的中欧班列呈井喷式增长。哈力图借"一带一路"建设成为"亚欧大陆的交通与物流中心"。在中企的参与下,2016年,"欧洲西部—中国西部"高速公路哈境内2800多公里公路竣工,极大地促进了亚欧大陆的公路运输。2016年2月底,中铁隧道集团帮助乌兹别克斯坦修建了长达19公里的"卡姆奇克"铁路隧道,成为安格连—帕普铁路的重要组成部分,该工程难度大,技术要求高,得到了乌民众的广泛赞誉,已成为中铁集团在中亚的"名片"。同年8月,连接塔吉克斯坦中南部的瓦亚铁路(瓦赫达特至亚湾)正式通车,该铁路是中企在中亚建成的首条铁路,对促进塔国内经济发展和民生改善具有重要作用。中企帮助吉尔吉斯斯坦修建了多条公路、桥梁,正在加紧修建吉南北公路二期,中吉乌三国积极推进中—吉—乌铁路项目。但中亚地区铁路干线、航空枢纽港、油气运输管道建设总体滞后,没有形成安全畅通的综合交通运输网络,城市道路建设、管网设施也比较落后,仍有很大改善空间。

通信设施方面,中国同中亚之间的通信设施得分普遍偏低。中亚国家与日企的合作密切。比如,据日经社消息,在乌兹别克斯坦,丰田通商以及NEC将会与相关企业签署总价值为100亿日元的光通信设备购买订单。在哈萨克斯坦,日本原子力发电公司与东芝等日本企业有可能会拿到帮助哈方建设核电站、总额高达数千亿日元的订单。但中国与中亚的通信干线网络建设正在加快推进。华为公司与哈萨克斯坦电信公司合作建设覆盖哈全境的4G通信网络项目。中哈俄、中吉、中塔跨境光缆项目加快实施,联通中国和中亚的信息丝绸之路日渐成形。

能源设施方面,中国同中亚之间的能源设施得分较低,且塔吉克斯坦、吉尔吉斯斯坦和土库曼斯坦三国的分值为零,说明其与中国在石油输送力、天然气输送力、电力输送力方面的合作尚未见成效。从油气管

---

① 王颂吉、白永秀:《中国—中亚—西亚经济走廊建设:进展、问题与对策》,《贵州社会科学》2016年第8期。

道建设看，中国同哈萨克斯坦之间的原油管道一期工程和二期工程分别于 2009 年全线通油。在中国与中亚各国之间，共设计有四条天然气管道线路，其中 A、B、C 三线已建成投产。D 线天然气管道是习近平主席提出丝绸之路经济带构想之后，中国在中亚地区实施的第一个重大战略投资项目，同时也是中国同中亚国家加强能源合作的重大工程。中土互为最大的天然气合作伙伴，土库曼斯坦通过中亚—中国天然气管道向中国累计出口天然气 1700 多亿立方米。根据中土两国关于建立战略伙伴关系的联合宣言，D 线定于 2016 年建成通气。[1] 今后，中国还将同中亚合作开展跨境电力与输电通道建设，助力中亚国家开展电网升级改造。中企在吉尔吉斯修建了达特肯—克明输变电项目。吉高层认为，与中国发展双边互惠贸易，吸引中资企业投资共同开发丰富的水电资源，有利于促进当地经济快速发展。由此可见，中国与土库曼斯坦和吉尔吉斯斯坦之间能源设施方面的分值有望实现零的突破。

3. 挑战

中国与中亚的设施联通得分总体不高，是因为双方在安全、协调、标准对接和资金方面存在困难。

首先，北约撤军后的阿富汗形势扑朔迷离，阿富汗和平进程艰难，暴恐袭击等问题若外溢，中亚南部通往西亚的走廊将面对严峻的安全威胁。[2] 另外，在中亚地区进行的跨国设施联通项目，需考虑作为中亚主要地缘政治棋手的俄罗斯的利益，还要考虑到美国、伊朗和土耳其等国家的利益和反应。[3]

其次，中亚国家内部实际需求问题。比如，吉尔吉斯斯坦对修路的最大需求是解决南北交通问题。而中吉乌铁路仅在其南部过路，无法解决其需求。

再次，跨越多国的相互协调机制尚未建立。虽然中国已经同中亚国

---

[1] 《中亚天然气管道 D 线开工 计划 2016 年通气》，亚心网，2014 年 9 月 15 日。
[2] 潘志平：《"一带一路"愿景下设施联通的连接点——以中国—中亚—西亚经济走廊为例》，《新疆师范大学学报》2016 年第 3 期，第 45 页。
[3] 宁留甫：《跨国设施联通：历史启示与现实风险》，《宁夏社会科学》2016 年第 3 期，第 94 页。

家签订了系列道路运输协议,但由于缺乏高效务实的组织协调机制,各国在出现问题时不能及时迅速地交流和协商。比如,中吉乌铁路和中吉塔"阿赖—拉什特"道,都要跨越各主权国家,跨国的设施联通在多数情况下都会带来外部的干涉和阻挠,没有充分信任基础上的相互协商,进展仍然缓慢。

最后,技术标准的协商对接。中国与中亚各国采用了不同宽度的铁路轨道,中亚国家的铁路轨距为1520毫米,中国铁路轨距为1435毫米。为此,过境列车必须更换车皮或车轮后进入对方区域。此外,各国在交通规则、道路标志、信号、车辆技术标准等基础设施方面的标准不统一。阿拉山口、霍尔果斯等铁路口岸时常因沟通不畅导致车辆、货物堵塞,延迟通关时间。[1]

(四) 贸易畅通指数

1. 得分情况

贸易畅通的指标根据对中国与中亚国家之间贸易投资的自由化便利化程度、经贸合作水平和国际营商环境的测算得出。从内容看,贸易畅通的二级指标有畅通程度、投资水平和产能国际合作。三个指标的平均得分依次为3.4625分、2.798分和3.512分,相差不大。其中,畅通程度方面,土库曼斯坦的分值最高,为5.15分。国际产能合作方面,哈萨克斯坦分值最高,为5.01分。但这两个指标五国的得分差异较大。投资水平方面,五国的得分普遍不高且相差不大。从级别看,哈萨克斯坦属于"顺畅型",乌兹别克斯坦属于"良好型",土库曼斯坦和吉尔吉斯斯坦属于"潜力型",塔吉克斯坦属于"薄弱型"。2015年,哈萨克斯坦属于"顺畅型",没有变化。乌兹别克斯坦、吉尔吉斯斯坦和土库曼斯坦属于"良好型",塔吉克斯坦为"潜力型"。因此,与2015年相比,塔吉克斯坦、土库曼斯坦和吉尔吉斯斯坦都下降了一个级别。从排名看,与2015年相比,哈萨克斯坦下降4名,乌兹别克斯坦和吉尔吉斯斯坦下降9

---

[1] 公梓安:《丝绸之路经济带背景下中国西北与中亚交通运输问题研究》,《商》2016年第30期。

名，塔吉克斯坦下降 6 名，土库曼斯坦上升 8 名。从得分看，哈萨克斯坦、乌兹别克斯坦、土库曼斯坦与中国的贸易畅通程度较好，五国与中国的投资水平得分普遍较低，国际产能合作方面，哈萨克斯坦与吉尔吉斯斯坦的分值较高。两年的贸易畅通得分和排名如表 9 和表 10 所示。

表 9　　　　　　　五通指数—贸易畅通（2016 年）

级别	排名	国家	C1 畅通程度	C2 投资水平	C3 国际产能合作	贸易畅通总评分
顺畅型	10	哈萨克斯坦	4.52	3.60	5.01	13.13
良好型	34	乌兹别克斯坦	4.18	3.00	2.98	10.16
潜力型	37	土库曼斯坦	5.15	2.41	2.22	9.77
	40	吉尔吉斯斯坦	2.59	2.64	4.15	9.38
薄弱型	56	塔吉克斯坦	1.93	2.34	3.20	7.46
	平均分		3.4625	2.798	3.512	9.98

表 10　　　　　　　五通指数—贸易畅通（2015 年）

级别	排名	国家	关税水平	非关税贸易壁垒	贸易条件指数	双边贸易额	双边投资协定	中国对该国直接投资量	该国对中国直接投资量	跨国贸易自由度	商业管制	总评分	标准化
顺畅型	6	哈萨克斯坦	0.67	0.68	0.47	0.82	1.00	0.82	0.63	0.76	0.84	8.94	8.41
良好型	25	乌兹别克斯坦	0.60	0.84	0.45	0.63	1.00	0.33	0.43	0.82	0.85	7.35	6.91
	31	吉尔吉斯斯坦	0.92	0.67	0.16	0.65	1.00	0.56	0.17	0.83	0.76	7.10	6.68
	45	土库曼斯坦	0.60	0.76	0.63	0.72	1.00	0.10	0.00	0.92	0.91	6.47	6.09
潜力型	50	塔吉克斯坦	0.87	0.54	0.12	0.53	1.00	0.40	0.00	0.89	0.70	5.97	5.61

由表9可见，中国与中亚五国的畅通程度从顺畅型、良好型、潜力型到薄弱型都有，分布比较分散。

2. 原因分析

中国与塔吉克斯坦在贸易壁垒、贸易条件指数、双边贸易额等方面得分低。但中国与塔吉克斯坦等国贸易增速相对最快，年均增速在40%以上。近年来，中国与中亚国家的经贸合作快速发展，对外贸易规模从小到大，贸易商品结构不断改善。进出口平均增幅达到310%，贸易总额保持在每年300亿美元的较高水平。2013年，中国已分别成为哈萨克斯坦、吉尔吉斯斯坦第一、第二大贸易伙伴。值得注意的是，双边贸易额是贸易畅通的三级指标之一，从贸易额来看，哈萨克斯坦是中国在中亚最大的贸易伙伴，但贸易额却呈逐年降低的趋势，（见表11）。在产能合作指标方面，中哈合作有所增强，得分最高。中哈目前有50多个产能合作项目，经济合作总额已达260多亿美元。为保障项目顺利落实，中哈专门成立了产能合作基金。2017年年初，哈时任总统纳扎尔巴耶夫在国情咨文中提出实现"第三次现代化"的任务，其中特别强调了中哈产能合作的重要性。

表11　　　　　　　　　2014—2016年中哈双边贸易概况　　（单位：亿美元,%）

年份	双边货物进出口额	增长	对中出口	增长	自中进口	增长
2014	172.5	-22.8	98.1	-30.7	74.4	-9.2
2015	105.7	-38.8	54.8	-44.1	50.8	-31.7
2016年1月—6月	36.6	-34.1	20.8	0.8	15.8	-40.6

资料来源：中华人民共和国商务部。

投资水平是贸易畅通的二级指标之一。自"一带一路"建设开展以来，中国企业与中亚国家在能源、基础设施建设领域的投资合作不断加深。石油输出国成为重要投资目的地，能源、基建投资合作不断深化。中国累计对乌兹别克斯坦的投资和贷款总额超过76亿美元。中国已成为乌第一大投资来源国和第二大贸易伙伴，并连续多年是乌棉花、天然气主要出口国。在乌经营的中国企业约700家，涵盖能源、化工、基础设施、工业园区、农业、电信、纺织、水利灌溉等众多产业,其中位于吉格克的鹏盛工业园区规模不断扩大,为乌创造了多个就业岗位,成为两国工业投资合作的样板。中国是塔吉克斯坦的主要贸易伙伴和第一大投资来源国,中企在塔实施多个工业及基础设施项目,促进了塔经济发展,如杜尚别热站二期项目,缓解了塔首都用电紧张,使民众切实感受到了"一带一路"建设的好处。从投资主体来看,中石油、中铁等大型国企(或央企)是投资主力军。中国—中亚投资合作项目(见表12)。

表12　　　　　　　中国—中亚投资合作项目　　　　（单位:亿美元)

国家	项目名称	开工周期	投资额	工程进展	中方投资企业
土库曼斯坦	"复兴气田"二期开发项目	2014年5月至2018年	未加	建设中	中国石油集团
哈萨克斯坦	煤炭清　综合利用项目	2014年12月开始	30.00	开工	中国庆华能源集团
	长沙甘油田项目	不详	50.00	完成交易	中国石油集团
	乌里赫套气田项目	不详	未知	建设中	中国石油集团
吉尔吉斯斯坦	南北输变电项目	2014年至2017年8月	389	建设中	特变电工公司
	比什凯克热电厂改造	2014年4月至2017年	358	建设中	特变电工公司
塔吉克斯坦	瓦亚铁路项目	2015年至2017年7月	0.72	开工	中铁十九局
	中国—中亚天然气管道D线建设(哈萨克斯坦段)	2014年9月至2020年	67.00	建设中	中国石油集团

资料来源:民生证券研究院整理。

总体来讲,中国和中亚国家进出口贸易往来密切,其主要原因是中国与中亚国家在资源构成、产业结构和工农业产品等方面互补性很强。

资源构成方面,中国对中亚国家出口主要集中于劳动密集型产品和机械运输设备。对中亚国家的进口主要集中于石油、天然气、原材料制品等。

产业结构方面,中国与中亚国家的产业结构不同,资源禀赋差异大,竞争性不强，贸易增长空间巨大。就国别而言，中国与吉尔吉斯斯坦和哈萨克斯坦的贸易互补性较高且不断增强。可能的原因在于，吉尔吉斯斯坦和哈萨克斯坦两国的政治稳定，经济发展较为平稳，对我国劳动密集型产品需求不断扩大。

工农业产品方面，"一带一路"建设给双方农业合作提供了交通运输、资金筹集、社会化服务体系等机遇。中国与中亚国家农产品贸易呈现不断扩大的态势。中吉农产品贸易互补性强，近年来贸易规模逐渐扩大、种类呈现多元化。吉国畜牧业较为发达，尤其是活动物产品出口有较强竞争力，但农业综合生产加工能力较弱。中哈农业领域合作潜力巨大，哈国是中亚地区重要的农产品生产和出口国，每年大约有1500万吨天然有机小麦可供出口，能够满足中哈边境居民粮食需要，有效降低其他渠道的运输成本。[①] 但中国与中亚国家的经贸合作层次依然较低，贸易潜力和投资潜力还有待进一步发掘。

3. 挑战

在投资水平方面，五国的得分都比较低，中亚存在投资政策环境趋紧、投资政策变动随意性较大、政府监管力度不够，一些执法部门还存在执法不严、歧视外商或不作为等问题。如哈外贸领域存在通关环节、技术性和服务贸易等主要壁垒。现行有关劳工政策对外籍劳务人员的配额数量、受教育程度、专业水平、工作年限等提出了严格要求，而当地的劳动力技术水平总体偏低，往往难以适应中企的岗位需求。中吉经贸合作存在一定的政治风险，吉官员腐败比较严重，以环境发展基金为名，在投资之初即向中企征收较高费用。一些政治派别不时组织当地民众，干扰企业正常生产活动。[②]

（五）资金融通指数

1. 得分情况

从内容看，资金融通有金融合作、信贷体系和金融环境三个二级指

---

① 龙海波：《促进我国与中亚"贸易畅通"》，《中国经济时报》2014年12月9日第1版。
② 同上。

标，每个指标的平均分依次为 2.8 分、3.782 分和 3.696 分。由此可见，金融合作的分值低、相差大，如哈萨克斯坦为 5.67 分，而土库曼斯坦为 1.00 分。同样，信贷体系的分值相差也大，哈萨克斯坦为 5.12 分，而土库曼斯坦为 1.54 分。从级别看，"顺畅型"的国家有哈萨克斯坦和塔吉克斯坦，"潜力型"的有吉尔吉斯斯坦，"薄弱型"的有乌兹别克斯坦和土库曼斯坦。哈萨克斯坦和塔吉克斯坦分别上升一个和两个级别，乌兹别克斯坦从"良好型"下降为"薄弱型"。从排名看，哈萨克斯坦上升 14 名，塔吉克斯坦上升 12 名，土库曼斯坦上升 5 名，仍为"薄弱型"，乌兹别克斯坦下降 27 名。从得分看，中国与吉尔吉斯斯坦、乌兹别克斯坦、土库曼斯坦在货币互换合作、金融监管合作、投资银行合作和商业银行合作等方面的合作水平低。信贷体系方面，中国与土库曼斯坦的信贷便利度和信用市场规范度不够，导致信贷体系方面得分低。金融环境方面除了哈萨克斯坦在总储备量、公共债务规模和货币稳健性方面表现良好外，其他四国成绩平平、得分相近。哈、吉两国金融服务业不够发达。以哈国为例，其一，双方本币结算占比很小，人民币结算占比不到贸易总结算的 2%。[①] 其二，双方本币结算仍采取代理行、清算行和境内外汇账户（NRA 账户）等多种方式，还尚未形成统一的网络结算体系。其三，金融管理体制不健全。中亚五国和中国在金融市场的开发度、风险控制能力、金融机构经营管理模式等存在差异。封闭式的金融管理模式限制了区域间资金的自由流动，也削弱了金融业对国家经济的重要作用。由于我国与中亚五国之间的金融监管体制不健全，导致区域间金融信息交流受阻、资金流动不畅、金融风险较大，限制了中国—中亚五国边境的金融合作。[②] 中国与中亚资金融通具体排名和得分如表 13 和表 14 所示：

[①] 龙海波：《促进我国与中亚"贸易畅通"》，《中国经济时报》2014 年 12 月 9 日第 1 版。

[②] 刘亚辉：《中国—中亚边境金融合作研究》，《合作经济与科技》2016 年第 4 期。

表13　　　　　　　　五通指数—资金融通（2016年）

级别	排名	国家	D1 金融合作	D2 信贷体系	D3 金融环境	资金融通总评分
顺畅型	2	哈萨克斯坦	5.67	5.12	5.39	16.18
	20	塔吉克斯坦	4.67	3.79	3.62	12.08
潜力型	34	吉尔吉斯斯坦	1.33	5.04	3.33	9.70
薄弱型	49	乌兹别克斯坦	1.33	3.42	3.07	7.82
	58	土库曼斯坦	1.00	1.54	3.07	5.61
	平均分		2.8	3.782	03.696	10.278

表14　　　　　　　　五通指数—资金融通（2015年）

等级	排名	国家	货币互换合作	金融监管合作	投资银行合作	信贷便利度	信用市场规范度	总储备量	公共债务规模	货币稳健性	总评分	总评分（标准化）
良好型	16	哈萨克斯坦	1.00	0.00	1.00	0.83	0.93	0.61	0.42	0.87	6.78	6.53
	22	乌兹别克斯坦	1.00	0.00	1.00	1.00	0.54	0.28	0.57	0.65	6.26	6.02
潜力型	32	塔吉克斯坦	0.00	0.00	1.00	0.83	0.88	0.19	0.82	0.90	4.77	4.59
	36	吉尔吉斯斯坦	0.00	0.00	1.00	0.17	0.86	0.33	0.95	0.85	4.64	4.47
薄弱型	63	土库曼斯坦	0.00	0.00	0.00	0.17	0.54	0.28	0.50	0.65	1.78	1.71

2. 原因分析

哈萨克斯坦与中国的资金融通上升幅度大。2012年6月，两国实现了人民币兑哈萨克斯坦坚戈交易的国际贸易结算。2013年国家开发银行新疆分行向哈萨克斯坦企业发放人民币贷款3.5亿元。2013年8月，中哈霍尔果斯国际边境合作中心成为中国首个"境内关外"离岸人民币创新金融业务试点区。① 人民银行推出人民币对哈萨克斯坦坚戈的银行间市场区域货币交易，降低市场主体交易成本。丝路基金单独出资 20 亿美元设立了中哈产能合作基金。中信银行与哈方签订了收购 Altyn 银行股权备忘录。② 据塔财政部统计，截至 2015 年 10 月初，塔政府外债余额为 20.5 亿美元，其中近 50% 来源于中国，中国成为塔吉克斯坦第一大贷款来源国。截至 2015 年上半年，中国政府通过中国进出口银行已对塔发放超过 9.42 亿美元贷款，主要用于在塔实施各类投资项目。③ 另外，2017 年 5 月，工商银行与乌兹别克斯坦等国家主要银行共同发起"一带一路"银行合作行动计划，建立"一带一路"银行常态化合作交流机制等 16 项成果。④ 乌兹别克斯坦与中国资金融通的分值或将提高。

3. 挑战

中国与中亚五国资金融通平均得分不高，且顺畅型与薄弱型之间的得分差距大，这主要是因为双方在经济、安全和机制层面存在一些问题。

经济层面，中国的经济总量远高于中亚五国，哈萨克斯坦的经济总量则要远高于其他国家，各国之间经济发展差距加大了中国与之金融合作的难度。⑤ 另外，中亚国家已经参与的经济联盟和其他类似的安排也对中亚与中国的资金融通有影响，存在复杂的竞合关系。例如，目前中亚国家涉及的经济联盟主要是欧亚经济共同体和俄白哈统一经济空间，后者在协调宏观经济政策协议、竞争统一原则和规则协议等方面已经做出了实质性安排，并已经建成欧亚经济联盟，吉尔吉斯斯坦也正式加入欧亚经济联盟。

---

① 《资金融通推动"一带一路"人民币国际化提速》，2015 年 3 月 30 日，中国经济网（http://finance.ifeng.com/a/20150330/13592312_0.shtml）。
② 陈鑫：《中信银行的"一带一路"：先手五步棋与金融大服务》，《经济参考报》2017 年 5 月 15 日。
③ 《中国成为塔吉克斯坦第一大贷款来源国》，2016 年 1 月 20 日，新浪财经（http://finance.sina.com.cn/roll/2016-01-20/doc-ifxnqriy3222471.shtml）。
④ 《力推银行常态化合作交流 工行护航"一带一路"资金融通》，《中国经营报》2017 年 5 月 20 日。
⑤ 徐坡岭、刘来会：《"一带一路"愿景下资金融通的突破点》，《新疆师范大学学报》2016 年第 3 期。

安全层面，中亚区域资金融通面临大国博弈与政治、安全风险。[1] 比如，在俄罗斯的主导下，欧亚经济联盟框架内会对外部国家的影响保持警惕，这是加强与该地区国家金融合作的重要障碍。另外，中亚地区的恐怖主义、分离主义和"颜色革命"所导致的政治和安全风险也是区域资金融通最大的威胁。

机制层面，区域外货币、金融组织和机构对区域内资金融通机制化有相当大的影响力。目前在中亚地区的信贷与结算货币中，美元、欧元、日元影响力大，人民币作为新生力量，仍然受制于其国际化水平和汇率稳定性的影响。[2] 另外，中亚各国国内资金融通的制度体系标准化也面临挑战，例如资本不能完全流动，银行业的不良贷款较高，风险水平较高等。

（六）民心相通指数

1. 得分情况

中亚在民心相通指标上的得分相对较高，平均值为11.85。从内容看，民心相通有旅游活动、科教交流和民间往来三个二级指标，平均得分依次为3.48分、3.908分、4.462分，平均分相差不大。从级别看，中国与中亚的民心相通都在"顺畅型"和"良好型"，等级的排名整体提升。在民心相通指数排名结果中，哈萨克斯坦属于"顺畅型"，乌兹别克斯坦、塔吉克斯坦、吉尔吉斯斯坦和土库曼斯坦属于"良好型"。从排名看，相比2015年，塔吉克斯坦下降7名，吉尔吉斯斯坦下降16名，土库曼斯坦上升9名。从得分看，哈萨克斯坦和吉尔吉斯斯坦在民间往来、塔吉克斯坦在科教交流、土库曼斯坦在旅游活动的得分较高。塔吉克斯坦和吉尔吉斯斯坦在旅游活动、土库曼斯坦在科教交流的得分较低。但是，五国在民心相通总得分在11—13分，平均值为11.852，分值高、差别小。两年的具体得分和排名如表15和表16所示。

---

[1] 徐坡岭、刘来会：《"一带一路"愿景下资金融通的突破点》，《新疆师范大学学报》2016年第3期。

[2] 《亚投行将投资中亚地区三条公路》，2016年4月21日，和讯网（http://www.bhi.com.cn/ydyl/zjrt/26632.html）。

表15　　　　五通指数—民心相通（2016年）

级别	排名	国家	E1 旅游活动	E2 科教交流	E3 民间往来	民心相通总评分
顺畅型	22	哈萨克斯坦	3.35	4.60	5.06	13.02
良好型	32	乌兹别克斯坦	3.32	4.59	3.91	11.82
	34	塔吉克斯坦	2.56	5.04	3.91	11.51
	36	吉尔吉斯斯坦	2.70	3.70	5.06	11.46
	37	土库曼斯坦	5.47	1.61	4.37	11.45
		平均分	3.48	3.908	4.462	11.852

表16　　　　五通指数—民心相通（2015年）

级别	排名	国家	旅游目的热度	来华旅游人数	科研合作	百万人拥有孔子学院数量	我国网民对该国的关注度	该国网民对我国的关注度	友好城市数量	民众好感度	总评分	总评分（标准化）
良好型	16	哈萨克斯坦	0.40	0.43	0.20	0.23	0.20	0.40	0.66	0.70	4.33	6.73
	20	吉尔吉斯斯坦	0.20	0.30	0.20	0.39	0.13	0.40	0.72	0.70	4.17	6.50
潜力型	31	乌兹别克斯坦	0.20	0.26	0.20	0.14	0.13	0.40	0.55	0.70	3.71	5.78
	41	塔吉克斯坦	0.20	0.29	0.00	0.17	0.12	0.20	0.60	0.70	3.52	5.48
	46	土库曼斯坦	0.20	0.29	0.00	0.00	0.12	0.20	0.60	0.70	3.35	5.21

2. 原因分析

中亚国家与中国在民心相通方面得分较高得益于双方有诸多合作、交流渠道和机制。机制方面，中国—中亚合作论坛已经连续举办四届，为地区各国政要、商界精英和专家学者提供了沟通和交流的平台。上合组织、亚信峰会、亚洲合作对话、欧亚经济联盟、中国—亚欧博览会等作为区域重要、高效的合作框架，也是建设丝绸之路经济带的重要依托。在这些合作机制之下，中国与中亚五国在教育、媒体、人文交流等领域的交流合作也在稳步推进。教育领域，孔子学院作为"一带一路"交流的重要纽带，吉尔吉斯斯坦等中亚国家的院校希望同中方开展合作，建立孔子学院。媒体领域，新华社在中亚地区的阿拉木图、努尔苏丹、比什凯克、杜尚别、塔什干和阿什哈巴德有6个分社，并与中亚国家多个媒体开展合作，如在吉尔吉斯斯坦卡巴尔国家通讯社网站开设了俄文、英文的双语版中国专栏，与塔吉克斯坦通讯社合作在其所属的《商业与政治》报上开设《今日中国》专栏，与哈萨克斯坦官方通讯社"哈通社"和今日哈萨克斯坦通讯社开展新闻交换。这些合作为中亚民众打开了一扇了解中国国情、政策以及经济社会发展的窗户，也为中国民众了解中亚搭建了信息桥梁。人文交流领域，中国与中亚国家计划举办大学校长论坛，致力于科研项目合作和人才联合培养机制的建立。中国与中亚还在深入推进民间团体、中资企业与当地民众的交流合作，以达到将投资贸易项目与当地民众需求相结合，真正筑牢双方各层次特别是基层互信基础的目标。目前，哈萨克斯坦很多政府部门都有能讲汉语的工作人员，留学中国成为哈萨克斯坦年轻人的新时尚。另外，中国与中亚的旅游交流也逐步发展。针对"一带一路"的旅游开发，中国西北地区已经实现了一些特色路线的定制。有一些比较小众、高端的定制线路，沿着世界文化遗产，一路从东往西走。还有一些希望到中亚地区做生意的中国商人，定制亦商亦旅的线路，考察沿线风土人情和市场潜力。2014年，中国与吉尔吉斯斯坦、哈萨克斯坦联合提交的"丝绸之路：长安—天山廊道路网"项目成功入选《世界遗产名录》，成为首例跨国合作、成功申遗的项目。这些都反映了中国与中亚在民心工程方面的新进展。

3. 挑战

中亚与中国在民心相通指标上的得分普遍较高，但中国与中亚国家的实质性交往并不密切。中亚与中国的文化与人才交流及双边的合作期待与其他区域对比处在中等水平，得分分别为7.07分和5.39分。各区域具体得分情况见图3。

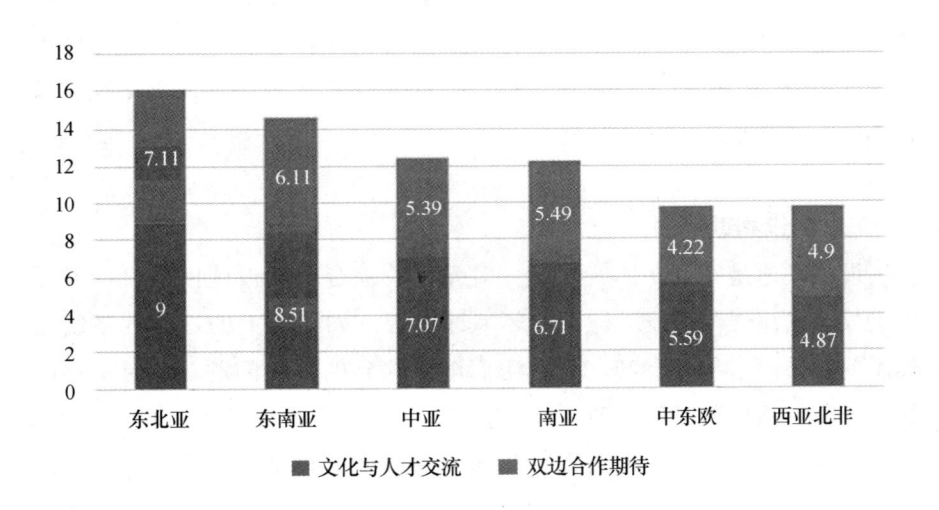

区域	文化与人才交流	双边合作期待
东北亚	9	7.11
东南亚	8.51	6.11
中亚	7.07	5.39
南亚	6.71	5.49
中东欧	5.59	4.22
西亚北非	4.87	4.9

图2　区域对比下的中亚与中国的民心相通情况

由图2可见，双方的文化与人才交流虽然情况良好，但是仍有进一步发展的空间，双边的合作期待得分并没有东北亚、东南亚和南亚地区的高。

三　政策建议

从中国与中亚国家的五通指数分析可以看出，"一带一路"建设在中亚地区已经取得丰硕成果，但各种挑战犹存。我国应根据双方利益的"最大公约数"综合施策，加强协调，共同谋划，推进"一国一策""一行一策"的精准式合作。

(一) 政策沟通

深化与中亚国家各级政府的政策沟通协调，考虑构建多边、各层级交流协商机制，积极落实高层互访达成的共识。充分利用上合组织、亚信峰会和亚洲合作对话等现有机制和平台，加强与欧亚经济联盟等区域组织在各领域的沟通合作，为"丝绸之路经济带"建设开辟更为广阔的市场空间。加快推进政府引导和支持下的民间团体、中资企业与当地民众的交流合作，将投资、贸易项目与当地民众需求相结合，真正筑牢双方各层次特别是基层互信基础。

(二) 设施联通

设施联通是一个立体、复杂、多元化的综合基础设施网络，涉及领土主权、法律规范、技术标准、环境评估等。如此庞大的综合性系统工程需要相关国家积极参与，共同协商解决遇到的各种问题。针对上述问题，中国可从机制、融资和平台等层面入手，提高设施联通水平。

机制层面，中国可大力推进与相关国家的信息平台建设，并建立区域内合作伙伴定期交流沟通机制，加强双方在政策、标准和机制方面的对接。通过协商逐步在区域范围内制定统一的过关制度标准、税率与技术指标，推动中亚地区标准轨铁路建设，建立切实可行的铁路、公路口岸调度协商机制，提高口岸效率。[①]

融资层面，以亚洲基础设施投资银行与丝路基金为依托，加快推动中亚地区交通基础设施建设，建立一套以铁路、管道为主要交通手段，紧密联系中国西北地区的交通网络体系。

平台层面，依托上合组织、欧亚经济联盟等搭建国际合作平台，建立磋商机制，拓展在交通、能源、通信等各领域的合作，解决丝绸之路通而不畅的问题。

[①] 公梓安：《丝绸之路经济带背景下中国西北与中亚交通运输问题研究》，《商》2016 年第 30 期。

(三) 贸易畅通

中国与中亚国家贸易规模增长迅速，但占中国进出口总额的比重仍较小，贸易结构也存在进一步拓展的空间。中国与中亚间缺乏高水平的区域合作机制安排，贸易壁垒较高。哈萨克斯坦与中国的互联互通情况属于五通皆畅型，也未与我国签署自贸协定，贸易机制存在碎片化现象。但是，中国与中亚国家贸易潜力巨大，我国应积极探索、挖掘双边经贸潜力。

首先，积极构建自贸区，促进贸易和生产要素流动。中国可利用上海合作组织等平台，积极倡议构建我国与中亚地区的自贸区。同时，中国可探索新的合作机制，加强地区大国合作，推进境外工业园区、境外经济贸易合作园区建设，变"贸易通道"为"经济走廊"，推动该地区经济的一体化。

其次，优化双边贸易结构，积极拓展双边经贸关系。利用丝路基金和亚投行等金融机构资金，加强对中亚国家初级产品，尤其是石油、天然气等能源投资力度。

再次，以新疆为纽带，扩大国内其他省市对中亚的贸易合作。除了沿海省份外，新疆对中亚的出口对其 GDP 贡献达到了 8.16%，其他省份出口到中亚五国的 GDP 贡献均不大于 0.5%。因此，我国可重点发挥新疆对中亚五国的前沿开放优势，加大政策扶持力度。

最后，交通基础设施建设是双方开展货物贸易的基础，中国可与中亚国家合作加强基础设施建设，提高道路畅通水平，积极构建中国—中亚经济走廊建设。

(四) 资金融通

目前中亚国家涉及的经济合作机制主要是欧亚经济共同体和俄白哈统一经济空间，俄白哈金融方面的合作成果十分丰富，签署了关于在统一经济空间框架内实现金融市场一体化的主要协定——成员国资本自由流动协定和成员国服务贸易及投资协定。相关数据证明这对"一带一路"建设造成一定冲击。中国需要寻求达到利益共同体的契合点。

一是在金融合作的原则方面，在维护、完善现有国际金融秩序的基础上，采取"一国一策"的方式推进合作。如重点深化与俄罗斯的战略协作伙伴关系。中国可根据每个国家的等级，从具体项目入手，推进金融合作机制化。比如，从基础设施所需资金来看，除了吉尔吉斯斯坦外，其他国家在铁路基础设施方面表现最佳，通信方面除了塔吉克斯坦，其他国家竞争力较强。中国可根据各国资金需求量以及需求点，确定资金投入量和需要重点开发的领域。

二是重视通过我国参与的各区域合作机制，发展区域金融市场。中国可利用上海合作组织和欧亚经济联盟等平台带动金融合作。上合组织通过成员国之间互设银行分支机构，积极推动区域内本币互换、本币结算等措施，在推动区域金融合作方面取得了积极效果。另外，中国是欧亚经济联盟第一大贸易伙伴国，中国可考虑通过贸易合作与欧亚经济联盟寻找利益的切合点，从而带动金融合作。

（五）民心相通

中国与中亚国家在旅游活动和科教交流领域的得分不高，说明中国与中亚国家的实质性交往并不密切。在历史上，丝绸之路对促进中国与中亚国家文化、经济的繁荣起到了巨大的作用，当今新丝绸之路仍然对促进中国与中亚国家的繁荣与发展意义重大。因此，双方可加强丝路主题教育，让各国民众与青少年充分认识到丝绸之路水平。另外，中国可提升文化交流、青年交流、媒体交流、学者交流和民间交流水平，积极利用好区域合作机制和平台，促进对话机制和组织内部的双边、多边和区域性合作，并努力构建中国主导的合作机制。最后，充分发挥媒体的作用。随着中国国际地位和中国与中亚战略合作伙伴关系的日益提升，中国内容将越来越多地进入中亚国家的媒体中。所以中国可加强与中亚媒体的合作，提高对中亚地区各类信息关注度，着力打造针对中亚国家语种的媒体。

四 新疆大有可为

新疆是中亚与中国连接的纽带，针对中亚与中国在互联互通方面存在的问题，新疆可以在整合内外资源、利用合作平台、人才培养、文化创造和法律引导等方面发挥无可替代的作用。

第一，整合内外资源，提升发展能力。目前的国际局势、地区局势和国家政策都给新疆的发展带来机遇。新疆应积极谋划，整合这些内外资源，搭上"一带一路"的快车，发挥好纽带作用。综观丝绸之路经济带的经济发展状况，经济发展程度的阶梯状分布明显，一端的相关国家韩国和俄罗斯等发展较好，我国新疆地区次之，中亚处在洼地，另一端的欧洲则发展程度更高，因此资源的有效整合是新疆能够发挥建设性作用的捷径。因为两端的发达经济体都对中亚的市场有需求，新疆应根据这些区域经济体发展的互补性情况，创新同丝绸之路经济带相关国家的合作模式，资源性合作与非资源合作相结合，经济合作与文化合作相结合，通过经济合理布局带动和平衡区域发展。

第二，发挥新疆的枢纽作用，构建以新疆为中心的丝绸之路经济带立体综合交通网络，抓住"弯道超车"的历史机遇。现代交通体系是实现构建丝绸之路经济带新疆定位的基础，而建设好新疆交通枢纽点则是首要任务。中吉乌铁路和中巴铁路全面开工后，总共三条战略性国际性铁路大通道将为构建丝绸之路经济带奠定坚实的交通基础。综观全局，新疆面向中亚的综合集疏运体系正初步形成。新疆应利用好区位优势，利用好中国—中亚—西亚经济走廊这一能源大通道，与区域内其他省市开展有效合作，打通东北亚至欧洲的运输通道，真正发挥交通通道的枢纽作用。另外，有俗语说"要想富，先修路；要快福，修高速；要闪福，修网路"。因此，转变传统的发展观念，创新发展模式，兼顾立体综合交通网络的建设或许会成为新疆"弯道超车"的历史机遇。

第三，加强与中亚国家在文化领域的合作，并积极创造有独特价值的文化产业和品牌。新疆是亚欧大陆的文化枢纽，与中亚和欧洲等都有丰富多样的文化交流，如"中国新疆国际民族舞蹈节""中国—亚欧博览会'中外文化展示周'""中国新疆国际艺术双年展""中国新疆文化展示周"等活动,新疆具备形成独特的文化品牌的潜力和基础,因此,新疆应利用这种优势,以创新为指引,以发展为导向,形成并输出有价值的文化品牌。

第四,加强政府引导和法律保障,优化中企在中亚国家的营商环境。中亚国家由于内部的政治稳定性、外部的势力影响等原因,政治环境、营商环境和投资环境等都有改善的空间。中国企业"走出去"缺乏安全和法律等方面的保障,因此,政府部门可发挥建设性的引导作用,积极保障中资的财产安全。新疆具有地缘和文化优势,对中亚国家的GDP贡献度也高,可总结经验,为中企"走出去"提供借鉴。

强化金融支撑　推动丝绸之路经济带核心区建设[*]

谢婷婷[**]

　　李克强总理在 2015 年全国人大十二届三次会议所作政府工作报告中指出："开放也是改革。"改革开放以来，中国"走出去"战略已经取得重大成效。在推进"一带一路"建设的过程中，金融是"牛鼻子"，发挥着引导资源配置和优化投资效果的重要作用。"走出去"过程中，要进一步发挥金融在"一带一路"建设和"走出去"国家战略中的先行和主导作用，要集中金融力量优先办好"一带一路"。"走出去"中我们的优势很多，如资金、市场、富裕产能，30 多年的基础设施建设经验，高性价比的装备制造业等，要集中金融力量优先办好"一带一路"。

　　2017 年 5 月 14—15 日，"一带一路"国际合作高峰论坛在北京召开，习近平主席在开幕式上指出："金融是现代经济的血液。血脉通，增长才有力。"金融是现代社会调节利益最广泛、最直接、最有效的媒介中枢。"一带一路"要实现政策沟通、设施联通、贸易畅通、资金融通、民心相通五大共同努力的目标，"五通"发展目标中的设施联通、贸易畅通和资

---

[*] 基金项目：国家社科基金项目"新疆少数民族地区扶贫开发中的金融支持问题研究"（项目批准号：13XMZ075）；新疆维吾尔自治区人文社会科学重点研究基地兵团屯垦经济研究中心项目"新疆绿色经济可持续发展与政府行为研究"（项目编号：XJEDU020217C05）石河子大学兵团金融发展研究中心资助项目"新疆金融支持农村精准扶贫开发的困境及优化对策研究"（项目编号：ZZZC201725A）。

[**] 谢婷婷，石河子大学经济与管理学院教授，硕士生导师，兵团金融发展研究中心主任。

金融通与金融支持密不可分。丝绸之路经济带核心区建设，迫切需要把创新作为第一动力，创新是金融与生俱来的属性，在盈利动机的引导下，适度、可控的金融创新是优化资源配置效率的关键。

近年来，我国金融改革不断推进，包括利率市场化、银行体系多元化、多层次资本市场化、人民币国际化、民间金融准入、政府与社会资本合作、绿色金融、普惠金融及金融监管体系改革等。我国金融业的发展体现了国际化、市场化方向的特征，随着金融业的改革开放、金融信息化的全面推进和国际化程度的提高，金融行业由粗放型高增长时代向稳健发展态势转变，行业未来的发展将表现出五大趋势：①金融活动的市场化；②金融的国际化；③金融结构的证券化；④金融体系的智能化；⑤金融服务的个性化。这些新金融特征为"丝绸之路经济带"建设提供了良好的金融环境，有利于各类要素发挥有效作用。

一 "一带一路"推进中金融支撑的任务部署

《推动共建丝绸之路经济带和21世纪海上丝绸之路的愿景与行动》（简称《愿景与行动》）提出，"资金融通"，扩大沿线国家双边本币互换、结算的范围和规模；共同推进亚洲基础设施投资银行、金砖国家开发银行筹建，有关各方就建立上海合作组织融资机构开展磋商；加快丝路基金组建运营；支持沿线国家政府和信用等级较高的企业以及金融机构在中国境内发行人民币债券；符合条件的中国境内金融机构和企业可以在境外发行人民币债券和外币债券，鼓励在沿线国家使用所筹资金。

（一）"一带一路"中国家的金融安排

在"一带一路"倡议中，由中国倡导成立了金砖国家新开发银行（金砖银行）、亚洲基础设施投资银行（亚投行）、丝路基金和上合组织开发银行，四个资金池将为"一带一路"项目提供资金支持；同时，外汇储备、地方政府及其他基金的建立、银行等社会资本的融入、人民币国际化的推进都将为"一带一路"这一具有长远视野的倡议输送源源不断的资金。

1. 金砖国家新开发银行

2014年7月15日，中国、巴西、俄罗斯、印度和南非在巴西福塔莱萨签署协议，成立金砖国家新开发银行，建立金砖国家应急储备安排。金砖国家新开发银行初始资本为1000亿美元，初始认购资本为500亿美元，由5个创始成员平均出资，总部设在中国上海，首任理事长来自俄罗斯，首任董事长来自巴西，首任行长来自印度。金砖国家新开发银行2015年年底投入运作，工作重心放在促进金砖国家基础设施发展的领域。

2. 亚洲基础设施投资银行

2014年10月24日，包括中国、印度、新加坡等在内的21个首批意向创始成员国的财长和授权代表在北京签约，共同决定成立亚洲基础设施投资银行。该银行是一个政府间性质的亚洲区域多边开发机构，重点支持基础设施建设，总部设在北京。法定资本1000亿美元。

3. 丝路基金

2014年11月8日，中国宣布将出资400亿美元成立丝路基金。丝路基金是开放的，欢迎亚洲域内外的投资者积极参与。丝路基金将为"一带一路"沿线国家基础设施建设、资源开发、产业合作等有关项目提供投融资支持。由中国外汇储备、中国投资有限责任公司、中国进出口银行、国家开发银行共同出资，依照《中华人民共和国公司法》，按照市场化、国际化、专业化原则设立的中长期开发投资基金，重点是在"一带一路"发展进程中寻找投资机会并提供相应的投融资服务，2014年12月29日，丝路基金在北京注册成立。2015年先后宣布了三单项目投资，分别是支持中国三峡集团在巴基斯坦等南亚国家投资建设水电站等清洁能源、支持中国化工集团并购意大利倍耐力轮胎公司、参与俄罗斯亚马尔液化天然气一体化项目的投融资。

2015年12月14日，丝路基金称，已与哈萨克斯坦出口投资署签署框架协议，并出资20亿美元，建立中国—哈萨克斯坦产能合作专项基金，这是丝路基金成立以来设立的首个专项基金。丝路基金通过股权加债权等多元投融资模式，在支持中国技术标准和装备"走出去"、引进国际先进技术和管理经验、促进产业结构调整和升级、开展国际能源合作等方面开展了有益尝试。丝路基金的特点包括：定位于中长期开发投资基金，提供多元化投融资服务；重点支持实体经济发展，推动跨国产能合作；遵循市场化运作原则，实现中长期财务可持续；创新发展，打造开放包容、多方合作的投融资模式。

4. 上合组织开发银行

2010年在上海合作组织成员国总理会议上，中国建议上合组织深化财金合作，研究成立上海合作组织开发银行，探讨共同出资、共同受益的新方式；扩大本币结算合作，促进区域经贸往来。2016年11月，李克强总理在上合组织成员国政府首脑（总理）理事会第十五次会议上指出：搭建有效的融资保障机制，是推动经贸合作的关键，将继续商谈建立上合组织开发银行，争取就具体合作模式达成一致。2018年6月10日上午，习近平主席在山东青岛出席上海合作组织成员国元首理事会第十八次会议并发表重要讲话，宣布中方将在上海合作组织银行联合体框架内设立300亿元人民币等值专项贷款。

（二）"一带一路"建设中的金融任务

1. 充分发挥"亚投行"、金砖国家新开发银行等合作金融组织的作用，坚持多边合作模式

在"一带一路"倡议的实施过程中，应充分发挥"亚投行"的作用，通过多边的利益共同体，有利于克服传统双边合作易受政治冲击的劣势，能更有效保护投资项目的权益以及保证项目的顺利推进和持续经营。

国内的援助资金、丝路基金等可作为牵头方组建银团，加强与受援国以及国际多边金融机构的合作，为"一带一路"提供全方位的金融解决方案。

2. 建设和完善市场化金融体系，构建跨区域多元化金融市场框架体系

首先，帮助区域内国家建立和发展直接、间接融资体系，搭建跨国证券交易所作为融资平台。

其次，推动我国商业银行在沿线国家开设分行或子行，加强货币清算等基础金融服务体系的建设。

最后，丰富金融产品和服务的种类，契合沿线国家的融资需求。

3. 积极发挥官方资本与外汇储备战略功能

外汇储备作为一种官方持有的流动性资产，例如丝路基金的设立体现了我国利用外汇储备支持"一带一路"建设的战略布局。

丝路基金的性质不仅是主权财富基金，还是一个开放式的平台。包括PPP、私募基金在内的很多民间资金完全可以跟着国家战略参与丝路基金，保险公司、社保基金等适合长期投资的机构投资者，对投资回报要求不太高，也可参与丝路基金。

4. 推动人民币国际化

一方面，要扩大我国与"一带一路"沿线国家本币互换规模和范围。完善人民币跨境支付和清算体系，扩容人民币跨境贸易结算试点机构。大力培育人民币离岸市场发展，充分利用自贸区、沿边金融综合改革试验区等推动跨境人民币业务创新。

另一方面，要支持境内外机构和个人使用人民币进行跨境直接投融资。稳步推进资本项目开放，放宽金融机构跨境贷款审批。可考虑增加境外人民币贷款，发行人民币债券，深化货币互换，拓宽人民币回流渠道，让人民币在境内外流转起来形成良性循环。

5. 将中国打造成为"一带一路"的风险管理中心，解决经济合作的后顾之忧

首先，以"一带一路"倡议为契机着力发展我国的金融衍生品市场，丰富品种，完善市场体系，加强对外开放。

其次，尽快加强风险管理市场的"基础设施"建设。

最后，推进金融机构参与风险管理市场建设，提高市场服务水平。

6. 建议加快在上海自贸区金融改革试点、设立离岸证券交易市场（国际板）

吸引"一带一路"沿线企业在中国上市，助推国际金融中心战略；促进人民币投资货币化进程，助推人民币国际化；充分发挥资本市场作用，形成沿线国家经济利益与中国经济发展更紧密利益捆绑，以金融服务"一带一路"倡议。

（三）一行三会齐发声，勾勒金融支持"一带一路"建设大框架

中国人民银行前行长周小川指出，资金融通是"一带一路"建设的重要支撑。"一带一路"投融资应以市场化为主，需要充分调动政府和市场、沿线国家以及国际资本等各方资源，通过用好开发性金融、推进金融机构和金融服务的网络化布局、更多地使用本币等多种方式，确保投融资的可持续性，将共商、共建、共享的合作理念落到实处。

国家外汇管理局局长潘功胜表示，外汇管理继续服务"一带一路"建设需要做到"五个坚持"：一是坚持市场运作，"打开的窗户"不会再关上；二是坚持开放合作，进一步开放和便利境内资本市场、债券市场和外汇市场；三是坚持平衡稳健，发挥好"无形之手"和"有形之手"的双线力量；四是坚持互利共赢，继续优化外汇储备资金运用；五是坚持政策互通，加强协调配合。

中国银行保险监督管理委员会副主席王兆星表示，中资银行支持"一带一路"建设实施，是一项系统性工程。一是引导中资银行做好服务"一带一路"建设的统筹规划，促进中资银行开展分工协作；二是推动中资银行提升"一带一路"金融服务水平，探索专业化经营模式，加大对"一带一路"项目建设的融资支持力度；三是协助中资银行提升服务"一带一路"建设的业务创新能力，因地制宜推进金融创新，构建多层次的金融服务体系；四是引导中资银行做好"一带一路"服务中的风险防范和应对；五是要积极拓展和深化监管部门与"一带一路"沿线国家的跨境监管合作；六是不断完善多渠道沟通机制。

证监会副主席方星海指出，资本市场应在"一带一路"建设中发挥重要作用：一是拓宽直接融资渠道，提高服务"一带一路"倡议的能力；二是积极参与沿线国家金融基础设施建设；三是提高证券服务机构国际竞争力，支持中国企业"走出去"；四是建设大宗商品区域定价中心，提高企业管理风险能力；五是加强"一带一路"金融人才队伍建设。

保监会副主席陈文辉表示，从保险业的历史和属性来看，保险业与建设"一带一路"是天然契合的。保险业将充分发挥资金支持、风险管理、信用管理和监管制度等优势，助力"一带一路"建设深入推进。

二 丝绸之路经济带核心区建设中的金融支撑

(一) 丝绸之路经济带核心区建设思路

新疆丝绸之路经济带核心区建设的总体思路是：以"三通道"（北、中、南三条通道）为主线，以"三基地"（国家大型油气生产加工基地、大型煤炭煤电煤化工基地、大型风电基地）为支撑，以"五大中心"（交通枢纽中心、商贸物流中心、金融中心、文化科教中心、医疗服务中心）为重点，以"十大进出口产业集聚区"为载体，充分利用两种资源、两个市场，推进改革创新，加快开放步伐。

(二) 丝绸之路经济带核心区建设的金融支撑

1. 以实施"三大工程"为抓手，激发金融市场活力，提升金融服务核心区建设的核心能力

一是实施金融服务创新驱动工程。鼓励金融机构引进、开发、推广有利于核心区建设实际和特点的各种金融创新产品、业务和服务模式，提供全方位、多层次、高效率、创新性金融服务。

二是实施金融向西开放带动工程。加快推进跨境人民币业务创新与发展，促进人民币在边贸结算中的使用。

三是实施金融市场培育联动工程。拓宽货币市场广度和深度，发展债券市场，稳步推进资产证券化，推进期货和金融衍生品市场发展，建立多渠道、多层次、灵活、发达的具有交易场所、交易品种和交易机制多元化等特征的金融市场体系。

2. 以建立"四大体系"为保障，构建金融支持核心区建设的长效机制

一是建立财政货币政策协调对接机制体系。撬动更多金融资源流向新疆，助力核心区建设。

二是建立普惠金融发展体系。着重提高"三农"和中小微企业享受的金融服务覆盖面、渗透率和便利性。

三是建立系统监测评估体系。为核心区建设需求提供及时、全面、准确的金融信息服务。

四是建立金融人才成长体系。

3. 以推动"五大机制"建设为依托，加快推进核心区建设步伐

一是推进构建丝绸之路经济带"区域投融资合作机制"。借助亚洲开发银行倡导的中亚区域经济合作机制（CAREC）实现多渠道融资，为丝绸之路经济带建设争取外部资金支持，实现政府资源、金融资本和产业资本的融合。

二是推进构建丝绸之路经济带"区域支付清算机制"。进一步完善支付清算系统，创新支付结算工具和服务手段。

三是推进构建丝绸之路经济带"区域金融市场运行机制"。依托"丝绸之路经济带"煤炭、石油、天然气、棉花等为标的，发展区域性大宗商品现货和期货交易市场，建设立足新疆、辐射中西亚、欧洲地区的能源资源交易平台。

四是推进构建丝绸之路经济带"区域外汇市场合作机制"。加快推进与丝绸之路沿线国家的双边本币结算。积极推进货币互换资金在贸易结算中的使用。

五是推进构建丝绸之路经济带"金融信息服务机制"。

4. 应健全金融对外开放平台，优化丝绸之路经济带核心区的内外融通渠道

加快金融对外开放，构建以乌鲁木齐为区域金融中心，以喀什、伊犁、霍尔果斯为次中心的国际金融服务网。

推进丝绸之路经济带国际融资、清算、区域金融市场、外汇交易等金融平台建设，加快金融服务业发展。

丰富完善新疆股权交易中心服务功能，使之成为服务西部、面向中亚的资本服务平台，努力建设面向中西南亚的中国—中亚国际区域金融中心。

争取在乌鲁木齐设立亚洲基础设施投资银行分行和金砖国家新开发银行分行，力争上合组织开发银行在乌鲁木齐设立。

争取丝路基金在新疆为核心区建设和沿线开发设立子基金。

（三）金融支持兵团参与"核心区"建设的安排

自 2012 年以来《金融与资本市场工作会议》和《关于进一步加快兵团金融业发展的指导意见》《兵团召开金融组织体系建设和金融创新经验交流电视电话会议》《兵团金融业发展规划（2013—2020 年）》的精神指示，结合兵团组织化程度高、资源调动能力强等优势，充分发挥金融功能，探索符合兵团特殊体制的金融创新，对提升兵团综合实力和维稳戍边能力具有非常重要的意义。

2012 年发布的《关于进一步加快兵团金融业发展的指导意见》（新兵发〔2012〕61 号）指出，要加快编制兵团金融业发展规划，构建与兵团发展相适应的金融服务组织体系，提高兵团利用多元化融资工具的能力，加快培育和发展保险业，进一步提高金融服务水平。要以兵团投资公司为主体，加快推进兵团本级投融资集团建设，打造兵团级投融资平台、股权投资和资本运作平台、资源储备平台，提高兵团本级资本运作能力。壮大金融机构，建立健全多层次金融服务组织体系，推动股权投资基金机构创新发展，促进信托业务发展，加快培育和发展保险业，做大做强兵团投融资平台类企业。

根据兵团金融业发展规划（2013—2020 年），总体目标是 2013—2020 年，在全兵团把金融业作为先导产业发展，建立全方位的政策支持体系，推动金融业发展。建立健全全覆盖、多样化的金融组织体系，提升金融业的聚合力、创新力和贡献度；深化金融体制机制创新，促进金融资源高效配置，推进适合兵团体制的金融产品和服务创新，进一步扩大兵团信贷规模；拓展多元化融资渠道，着重扩大股票市场融资规模，通过资本市场运作，带动产业整合、结构调整和企业转换机制；实现金融机构稳步增加、金融活力和竞争力显著增强、金融发展环境明显改善，基本建成全面开放、功能齐备、层次丰富、竞争有序的现代化金融服务体系。

兵团参与丝绸之路核心区建设的金融任务：紧紧抓住丝绸之路经济带核心区建设和绿色金融发展契机，通过深化改革、扩大合作，打造一批新型投融资平台公司，实现自身金融产业发展上台阶；进一步充实和完善金融服务体系，继续保持信贷规模持续较快增长，扩大直接融资比重,优化融资结构,构建综合金融利用新格局。

四 强化金融支撑,兵团参与推动"核心区"建设的建议

(一)加强组织领导和政策引导,促进经济金融协调发展

一是实现金融工作指导思想的转变。从将金融作为投融资工具的思想中解放出来,确立金融经济发展理念,形成发展金融产业的共识。

二是切实加强对金融业发展的领导,形成"政府引导、社会参与、市场运作"的投资格局,健全政府投资决策机制,创新政府投资项目管理模式,积极参与核心区金融中心建设。

三是完善专家咨询制度,服务金融中心建设。设立"兵团金融发展专家委员会",联系高校科研院所为兵团金融经济发展咨政建言。与相关高校科研院所联系,充实金融人才资源,强化智力支持。

四是加强对外宣传,围绕丝路核心区建设,树立金融机构和金融服务品牌,培养创新区域特色金融产品,举办各类金融投资高端论坛,打造金融会展品牌。

五是建立丝绸之路经济带核心区建设项目、企业和投资信息库。

(二)加快市场主体建设,完善金融组织体系

一是建立健全多层次的银行业金融服务体系。积极引进全国性的股份制商业银行在兵团城市设立分支机构,鼓励和支持国有、股份和城商行在金融服务不足、竞争性不充分的县域设立分支机构;积极推动设立村镇银行,为支持"三农三牧"和小微企业注入新的活力。重点引导中小银行和农村合作金融机构向人口相对集中的团场延伸金融服务,着力解决金融服务团场空白点问题;采取设立营业网点、布设 ATM 和 POS 机、设立流动服务点和开办网上银行、手机银行与银行机构创新"互联网+"普惠金融模式等多种形式扩大金融服务覆盖面。

二是促进非银行金融机构发展。鼓励发展股权基金、证券、期货、保险、小贷、典当、担保、消费金融和财务公司等非银行业金融机构的发展。

三是发展金融中介服务机构。积极发展审计服务、法律服务、资产评估、资信评级、投资咨询、创业投资服务、理财服务等相关的金融中介服务机构。

（三）大力发展和利用多层次资本市场，优化资本供给

一是加快企业改制上市步伐。利用主板、中小企业板、创业板及新三板等多层次资本市场积极筛选上市后备企业，进行重点培育。

二是做强做大上市公司。鼓励和支持上市公司通过并购、资产置换、整体上市等方式加大资产重组力度，以上市公司为龙头建立产业集团，形成地区性的行业优势，带动整个地区的经济发展。

三是利用债券市场，引导企业进行短融、企业债、中小企业区域集合债券的债权融资。

四是围绕多样化路径，全面活跃金融创新。积极运用政策手段，发挥财政资金的杠杆作用，壮大信用担保联盟，搭建资产管理平台、政府和社会资本合作（PPP）平台及融资信用平台，加快阿拉尔市、石河子市在南疆及北疆两大金融功能区建设。发展资产证券化、PPP模式、股权投资（引入PE）、产业投资基金、信托、"两权"抵押贷款、金融业综合经营、多种所有制金融企业、离岸金融等金融创新服务体系。探索与自治区共同设立丝绸之路经济带产业投资基金，实现政府资源、金融资本和产业资本的融合，争取丝路基金在兵团产业设立子基金。

加强农村金融、文化金融、小微金融等方面的创新，探索适合兵团小微企业的金融服务。

（四）积极推进金融对外开放

一是提升边境地区双边银行合作层次，优化边境贸易结算、货币兑换服务，积极推动在喀什、霍尔果斯经济开发区兵团分区及国家级经济开发区开展有关金融政策、金融产品创新先行先试。协调人民银行完善人民币跨境业务的相关政策，进一步便利人民币与周边国家货币互通。完善和推广出口信用保险，研究金融衍生品、离岸市场和保险产品，降低进出口收汇风险和投资风险。

二是争取在招商引资、短期外债规模、外汇核销政策方面给予兵团先行先试的优先权。与自治区协同推进丝绸之路经济带融资、清算、金融市场、外汇交易等金融平台建设。

（五）推动互联网金融健康发展，支持大众创业、万众创新

一是培育互联网金融龙头企业。支持符合条件的企业设立一批有影响力的第三方支付机构、金融服务综合平台等。

二是引导互联网金融集聚发展。依托经济技术开发区，建设集聚发展互联网金融产业，构建互联网金融产业联盟，借鉴第三方支付、P2P贷款模式、众筹融资、创业风险投资等方式，为创业企业提供更多融资渠道。

（六）发展科技金融，构建绿色金融服务体系

一是建立健全科技金融市场。创新和完善科技金融投融资服务体系，进一步健全科技企业与银行信贷、科技保险和资本市场之间的市场联动机制，大力推进科技债券市场发展。

二是积极鼓励科技金融机构创新、产品创新与服务创新，设立科技型中小企业贷款风险补偿专项资金，完善科技信贷风险共担与补偿机制。

三是探索建立集绿色金融机构、绿色金融产品、绿色金融中介服务组织于一体的绿色金融服务体系。探索推进碳交易试点，搭建兵团碳金融交易平台，逐步探索建立兵团领先的碳金融市场体系。

（七）防范和化解金融风险，维护金融经济稳定

一是协调推进金融业综合监管。加大银行业、证券业、保险业及跨行业、跨市场、交叉性金融工具风险监测力度。

二是加强兵团金融监管体系建设。建立金融监管信息系统，初步完成金融风险预警体系建设，为加强监管提供技术支撑。

三是完善社会信用体制机制建设，搭建金融信用信息平台，推动形成信用信息共享交换机制。

核心区建设背景下新疆棉花与纺织产业高质量发展研究

张 杰* 杜伟伟

一 核心区建设背景

2013年9月，习近平主席访问哈萨克斯坦时首次提出共建"丝绸之路经济带"的倡议；2014年5月，第二次中央新疆工作座谈会初步将新疆确定为丝绸之路经济带核心区；2015年3月，国家发展改革委、外交部、商务部联合发布了《推动共建丝绸之路经济带和21世纪海上丝绸之路的愿景与行动》，明确提出把新疆打造成丝绸之路经济带核心区。在国家的大力支持下，新疆先后制订了推进丝绸之路经济带核心区建设的行动计划和意见，提出建设"五大中心、三基地、三通道和十大进出口产业集聚区"。

丝绸之路经济带核心区建设，对于全面提升新疆的改革开放水平，缩小新疆与内地省份的经济差距，增加就业、促进区域经济协调发展，服务新疆社会稳定与长治久安总目标具有重要的战略意义。新疆是我国最大的优质棉生产基地，在我国纺织服装产业由东部地区向中西部地区转移的背景下，纺织服装业被确定为新疆核心区建设中的"十大进出口产业集聚区"之一。2014年国家决定在新疆实施棉花目标价格改革试点，2015年国务院发布的《关于支持新疆纺织服装产业发展促进就业的指导意

---

* 张杰，石河子大学经济与管理学院、棉花经济研究中心教授。

见》，伴随一系列重要政策的实施，新疆棉花与纺织服装产业迅猛发展。

二 产业战略地位持续上升

（一）产量占比大幅增加

作为我国重要的优质棉产区，新疆在我国棉花生产格局中战略性地位逐渐凸显。21世纪以来，新疆棉花产量不断攀升并且占比不断提高（如图1所示），2000年新疆棉花产量145.6万吨，全国棉花产量441.7万吨，当年新疆棉花产量占比32.96%；2012年新疆棉花占全国棉花产量首次超过50%，占据全国棉花产量的半壁江山；2017年新疆棉花产量达408.2万吨，占全国棉花产量的74%以上，不仅保障了我国棉花产业的安全，而且为纺织业的发展提供了原料支持，为保障我国棉花产业安全和纺织服装业发展发挥着重要作用。

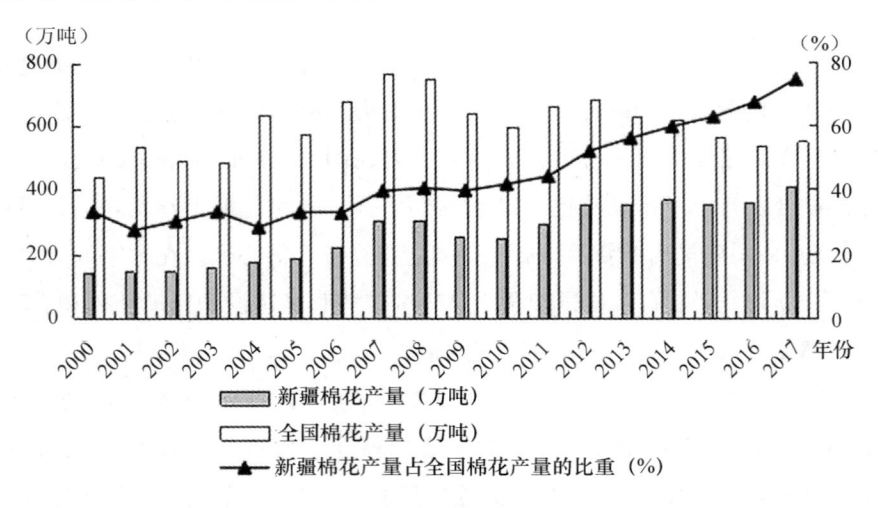

图1 2000—2017年新疆棉花产量及占比情况

资料来源：《中国统计年鉴（2001—2017）》、国家统计局。

（二）生产技术全国领先

长期以来，新疆地区在棉花产业中不断攻克技术问题，巩固我国产棉基地的产业地位，有效改善了棉花种植环境，棉花产量大幅提升。目前，新疆棉花种植技术与创新能力全国领先，已形成了以精量播种、膜下滴灌、水肥运筹、全程机械化和优质皮棉加工为核心的棉花生产技术集成体系,单产高出其他棉区平均水平一倍左右。尤其是棉田节水灌溉技术,不仅有效缓解了棉田旱情,而且增强了抵御自然灾害的能力。新疆棉花生产技术的提高促使棉花生产实现规模化、机械化。

(三) 目标价格改革效果良好

为解决"收储难以为继、棉花品质下降、高库存与大量进口并存"等问题,2014年在新疆启动棉花目标价格补贴试点。表1系统阐述了2014—2019年新疆目标价格补贴政策补贴概况,2014—2016年为目标价格补贴政策实施的试点阶段,该阶段每年价格补贴、补贴方式及补贴资金都不相同;2017—2019年为目标价格补贴政策的深化阶段,棉花目标价格由"一年一定"改为"三年一定",即2017—2019年棉花目标价格补贴价格均为18600元/吨,并且享受棉花补贴数量采用上限管理,目标价格形成机制、定价周期及补贴方式有所优化,并且在此期间政府也在探索与质量挂钩的补贴方式。棉花目标价格补贴政策发挥市场在资源配置中的决定性作用,不仅合理引导棉花生产、流通、消费,促进产业上下游协调发展,而且对完善棉花价格形成机制、保护棉农基本收益、改善新疆棉花质量、优化资源配置效率及改善棉纺织企业经营状况发挥了重要作用,达到了预期改革目标。

表1　　　　2014年以来新疆棉花目标价格补贴政策补贴概况

阶段	年份	补贴价格	补贴方式	补贴资金
试点阶段	2014	19800元/吨	40%面积+60%产量补贴	约250亿元
	2015	19100元/吨	100%产量;10%的补贴资金补贴南疆四地州	约240亿元
	2016	18600元/吨	100%产量;10%的补贴资金补贴南疆四地州	约240亿元
深化阶段	2017	"三年一定" 18600元/吨	上限管理:基期(2012—2014年)全国棉花平均产量的85%	浮动制,但补贴资金呈下降趋势
	2018			
	2019			

资料来源:笔者根据棉花目标价格补贴政策的相关文件整理所得。

(四) 纺织服装业快速发展

受棉花资源、电价、税收及培训等补贴政策吸引，新疆逐渐成为承接沿海地区纺织产业转移的主阵地。2017年备案纺织服装企业2703家，固定资产投资468.5亿元，完成工业增加值108.01亿元，吸纳就业人数达48万人，分别较2014年增加2143家、372.35亿元、63.6亿元、35万人，新疆纺织服装业得到快速发展。为合理布局产业，新疆提出了"三城七园一中心"的发展思路，"三城"指的阿克苏纺织工业城、库尔勒纺织工业城及石河子纺织工业城；七园包括哈密、巴楚、阿拉尔、沙雅、玛纳斯、奎屯和霍尔果斯7个工业园区，"一中心"即乌鲁木齐纺织品国际商贸中心，通过工业园区集约发展与集群相对分散发展相结合，发展差别化、特色化的纺织服装及深加工产业，加快地区产业结构调整。

三 产业发展面临诸多困境

(一) 皮棉质量下滑、与美（澳）棉有差距

长期以来，新疆皮棉素以纤维长、丝光度好、品级高著称，是我国纺织企业生产配棉的首选原料，在市场上具有较强的竞争优势。自2010年以来尤其是临时收储的3年间，新疆棉花的质量出现持续下滑的局面，2014年度，受目标价格补贴政策实施和市场机制的双重作用，棉花质量较临时收储时期有所好转，2015年棉花质量又出现严重下滑。与美棉、澳棉相比，新疆棉花存在纤维短、强度低、异纤多、一致性差、棉结含量高等问题，增加了加工企业的加工成本及纺织企业的用棉成本，相同指标的新疆棉较美棉、澳棉价格低1000元/吨—2000元/吨，难以满足我国纺织服装业转型升级的需求。

(二) 品种"多、乱、杂"、组织化程度低

棉种是决定棉花产量与内在品质的核心，市场经济条件下，棉农更加倾向选择高产量与高衣分率的棉花品种，几乎不关注棉花品质，导致新疆棉花种植品种"多、乱、杂"问题普遍存在，直接影响棉花品质的

一致性。基本农户作为新疆棉花种植经营的主要形式，占新疆棉花生产经营主体总数的90%以上，因此导致棉花经营模式通常为分散化的小农经营，组织化程度较低，加大了品种"多、乱、杂"问题的解决难度，同时还严重制约了先进植棉技术的推广应用，阻碍了棉花内在质量指标的提升。除此之外，籽棉、皮棉交易方式脱节，使得市场机制无法发挥"优质优价"的质量导向作用，棉农、加工企业和纺织企业间缺失有效的协调机制，纺织企业需求信息不能传递给生产环节，只能被动接受低品质的棉花或高价购买进口棉花，这也是制约新疆棉花高质量发展的重要因素。

（三）植棉成本高，补贴面临"转箱"压力

2010年以来，新疆棉花生产成本不仅高于印度、巴基斯坦等发展中国家，而且高于美国、澳大利亚等发达国家，弱化并稀释了我国棉花生产的低成本优势。为保障棉农收入与维护产业安全，2014年我国在新疆实施棉花目标价格补贴政策。根据我国入世谈判棉花补贴为总产值8.5%的微量允许，据此测算补贴数量在140亿元左右，由表1明显看出，2014—2016年仅在新疆的补贴就已超出这一数额。当前我国棉花目标价格补贴与产量或面积挂钩，属于WTO"黄箱"补贴政策。面临"转箱"压力，虽然各地都在探索"期货+保险"等新型补贴方式，但仍未找到成熟的、可操作的补贴方式。

（四）棉花生产过程中的面源污染问题十分严峻

近年来新疆棉花生产的面源污染排放量呈上升趋势，农药、化肥的大量使用加上不合理的灌溉方式，使农业面源污染以径流方式污染河流、湖泊。尤其是残膜污染不仅严重破坏土壤微生态环境，对棉花生长发育造成负面影响，而且在采收加工阶段容易混入棉花中，增加异性纤维数量从而降低了皮棉品质。根据新疆农业厅调查，2013年农田平均每亩残留地膜量高达16.88公斤，是全国平均水平的4—5倍。2016年兵团普查结果显示：农田残膜量最高值为每亩76.7公斤，最低值为每亩5公斤，

整个兵团平均值为每亩 19.08 公斤①。目前，新疆已成为我国"白色污染"最为严重的地区，对生态环境和优质皮棉供给构成重大威胁。

（五）纺织服装业融资难、本地员工性价比偏低

信贷机构对纺织企业发展缺乏信心，企业贷款难、融资成本高、贷款期限短的现象普遍存在，且融资方式单一。尤其是中小企业与民营企业，自有资金规模较小，市场竞争力不强，使得部分商业银行对其贷款条件要求严格，企业获得贷款成功率较低，落户南疆的企业相比北疆融资更为困难。

当前纺织业对劳动力的要求已经从过去对数量和低价的追逐转型为对服务和质量的追求，新疆农村富余劳动力无法满足企业的用工需求。由于语言的隔阂、文化的差异，少数民族农村富余劳动力难以适应现代工厂工作要求，即使企业高薪聘请内地熟练工来疆指导和培训当地工人，政府提供部分培训补贴，但因员工培训难度较大，企业普遍反映本地员工性价比偏低。

（六）产业链联系不紧密、集聚效应难发挥

新疆棉花与纺织产业链联系不紧密，区域性棉花生产与供给难以满足当地纺织企业需求，从而增加了纺织企业购棉的运输成本。新疆纺织服装产业链主要集中在上游的纺纱环节，缺乏深度加工，下游织布、针织、印染、服装、家纺等产业承接较少，并尚未形成规模。由于后续产业基础薄弱，使得纺纱产业距市场位置较远，货运距离长、运费高，产业链配套及产品结构有待完善。除此之外，纺织服装产业内企业间的投入产出联系较弱，大部分企业生产的产品销往内地。由于部分配套产品与原料无法实现本地生产，导致印染、制衣企业要从内地购买原料，企业自生能力与竞争力不强。

---

① 王瑟、秦伟利：《耕地残留农膜可通过大型机械治理》，《光明日报》2017 年 11 月 23 日第 11 版。

四 产业发展机遇与道路选择

近年来，新疆棉花产量与质量不均衡、纺织业产品供需错配等结构性问题日益凸显，单纯依靠资源要素投入及规模扩张的粗放发展模式已难以为继，加上新疆棉花就地转化率低，纺织品附加值低，迫切需要高质量发展新疆棉花与纺织产业。

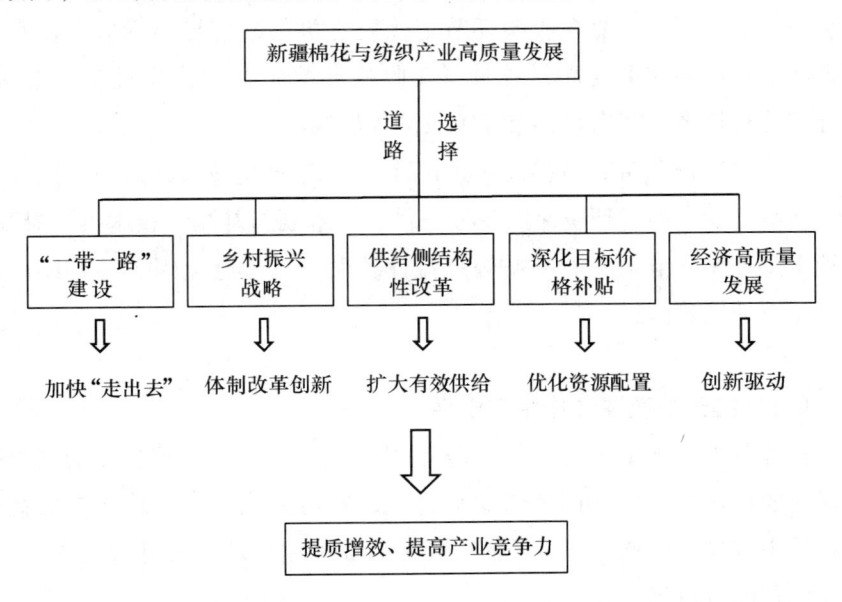

新疆棉花与纺织产业高质量发展总目标是提质增效、提高产业竞争力。根据图2的发展道路选择来看，新疆纺织服装产业发展可借助"一带一路"倡议，积极面向中西亚、俄罗斯和欧洲市场，特别是发挥中欧国际班列的桥梁纽带作用，加快把新疆建设成为我国重要的纺织服装出口基地；坚持以农业供给侧结构性改革为主线，推进新疆棉花生产集约化、规模化、机械化发展，纺织产业特色化、差异化发展，扩大有效供给，真正实现供需适配；探索棉花补贴与质量挂钩，合理引导棉花与纺织产业上下游协调发展，优化资源配置，提高资源利用率；转化产业发展动力，以创新驱动促进棉花与纺织产业高质量发展。

图2 新疆棉花与纺织产业高质量发展的道路选择

五 高质量发展的实现路径

（一）大力发展棉花生产新型经营主体

鼓励发展专业合作社、家庭农场和种植大户，实现规模化种植，不仅有利于提高劳动生产率、降低单位生产成本、获得规模化的经济效益，而且有利于种植品种和田间管理的统一以及采收过程的规范，是实现高质量发展的基础。

促进棉花生产领域一、二、三产业融合发展：一是成立棉花合作社，制定政策鼓励合作社发展棉花加工，直接向纺织企业销售皮棉；二是利用现有加工流通企业的资金、技术实力，流转土地，形成集种植、采收、加工、销售为一体的新型棉花经营主体，减少交易环节；三是订单生产，打造"纺织企业+合作社（公司）+基地+农户"的新机制。

（二）探索质量导向的新型补贴方式

只有棉花补贴政策与生产者交售籽棉的质量挂钩，才能引导其种植出优质棉花。因此，要在收购环节把优质优价信息传导给棉农，最直接的办法是把补贴政策与质量挂钩，在收购环节实施"优质优价"政策，引导棉花种植者生产出符合市场需求的优质棉花。

积极探索符合WTO贸易规则的绿箱、蓝箱补贴政策，避免补贴与产量、面积挂钩，通过环境保护转移支付、技术创新补贴、技术推广补贴、土地平整补贴、节水滴灌补贴等公益性补贴方式，避免因黄箱补贴产生贸易摩擦的风险。

（三）提升棉花清洁化生产水平

在棉花生产领域全面落实"五大发展理念"，大力发展棉花清洁生产和绿色经济，通过技术创新减少对化肥、农药和地膜的依赖，在棉花生产过程中减少污染物的产生，推动资源高效利用和环境友好型技术创新，实现棉花的绿色生产。

新疆棉花生产中的残膜污染问题十分突出，必须加强对棉花生产中

"白色污染"的防治，严格执行《新疆维吾尔自治区农田地膜管理条例》，实现生产清洁化、废弃物资源化、产业模式生态化。

（四）鼓励棉花产业集团"走出去"

紧紧抓住"一带一路"建设机遇，充分发挥新疆棉花生产经营的技术先进、集约化程度高的优势，加大棉花产业集团境外棉业投资力度，参与国际棉花贸易与合作，积极推动新疆棉花产业"走出去"步伐。

通过对外贸易、对外投资、技术输出、对外援助等多种形式，推进境外棉花综合开发活动，拓展我国棉业发展的广阔空间和新疆棉花产业的影响力，提高我国对全球棉花资源的控制力和全球话语权。

（五）通过金融支持、双语培训、环境规制，促进纺织服装业高质量发展

纺织服装企业，尤其是南疆民营纺织服装企业"融资难、融资贵"现象普遍存在，应通过供应链金融、棉花仓储金融服务等金融创新，降低企业融资成本；南疆四地州大量农村富余劳动力亟待转移，纺织服装业对劳动技能的要求相对较低，应加大双语教育与技能培训力度，提高少数民族员工就业能力。随着新疆纺织服装业的快速发展，对污染严重的印染环节和化纤生产等的需求增加，应合理规划布局这类产业，加大企业排放的监管力度。

（六）更好发挥政府作用，延长产业链、提高产业关联度

中央政府层面要加快"一带一路"建设，尤其是实质性推进中巴经济走廊建设，为纺织服装企业开拓国际市场营造良好的环境。地方政府要紧紧围绕"提高产业关联度、发挥聚集经济效应"承接产业转移，鼓励棉花种植、加工流通、纺织服装形成紧密协作关系，维持政策的延续性与可预期性，提高企业自生能力与竞争力。同时，园区在招商引资过程中要牢固树立"一鸟在手胜过双鸟在林"的理念，引进产业链中的核心企业与关键环节，提高行政效率与综合服务水平，为企业提高自生能力与竞争力营造良好的环境。

当前新疆棉花产业发展主要问题与对策研究

王 力[*] 陈 前 苗海民 张 杰 程文明

一 新疆棉花产业现状

（一）新疆棉花产业"一枝独秀"地位形成

自 1995 年成为我国优质棉生产基地以来，新疆依据本省份植棉的相对优势，不断拓展棉花种植面积，新疆植棉面积由 2000 年的 1012.39 千公顷增加至 2014 年的 2421.33 千公顷，面积达到了翻一番的程度，同时通过植棉技术的创新与推广，产量也由 2000 年的 150 万吨增加至 2014 年的 451 万吨，增长幅度高达二倍之多（如表 1 所示）；而新疆棉花产量也由 2000 年占全国植棉市场的 34% 达到 2014 年的 73%，我国植棉市场上西北内陆、黄河流域及长江流域之间植棉格局也由"三足鼎立"演变为西北内陆"一枝独秀"，新疆已经成为国家棉花市场主要地区。

---

[*] 王力，石河子大学经济与管理学院、棉花经济研究中心教授。

表1　　　　　　　　　　　新疆棉花生产情况

年份	面积（千公顷）	产量（万吨）	单位面积产量（公斤/公顷）
2000	1012.39	150.00	1481.64
2001	1129.72	157.00	1389.72
2002	943.97	150.00	1589.03
2003	1037.05	160.00	1542.83
2004	1127.55	175.25	1554.25
2005	1157.99	195.70	1689.99
2006	1664.43	267.53	1607.33
2007	1782.6	290.00	1626.83
2008	1668.01	301.55	1807.84
2009	1409.31	252.40	1790.94
2010	1460.6	247.05	1697.24
2011	1638.06	289.77	1768.98
2012	1720.8	353.95	2056.89
2013	1718.26	351.80	2047.42
2014	2421.33	451.00	1862.61

资料来源：《新疆统计年鉴》。

2017年，随着我国棉花国内市场不景气及植棉收益下降，导致我国植棉面积普遍下降，在此情况下新疆植棉面积减少最少，仅为 -6.3%，黄河流域与长江流域则分别达到了 -19.1% 和 -15.1%。因此，新疆当之无愧成为我国"一枝独秀"的主产区。

（二）棉花质量持续下降

在我国临时收储政策制定和实施之前，在国际棉花市场上，出现了众所周知的所谓"黑天鹅"事件，即2010/11年美棉价格上破100美分/磅（约14106元/吨）后，一路冲高到230美分/磅（约32444元/吨），随后很快跌至100美分/磅（约14106元/吨）以下，启动的临时收储政策使得中储棉公司以稳定国内棉花市场为主要目标开展长时期、大范围收储。在临时收储期间新疆棉花质量严重下滑，市场认可度下滑，使得新疆全国优质棉生产基地市场美誉名存实亡。

新疆棉花市场在临时收储政策实施期间随着棉花产量的不断增加而

质量不断下降，长度由最高 29.3 毫米降低至 28 毫米左右，马克隆值 A 级占比由最高 41.9% 降至 28.1%，随后得到了缓和，断裂比强度由 28.5 厘牛/分特降至 27.5 厘牛/分特，长度整齐度由 83 毫米左右降至 82.5 毫米（如表 2 所示），棉花质量连续几年全面下降。

表 2　　　　　　　　　　新疆棉花质量变化情况

年度	长度 （毫米）	马克隆值 （A 级）	断裂比强度 （厘牛/分特）	长度整齐度 （毫米）
2007/2008	28.9	41.9	28.5	82.7
2008/2009	29.3	39.82	28.7	82.9
2009/2010	28.4	37.4	27.75	82.6
2010/2011	28.8	41.2	28.04	83.01
2011/2012	28.3	22.34	28.2	82.7
2012/2013	28.1	28.1	27.5	82.5
2013/2014	28.19	31.46	27.2	82.3
2014/2015	28.26	40.67	27.84	82.73

资料来源：中国棉花公证检验网。

（三）优质长绒棉供给减少

国家临时收储政策主要针对占据我国棉产量主要部分的细绒棉，由于忽略了相对于细绒棉的长绒棉的政策支持及保护，我们看到在临时收储政策期间，长绒棉与细绒棉每亩利润差严重下滑，使得代表新疆特色的长绒棉被市场驱逐，适宜种植长绒棉的植棉资源被用于生产高于其利润或风险较小的细绒棉或其他品种农作物。如图 1 所示，在 2010/2011 年度前，新疆长绒棉与细绒棉之间每亩利润差保持在 300 元/亩—500 元/亩范围内，而 2011/2012 年度—2013/2014 年度，长绒棉与细绒棉每亩利润差下滑至 300 元/亩以下，而在此期间新疆棉花产量连年攀升，一度超过 350 万吨，新疆棉花市场达到国内棉花市场比重的 70% 以上。

新疆是我国长绒棉唯一生产区，长绒棉代表了高质量、高品质，随着我国棉花产量的提升和我国国民经济的不断提升，高质量棉花需求也应得到有效增加，但是新疆长绒棉近年来生产状况令人担忧。新疆长绒棉价格

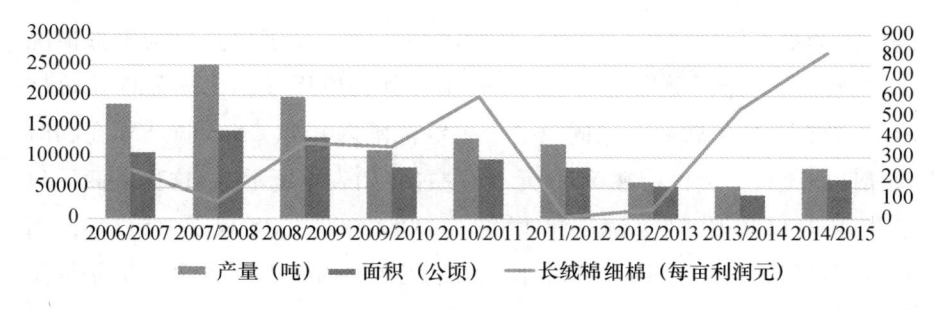

图1 新疆长绒棉生产状况

资料来源：产量及面积来源于《新疆统计年鉴》，利润来源于《全国农产品成本收益汇编》。

与成本之间的差距总体上在不断拉大，但新疆长绒棉产量却在不断下降，由2007/2008年度的250200吨降至2013/2014年度的53500吨，面积也由2007/2008的年度142530公顷降至2013/2014年度的38280公顷（如表3所示）。长绒棉作为高质量产品逐渐被市场驱逐，产量不断减少。

表3　　　　　　　　　新疆长绒棉生产状况

年度	产量（吨）	成本（元/吨）	价格（元/吨）	面积（公顷）
2006/2007	185900	12432.8	12932	106940
2007/2008	250200	11438.8	16900.4	142530
2008/2009	197300	11980.8	16529.8	132180
2009/2010	110400	13383.2	20402.4	82600
2010/2011	130300	16962.2	38091.6	96790
2011/2012	121600	22001.6	22971	83870
2012/2013	59500	17877.4	24293.2	53330
2013/2014	53500	25876.8	37120	38280
2014/2015	82400	22687.4	27894.2	63330

资料来源：成本和价格数据来源于《全国农产品成本收益汇编》，产量和面积均来源于《新疆统计年鉴》。

（四）国产棉市场萎缩

在以临时收储为主的制度变迁下，新疆棉花质量持续显著下滑。纺织企业除被迫调整需求参与"转圈棉"的机会主义行为外，也不断调整降低国产棉的使用比例。同时，在我国棉花价格高于国际市场价格情况下，我国国家棉花价格指数 CNcotton B（其相应质量相比国际棉花价格 SM 指数棉花质量较好，但同属一个等级范围内）与 CNcotton SM 在临时收储期间差价一直保持在 5000 元/吨左右（如表 4 所示）。这种局面导致了我国进口棉用棉比例不断增加，2008/2009 年度仅为 15.3%，而在 2011/2012 年度达到 41.9%，随后虽然出现一定程度的缓和，但是依然处在高比例阶段。而进口棉纱凭借原料成本优势和加工成本优势近几年来一直在挤压中国棉纺市场。基于我国边境进口的相关约束，致使我国棉纺企业在南亚投资建厂生产棉纱，通过其在中国国内成熟的销售渠道销售棉纱。印度、巴基斯坦和越南等国向中国大量销售棉纱，2015 年全年的进口量达到 230 万吨以上。

表4　　我国棉花价格指数与国际棉花价格指数对比

年度	国内棉花价格指数			国际棉花价格指数	
	CNCotton A	CNCotton B	CNCotton S	CNCotton SM	CNCotton M
2004/2005	12952.56	12431.6	10819.97	8292.9174	7556.5842
2005/2006	14552.1	14103.22	13804.84	8659.6734	8085.5592
2006/2007	13740	13299.67	12378.77	8776.7532	8339.4672
2007/2008	14259.35	13766.5	12858.71	10881.3684	10538.5926
2008/2009	12560.1	12162.39	10670.78	8974.2372	8642.7462
2009/2010	16111.84	15752.5	13561.22	12016.9014	11645.9136
2010/2011	26793.33	25654	24573.99	24266.5518	23987.253
2011/2012	20385.02	19191.66	18278.29	14733.717	14276.6826
2012/2013	19982.41	19140.71	18419.09	13148.2026	12637.5654
2013/2014	19401.66	18581.33	18792.8	13275.1566	12806.8374
2014/2015	14406.2	13750.93	12711.41	10733.2554	10161.9624

资料来源：中国棉花网。

新疆乃至我国棉花质量不断下降和期末库存连年攀升，引发棉花种植、质量、价格引发的棉花产业发展困境，最终呈现我国高库存和高进口同时存在的尴尬局面（如表 5 所示）。在我国棉花需求显著大于供给的情况下，对内不仅未能实现植棉资源效益最大化，市场充斥着低质量棉花，高质量棉花被市场驱逐，市场整体棉花质量未能通过棉花分类处理实现优质优价，反而在信息不对称下，使得低质棉通过掺至优质棉以提升综合质量，高质量棉花未能实现优质优价，降低了市场效率。对外，由于棉花配额限制，使得国内棉花缺口不能得到有效满足，各个需求主体在得不到有效满足的情况下，转而通过向国外设厂方法来达到"曲线救国"，不仅造成我国优质企业"外流"，也加速了国际进口棉纱替代国内棉纱速度，使得产业安全受到挑战。

表 5　　我国棉花产需平衡及进口棉使用比例

年度	期初库存	产量	进口	消费	出口	期末库存	库存消费比	进口棉占我国用棉比例
2006/2007	467.87	749.79	228	1166.66	1.86	337.51	28.88	23.3
2007/2008	337.51	789	244	1111.56	1.5	351.59	31.59	23.6
2008/2009	351.59	799.12	144.65	989.56	1.74	324.18	32.7	15.3
2009/2010	324.18	675.7	250.47	1041.06	0.53	231.71	22.25	27.0
2010/2011	231.71	623.05	257.63	923.27	2.66	215.84	23.31	29.2
2011/2012	215.84	802.8	544.03	790.1	1.23	738.75	93.36	41.9
2012/2013	738.75	761.5	439.61	790.82	0.93	1166.53	147.34	36.6
2013/2014	1166.53	699.7	300.37	775.37	0.93	1364.77	175.8	30.0
2014/2015	1364.77	662.1	167.13	755.32	1.46	1406.84	185.9	19.3

资料来源：国家棉花市场监测系统。

（五）兵团棉花销售不佳

随着目标价格补贴政策的实施，新疆棉花被推向市场，面对市场需求新疆棉农开始出现卖棉难的局面，开始不断调整种植面积和改善棉花质量。而新棉与国储棉抛储之间相互博弈，导致优质棉得不到有效销售。如至 2016 年 3 月，兵团各师皮棉加工量为 142.3 万吨，与 2015 年同期相比减少了17.83万吨，下降幅度达到11.13%。各师累计皮棉收购量约为133.91万吨，与2015年同期155.33万吨相比，减少了21.42万吨，下降幅度达到了13.97%；而实际入库量约为140.88万吨，与2015年同期相比减少了14.21万吨，降幅达到了9.16%。但是实际销售量（以收到货款为准）仅约为63.72万吨，占各师棉麻累计皮棉收购量的133.91万吨的47.58%。虽然与2015年同期的42.31万吨相比增加了21.41万吨，但是销售困境依然未能得到有效改善（见表6）。

表6　　　　　兵团棉花收购入库销售库存情况统计

单位	籽棉收购量（吨）	皮棉加工量（吨）	师棉麻收购量（吨）	实际入库量（吨）	实际销售量（吨）	库存量（吨）
一师	793032	308005	308005	308005	38500	269505
二师	266250	106500	106500	106500	55000	51500
三师	290750	118330	118330	116150	23908	94422
四师	25626	10121	10121	10121	7628	2493
五师	28000	108000	108000	108000	30000	78000
六师	178677	69892	57822	57822	43877	13945
七师	438407	178351	178802	178802	118728	60074
八师	1225900	475701	403400	475701	280065	123335
十师	7652	2537	2537	2516	2537	0
十三师	115575	45548	45548	45266	36956	8592
合计	3621869	1422985	1339065	1408883	637199	701866

资料来源：兵团棉花协会。

二　新疆棉花产业发展存在的问题

（一）棉花品种市场不健全

1. 优质品种缺乏激励

我国棉花品种繁多，优良性状突出的品种较少，而近年来棉花品种供给渠道不断增加，品种更新换代也在加速，植棉品种"多、乱、杂"对棉花质量起到了很大的影响。从新疆棉花种子生产经营企业的种子情况来看，北疆大部分种子企业经营的棉花品种均为：新陆早22号、新陆早28号、新陆早32号、新陆早33号、新陆早40号、新陆早42号、新陆早43号、新陆早45号、新陆早48号、新陆早51号、新陆早56号、新陆早59号，南疆大部分种子企业经营的棉花品种均为：新海21号、新海25号、新海28号、新海36号、新陆中28号、新陆中37号、新陆中42号、新陆中60号，种子产品同质化严重。许多种子企业直接借用大品种，对其父本或者母本的某一无关本质的特征特性修修补补，重新命名，报审报批。虽然品种有了新名字，但种质资源里并未增加新品系，导致同质化严重，表现欠佳。这就导致有名无实、昙花一现的新品种仍将大量充斥市场。

2. 棉花良种推广不规范

棉花品种研发与推广不规范。2000年我国品种市场开放后，棉花主产地地市审定品种每年达到8—10个，而省级关于品种的审定数量达到40—50个，且品种间主要品质指标协调性不足，导致棉花品种质量差异增大，不利于棉花纤维一致性。而棉花品种育种机构不擅长市场销售经营，将其交给市场品种销售公司来经营。同时，棉种行业许多经营主体严重亏损，难以形成实力雄厚的经营主体来推广主打品种和品牌。从而使得优质品种潜在信息得不到有效推广。因此，无论是在研发阶段，还是在销售阶段，都导致优良品种难以实现其优质优价，更多是在信息不对称状况下，被市场驱逐。

3. 棉花品种市场不规范

棉种市场混乱，不规范。由于棉花种子生产销售利润丰厚，致使一些棉花加工企业与农资经销商非法生产经营棉花品种。南疆许多植棉县非法地下制售棉花种子的行为猖狂，由于非法棉种生产销售行为十分隐蔽，造成种子管理部门难以监管和执法，形成了新疆棉花品种市场的"囚徒困境"。具体表现为，南疆棉农在农药、化肥使用，种植管理等方面的指导服务来自农资经销店，与农资经销店老板建立起了长期稳定的信任合作关系。虽然农资经销店不销售棉花品种，但棉农在植棉过程中依然向他们咨询品种问题；农资经销店老板与棉花加工企业（或有资质的棉种制售企业）将棉农带到制种棉农的田地观察棉花的长势和产量情况。若棉农采用，棉花加工企业与制种棉农私下协商，以高于市场价0.3元/公斤左右的价格收购其籽棉，然后制种批发给农资经销店，农资经销店以低于市场价25%左右的价格销售给用种棉农。以上所有交易均为地下交易，参与交易的各方均获得好处，因此使种子管理机构难以监管，也是造成新疆地方棉种市场混乱和棉纤维品质差的主要原因（见图2）。

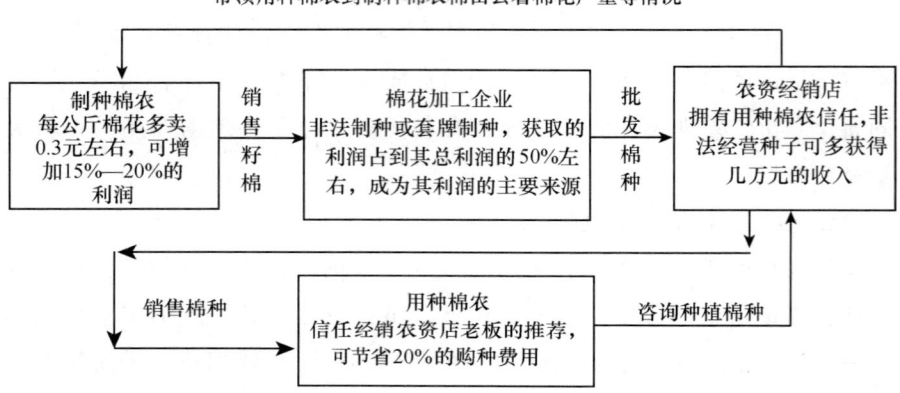

图2 非法制售棉花品种利益链条示意

4. 棉花良种补贴缺乏力度

棉花良种补贴效益不佳。良种补贴政策最主要的目的是解决市场中非法制售棉花品种和缓解品种市场竞争低效率带来的品种"多、乱、杂"问题，但是该政策一直以最初市场信息为基础，展开长期固定的补贴，未能修正政策本身市场信息，使得政策与市场之间产生信息不对称，政策效果逐渐锁定在低效率均衡上。新疆棉花质量下降与良种推广不足具有显著相关性，在良种推广过程中良种相比市场上其他品种推广力度不足。

棉花良种补贴政策是2007年以来国家为提高我国棉花质量，缓解市场上品种"多、乱、杂"现象的政策，在政策起始阶段起到了良好的效果，有效缓解了市场上品种"多、乱、杂"的状况，但是国家对良种补贴为每亩15元即每公顷只有225元，此后该补贴政策一直保持不变，多年来一直保持这个补贴水平，即使在2009年我国通货膨胀严重时期也未曾相应地做过调整；在这个过程中我国植棉的物质成本、劳动力成本不断攀升，如2013年我国平均植棉总成本为36286元/公顷，其中长江流域和黄河流域植棉成本分别为36649元/公顷和34876元/公顷，西北内陆更是高达40135元/公顷（见图3），因此225元/公顷的良种补贴对于生产成本来说已经微不足道，棉农此时在品种选择上几乎不会考虑良种补贴的因素。

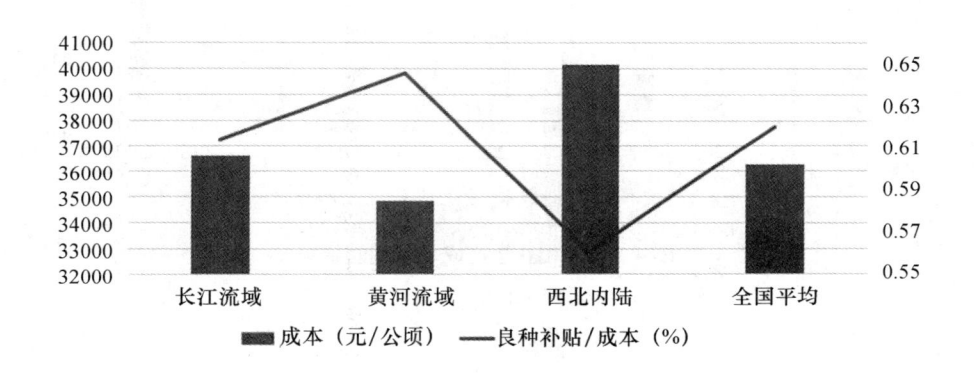

图3　2013年中国棉花种植成本

资料来源：根据棉花经济信息系统监测数据计算整理。

（二）新疆植棉成本偏高

新疆因其特殊的地理位置，早在1995年就被作为我国优质棉花生产基地，经过十几年发展，已成长为新疆支柱性产业。原棉产值超过300亿元，占全疆种植业产值的65%和农林牧渔业总产值的1/3；棉花收入占全区农民收入的35%，尤其在南疆，棉花收入占农民收入的60%；另外，棉花加工产值占全疆工业产值的60%—80%，全疆15%的财政收入来自棉花及其相关产业。但是随着我国劳动力成本的不断攀升，新疆传统的植棉相对优势逐渐下降，植棉利润不断下滑。

通过图4可知，新疆植棉生产成本在新疆总成本中上升最快，且占据总成本较高比重。2009年新疆植棉总成本为1218.36元/亩，到2014年已高达2035.03元/亩，成本年均增长幅度达到13.68%。总成本包括生产成本与土地成本，而新疆土地成本变化幅度不大，增长较为快速的就是生产成本，可以看到 2009 年新疆棉花生产成本为 960.75 元/亩，到 2014 年新疆棉花生产成本高达 1668.58 元/亩，生产成本年均增长幅度高达 14.80%。

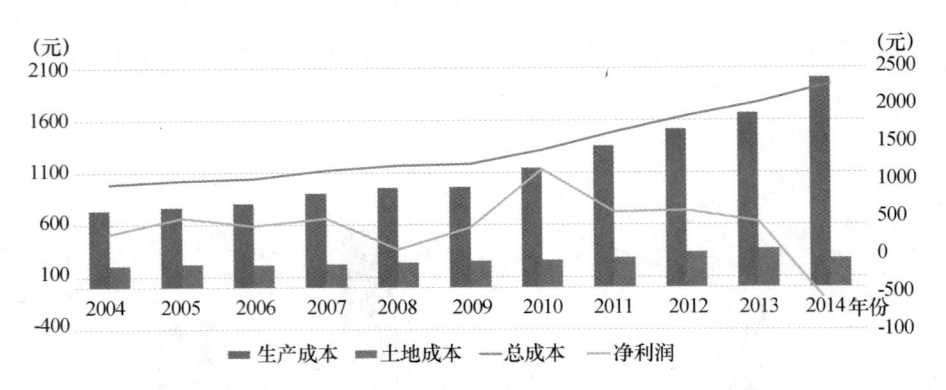

图 4　新疆棉花生产成本及利润状况

资料来源：《全国农产品成本收益资料汇编》。

而生产成本又包括物质与服务成本以及人工成本，人工成本 2009 年仅为 459.99 元/亩，到 2014 年则高达 1408.39 元/亩，人工成本年均增长幅度高达 25.10%；而新疆植棉利润也由 2010 年最高的 1143.87 元/亩降至 2014 年的 -686.44 元/亩；由此可见，人工成本攀升已经成为制约新疆棉花市场发展的瓶颈。而当前新疆棉花质量严重下滑，同当前新疆植棉高成本、低利润（甚至负利润），已经成为新疆棉花市场发展的瓶颈。降低新疆棉花生产成本，减少市场上机会主义行为，稳定新疆棉花植棉收益，保证新疆棉花产业链上各个经营主体持续健康发展已经刻不容缓。

新疆兵团农八师在新形势下坚持机采棉种植模式，并对机采棉种植、采摘及加工方式进行修正或改进，使得过去机采棉低质量品质的状况得到有效改善。因此，面对当前植棉成本高、经营利润低的困难，机采棉是新疆植棉产业转型的必然趋势；然而现阶段，新疆机采棉推广力度不足，各个地区对机采棉未来发展趋势认识不到位，机采棉经营模式科研创新能力及相关配套设施不匹配，是当前新疆棉花市场持续健康发展的阻碍，有待突破。

过去，与其他国家棉花品质对比，在主要棉花生产中，新疆原棉综合品质次于美棉和秘鲁棉，优于埃及棉、中亚棉和苏丹棉。一方面新疆传统的棉花质量优势难以为继，棉花良种推广力度不足，导致当前品种"多、乱、杂"，从而降低了棉花质量；另一方面则是棉花新品种审定不严格，新旧品种之间除了相关指标不够协调之外，还存在差异性小的问题，微小差异的改良实际上就是保护落后的技术，难以实现棉花育种方面的新突破，市场创新能力或科研机构创新能力潜力没有得到有效挖掘。在棉花品种质量上还存在市场监管不力的问题，如套牌侵权行为的处罚力度与查处力度均不足，市场假冒伪劣、套牌侵权行为难以得到有效的清除，影响了新疆棉花质量。这些都导致当前新疆棉花市场形成"柠檬市场"，陷入除质量问题之外的外部困境，不利于新疆棉花市场"柠檬市场"现象的解决。

（三）机采棉缺乏配套体系

引进和推广机采棉主要是源于劳动成本的攀升，而机采棉的引进过程忽略了棉花机采棉产业体系的整体性，而本土化技术创新过程缓慢，引发机采棉与新疆市场的不适应。单部门的管理只能更多表现为重引进轻管理，缺乏产业其他部门的支持从而导致机采棉降低成本的同时也降低质量，使得新疆机采棉因质量下降带来价格降低，并未实现棉花利润有效提升。机采棉相关的品种、种植、加工的管理都从属于不同部门，而政府不同部门掌握信息的不一致性，导致其决策未能配合产业系统，致使棉花产业管理协调效果不理想。

1. 机采棉缺乏合适品种

新疆机采棉品种选择方面，几乎没有专业的机采棉品种，大多现行采用的机采棉品种株高、株形不适合机采棉。同时，中国棉花果枝大部分向上倾斜，美国为水平方向，机采过程中容易将果枝上棉裸皮刮撕下来增加"异性纤维"，第一果枝离地面太近则会容易将破碎的地膜薄膜撕裂的纤维混入棉花中形成"异性纤维"。新疆机采棉在采摘过程中提出了要求连青桃（并未成熟的棉桃）一同采摘下，遗漏的青桃不准达到5%左右，使得机采棉棉纤维中不成熟的棉纤维含量大增，恶化了新疆机采棉纤维品质。总之，新疆机采棉"异性纤维"问题与当前品种选择有极大的关联，当前机采棉品种育种研发滞后，有待推动研发与创新。

研究表明，机采棉适用于标准化棉田，即棉花第一果枝（直接着生花蕾的枝条）节位离地面18厘米的机采棉经济效果较为合理；而我国现阶段推广的棉花品种的第一果枝离地面大部分在8厘米左右，在采用美国机采棉技术时导致许多新问题，包括采棉机在采摘棉花过程中降低与地面距离带来"异性纤维"增加及其他质量的问题等。

2. 机采棉缺乏适宜加工标准

机采棉经营模式不合理，缺乏适宜标准参考。机采棉质量损失主要分为两方面：一方面是难以避免的自然环境灾害和生产加工过程中无法避免的损失，另一方面则为加工过程中方法不当导致的质量损失。美国机采棉通过标准化程序有效降低了人为因素带来的质量损失，如美国机采棉要求棉花净采率在85%左右，且只负责适宜机采且长势较好的棉花，加工过程中工作程序也严格按照标准程序进行操作；而新疆机采棉净采率则达到95%左右，机采棉工作标准为尽量全部采收，剩下无法用采棉机操作的则进行人工采摘，这就导致机采棉生产过程混乱，长势和质量不一致的棉花被混在一起，分类管理工作的混乱致使中上等棉花质量被低质量棉花拉低。另外，新疆棉花种植以"早、密、矮"模式为主，棉花的始节高度一般为8—10厘米，远低于美国机采棉40厘米的水平。再加上新疆气候干燥，在棉花采收时喷洒的脱叶剂，加上树型的果枝分布结构，使得棉花落叶不易掉在地上，很难清除；这既造成棉花的减产，又增加棉花杂质含量。机采棉在加工时比手采棉多出4—5道的清理工序，增加加工成本的同时降低了机采棉的品级与品质。

所以，机采棉配套设备及体系不衔接导致质量不敌手采棉，出现兵团机采棉销售困难等问题。因此，机采棉所代表的技术变迁过程中短期的技术体系不健全，是导致棉花质量下降因素之一。实际上，中国棉花的其他技术变迁类型同新疆机采棉一样，重引进轻管理引发的质量下降（如后面所分析棉花质量标准），多为不适应本地市场环境导致棉花质量问题。新疆机采棉在推行过程中，与机采棉相配套的品种、加工都未能及时跟上，导致新疆机采棉质量人为损失远大于美国机采棉，使得新疆机采棉市场竞争力下降。

3. 机采棉质量不佳

新疆机采棉质量表现不佳，使得机采棉目前只能做到"增效"，未能实现"提质"。随着新疆机采棉推广范围的扩大和时间变迁，新疆棉花质量指标均呈现一定程度下降，尤其是2009/10年度兵团机采棉大幅度推广以来，新疆机采棉面积由115666.67公顷增加至2014/15年度的453300公顷；但是新疆棉花质量呈现显著下降，如2008/09年度棉纤维长度为29.3毫米，而2012/13年度则降为28.1毫米；而其他指标如马克隆值、断裂比强度及长度整齐度也呈现一定程度的下降（见图5）。2010年年底，中纤局公检对新疆机采棉进行检验的结果显示在棉花长度方面，兵团棉花平均长度为28.09毫米，低于全国28.27毫米和自治区28.49毫米的平均水平，质量问题直接导致兵团棉花销售困难。

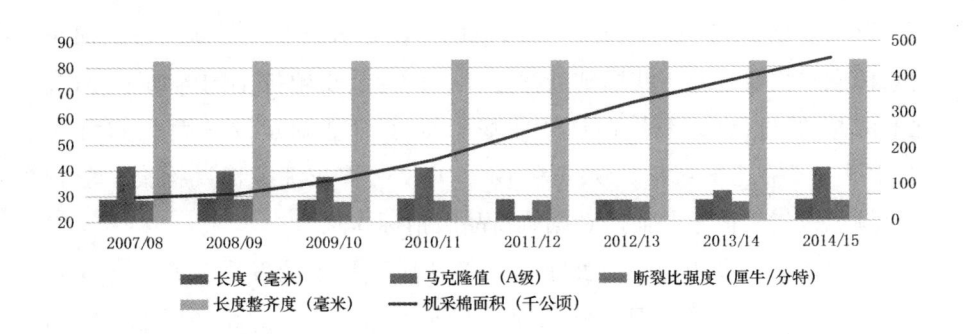

图5　新疆棉花质量及机采棉推广面积变化

资料来源：质量指标来源于中国棉花检验公证网及《中国棉花年鉴》，机采棉面积来源于《兵团年鉴》。

（四）棉花缺乏适宜质量检验标准

棉花标准制定缺乏市场整体合理性。在市场环境变迁过程中，我国棉花标准为了满足市场需求历经3次大幅度修改，分别是《棉花细绒棉》国家标准GB1103-1999取代了GB1103-1972；对GB1103-1999《棉花细绒棉》国家标准进行了修订，出台GB1103-2007；GB1103.1《棉花细绒棉》标准和GB1103.2《棉花细绒棉》标准，最终形成现阶段国家棉花标准，即形成了包括颜色级、纤维长度、马克隆值、断裂比强度和长度整齐度的相对完善的棉花质量评价指标体系。

第一次是在2001年8月3日发布实施的《棉花质量监督管理条例》中确定，推行棉花的强制性国家标准，《棉花细绒棉》国家标准GB1103-1999取代了GB1103-1972，主要针对我国1972年棉花标准的感官检验进行改善，引入马克隆指标，增加了定量检验的物理性指标。

第二次是在2007年根据国家标准修订计划和国务院批准的《棉花质量检验体制改革方案》的要求，中国纤维检验局牵头组织有关单位将GB1103-1999《棉花细绒棉》国家标准修订为GB1103-2007，并于2007年9月1日起实施。国标的修订对长度指标进行了重大修订，增加了适用于HVI（High Volume Instrument，即大容量快速棉纤维测试仪，简称HIV）检验的长度、长度整齐度、断裂比强度等指标，首次引入棉花色特征分级概念。

第三次是2012年11月21日国家标准化委员会发布了新修订的棉花国家标准，主要是鉴于我国细绒棉存在锯齿棉和皮辊棉不同的加工方式，之前的棉花颜色分级体系主要是基于锯齿棉基础建立，因此修订为GB1103.1《棉花细绒棉》标准和GB1103.2《棉花细绒棉》标准，前者采用颜色级指标体系，而后者则维持品级指标体系。

我国棉花标准变迁一方面是由于棉花质检技术的发展，另一方面是我国市场化发展需要，但是棉花标准变迁仍存在一定的路径问题，即棉花标准变迁未能逐渐向消费者倾斜，仍围绕在流通体系问题上。

在2012年以颜色级为核心的棉花质量指标检验体系改革之前，新疆以团场为核心的市场主体在市场竞争中依据现有棉花质量指标体系，逐渐形成了具有团场自身特色且较为适宜市场需求的"一试五定"的棉花质量检测体系。由于"一试五定"检验方法探索的成功，外加兵团团场在面对市场销售过程中对棉花质量自我监督，使得兵团棉花质量得到有效控制，新疆优质棉建设基地的市场声誉得到一致认可。随着临时收储政策的实施，由师一级收回棉花销售权力，也导致团场原先市场经营的自主权被剥夺，在此期间团场棉花全部上交至师部一级，由师部一级将棉花进行统一加工上交国储，已获得优于市场价格的政策福利，且未能使得临时收储政策大部分利益均分给各方,棉农也仅仅是获得了基本的利润。当前流通体制并没有增加棉农收益,棉纺企业生存也举步维艰,而兵团轧花厂从中获取大部分利益。

随着团场棉花自主经营能力被剥夺以及从棉花颜色级为核心的国家棉花标准修订,完全破坏了原先较为适合市场需求的棉花质量检验体系,这种强质性制度变迁使得我国棉花质量检验体制不再适合市场需求,导致了棉花质量的下降。而国家棉花标准最初改革目的则是同国际棉花标准接轨,试图以仪器检验取代传统经验检验,解决贸易检验和纺织配棉需求不一致问题。新国标试图分化各个指标之间的关联度,让市场各主体在交易中形成各个指标在综合质量中的权重,从而形成市场自己的综合价格,但是这种市场机制还未来得及形成,临时收储政策大范围、长时期的收储,并在收储中规定了自己的各个指标的权重,替代了市场各主体在交易中博弈形成的价格体系。而新国标却未能完全涵盖市场需求的各个指标,如异性纤维指标,就导致市场真正需求的棉花减少,我国棉花质量随着临时收储积累的量增加逐渐下降。

正是基于新国标的改革中的漏洞与临时收储政策的实施,使得流通环节发现通过混等混级将劣质棉花与优质棉花混合在一起,每包棉花的平均质量满足收储就可达到赢利的目的,于是市场上通过过度加工、混等混级的机会主义行为致使我国棉花质量不断下降。

随着我国棉花标准改革,GB1103.1-2012《棉花第一部分:锯齿加工细绒棉》首次引进棉花颜色级质量指标。该指标为借鉴美国棉花标准,依据棉花的黄色深度确定类型,通过类型和级别在颜色分级图中对应的区域确定棉花颜色级。虽然该指标从技术角度上讲比棉花原先品级指标具有先进性,但是却不适合我国国情,反而导致棉花质量信息传递不合理。原先以品级为中心的棉花质量衡量体系,是在市场中逐渐演变而成,品级往往能代表其他各项分指标如绒长、断裂比强度、长度整齐度等的优良;而颜色级指标在代表综合质量方面不如品级,如棉农可通过过度加工满足颜色级要求,这种过度加工往往是以棉花其他指标或内在质量损失为代价。

(五) 新疆棉花流通市场存在的问题

政府的宏观经济政策使棉花产业价值链利润分配在当前流通体制下并没有遵循马克思主义劳动价值论,当前的棉花市场并没有起到决定性的作用,经分析当前的棉花市场存在以下问题:

第一,现行的棉花流通体制弊端日益显现,收储政策造成市场僵化,种植环节在市场势力或交易谈判中处于弱势地位导致棉农利益被盘剥。收储政策导致国内外棉花差价悬殊,棉纺企业被迫围着棉花转圈,无法兼顾管理和产品研发,甚至有的棉纺企业参与转圈棉套利行为,不再关注棉纺织企业提升加工技术和质量;为满足棉纺企业生产需要,国家实行3吨国棉配1吨进口棉的配额政策,在消费疲软之际,出现棉花进口与库存同时创新高的不合理现象,最终影响棉农利益。

第二,2012年中储棉规定交储企业要具备400型棉花加工资格,改造一条具有大型打包机的加工线成本上千万元,如此高的资金投入,让许多中小规模或不愿意进行投资的轧花厂都放弃继续经营。符合交储资格的轧花厂则具有较强的价格谈判能力,在籽棉收购过程中压低价格,侵害棉农利益。

第三,扎花厂的经营主体数量庞大导致我国棉花流通市场混乱无序、产能过剩、哄抢棉花资源等问题较为严重。2003年新疆维吾尔自治区政府将轧花厂审批权下放到各地州后,各地纷纷招商引资,兴办棉纺厂,但据实地调研发现,以纺织的名义增设轧花项目的现象极为普遍,大量棉花经纪人在各地哄抢棉花资源,过度竞争导致过去棉花品级调节行为重复上演,各个扎花厂为了追求短期利润,将不同地区棉花相互掺杂提高整体品级,实现入储。

第四,随着中国人口红利逐渐消失,劳动力成本逐年上升,探索、推广低成本栽培模式对棉花产业持续发展有重要意义。新疆棉花种植规模大、种植区域较为集中,是发展机械化的优势之地。新疆兵团依托其经济体制优势,机采面积已达到种植面积40%—50%,农业生产第八师更是实现80%以上机采率。南疆的喀什、阿克苏地区由于经济发展水平较低,传统、落后的农业生产模式难以打破,劳动力转移困难,机采棉的推广受到极大限制。

（六）宏观政策对棉花流通的影响

棉花流通是棉花从田间生产到纺织消费的中间过程，包括棉花收购、加工及运输等环节。棉花流通的状况对棉花价格、棉农利益、棉花质量及纺织用棉等方面具有重要影响。在从计划经济走向市场经济的过渡过程中，我国针对市场价格波动造成的"棉贱伤农、棉贵伤纺"等问题，先后出台了棉花进口配额管理、滑准税、良种补贴和临时收储等一系列棉花生产扶持政策，但扶持政策不仅没有解决我国棉花产业安全问题，还进一步加剧了市场风险，导致我国棉花种植面积连跌、棉花质量下滑、市场动荡、巨额储备等一系列问题。在市场经济条件下，棉农应该是棉花产品市场的基本经营主体，但由于我国棉农种植规模小、经营分散、组织化程度低，无法将棉花加工成皮棉销售给纺织企业，只有将生产的籽棉交售给一些棉花流通加工企业，在籽棉交易的价格谈判中处于劣势地位，只能获得棉花生产领域的微薄之利，棉花收购加工企业却成了棉花产品市场的基本经营主体，棉花流通领域的市场利润被这些企业占有。虽然为保护棉农利益，我国出台了临时收储政策，但棉花收储是收购加工过的皮棉，而不是直接从棉农手中收籽棉，因此这并没有改变棉农和棉花收购企业的市场地位，棉农收益增长幅度大大低于棉花加工企业的收益。以 2011/2012 年度为例，棉农交售籽棉平均价格 7.7 元/公斤，棉粕 2880 元/吨，棉籽 1.37 元/公斤，棉短绒 7890 元/吨，加工成本 800 元/吨，每吨按 19800 元/吨交储，棉花加工企业每吨收益在 1000 元以上；而棉农种植成本每亩约 1500 元，每交售 1 吨皮棉农民实际收益 260 元。

随着棉花目标价格补贴及控制配额发放总量等配套政策的实施和整体推进，国内棉价理性回归市场，内外棉价差也已趋向合理区间，有利于纺织企业降低生产成本，从而扩大市场、增加出口、提高效益。在未来由市场调节资源的情况下，根据棉纺企业需求，整个棉花产业都将会产生一系列的变革，比如棉花从注重产量到关注质量、棉花加工企业进行技术改造等，这些都将为激发棉花市场活力注入新的血液。棉花市场价格正在从临时收储托市价格走向市场价格。过去，临时收储政策"调控价格"和"托底购销"的效果明显。从2011—2014年的籽棉收购价格来看，除2011/2012年度出现先降后升的波动外，棉花收购价格基本维持在高位稳定运行，2011/2012—2013/2014年度籽棉收购价格分别为8.40元/公斤、8.74元/公斤和8.90元/公斤。实行目标价格改革后，加工企业直接和纺织企业对接，皮棉市场买方和卖方数量众多，接近于完全竞争市场。皮棉价格开始由市场形成，植棉大户、轧花厂负责人每天关注国际美棉价格、国内郑棉价格，估算自己的收益损失，棉农通过各种方式沟通籽棉价格，籽棉收购价格也随着局地供求关系、国内外皮棉期现货价格同步波动。籽棉收购明显活跃起来，价格波动幅度已经超过每公斤1元，棉花购销各环节的协调运行机制逐步市场化。棉纺企业的收购价格也会与市场接轨，采购成本降低、资金压力减少，促使更多棉纺企业采购新疆棉花，大批棉纺织企业将受益于这项政策，使得企业的国际市场竞争能力提升，国内纺织服装行业经济效益得以回升。

三 新疆棉花产业发展对策与建议

（一）棉花市场产业补贴政策体系政策建议

历史上合同订购、计划销售、大规模临时收储政策及现阶段目标价格补贴等购销政策都是在保障棉农收入和产业供需调节基础上形成的，但是随着我国市场化程度不断加深，这种以价格和产量为导向的政策越发不适应市场环境，产量的不断增长导致生产成本的持续增长和质量不断下降，反而造成棉农和纺织行业及下游产业长期收益得不到保障。因此，完善棉花市场产业补贴政策体系和中储棉公司保障国内棉花供需的职能，才能保障我国棉花产业健康持续发展。

1. 构建高效的棉花流通系统

首先，构建高效透明产业监管体系。棉花流通市场的产业监管体系，需要一套从上到下的高效透明监管体系，培养一支专业的监管队伍或机构，在决策上增加棉农或团场职工参与和透明性，执法上加强权威性，加强现场督察和对违法行为的执法力度。国家要完善现有棉花产业检测的组织网络体系，加强现有棉花产业监管机构建设或人员的培训，对棉花产业进行长期观察，定期提供产业运行报告，建立信息反馈系统，以改革当前被动的问题导向的政策出台机制，缓解政策制定及出台的滞后性。加大棉花产业运行环境风险和安全控制措施研究，基于产业各方面科学数据与资料，设立专门课题，研究目前国内已经出现过的产业风险与控制措施，对未来棉花产业监管会遇到的风险，提供指导性产业安全控制措施，使棉花产业的运行环境风险降到最低限度。

其次，有效提升棉花储运效率。棉花经过采收、加工环节后就进入储运阶段，而棉花的移库发运、接收汇总和入库验收、把关等工作就构成了棉花储运系统。高效的储运系统不仅可以减少棉花流通过程中的成本，还可以降低棉花储运的风险。国家临时收储政策和新疆棉花专业仓储制度实施以来，新疆监管棉花总量巨大。高效的储运系统应当包括高效品质检验、专业监管仓库、专业棉花移库办事处等部门，协调处理棉花储运事宜。除此以外，在专业监管仓库部门相关事宜中还应当包含棉花仓储风险管理及灾害保险机构，用以应对临时的火灾等。专业棉花移库办事处除了对参与交易市场铁路移库业务的棉花，及时通过交易市场库存管理系统确认发运，并及时将相关领货凭证、铁路小票等邮寄给内地指定交割（监管）仓库；还需根据棉花调运总量统计新疆棉花主要流向。建立高效的棉花储运体系是一项系统工程，需要每个环节的紧密配合才能实现。

2. 加快棉花流通环节税制改革，减轻纺织企业压力

对棉纺织行业的税制改革。棉纺企业一直以来承受着增值税"高征低扣"给企业带来的额外负担，现行增值税制度属于"高征低扣"，制度规定棉花的进项税率为13%，棉纺产品的销售税率为17%，差额税费一直由企业自行承担，而这种"高征低扣"的税收政策对我国棉纺企业显然有失公平。同样，也不利于我国棉花产业中第二产业和第三产业相关行业的发展与转型，以及带动相关产业结构转型。棉花原料成本占棉纺织企业生产总成本的70%以上，削弱了企业的竞争力，因此建议完善农产品深加工企业税收政策，对棉花的进项和销项的税收一律按17%来执行，给予棉纺织企业"进项税和销项税对等"的税收政策。这样能给企

业带来接近3个百分点的利润,直接减轻企业的负担。国家为了鼓励和支持纺织企业的发展,应该适当降低纺织企业的增值税率,有必要尽快化解棉纺企业急需政策扶持与增值税上存在不公平待遇的矛盾,将棉纺企业从"高征低扣"的税赋中解脱出来,减轻企业税收负担至合理水平。

3. 构建切实有效棉农种植经营补贴政策体系

完善棉花市场的产业补贴政策体系应做到:首先,进一步完善农产品价格形成机制与财政补贴机制;其次,保证棉农利益;最后,促进当地棉花生产和相关产业可持续发展。

由于政府政策本身具有一定滞后性,一般为问题发生后进行研究出台相关政策,而我国的棉花收储政策出台时机也不可避免地滞后。新棉上市初期市场秩序较为混乱,籽棉价格的猛跌对棉农未来植棉积极性带来较大冲击,会产生一定的惜售行为,导致纺织企业对棉花需求造成一定冲击。由于市场形势瞬息万变,收储数量的确定缺乏对棉花供需形势的正确分析,收储量过大,后期市场棉花紧张,也对纺织企业用棉带来较大影响。上述两点让流通加工企业成为国家棉花储备政策的最大受益者,棉农和纺织企业并没有享受到实惠。最主要的原因是产业政策仍处在"头痛医头、脚痛医脚"的阶段,政策目标不清晰,缺乏政策出台预案,产业链各环节政策不协调。棉花收储政策拉动了后期籽棉价格上涨,虽然在一定程度上带动了农民植棉的积极性,但是政策制定必须考虑全局性和长期性,要建立完备的储备棉启动机制,切实发挥保护农民利益、平衡各主体利益的作用。

棉花目标价格改革试点完善了棉花价格形成机制,保护了新疆棉农的利益、稳定了新疆棉花生产,同时对下游棉花加工业和纺织业产生了积极的影响,对新疆社会稳定也具有一定的政治意义。但棉花目标价格改革试点也暴露了许多值得关注的问题,这些问题主要包括:首先,财政成本和风险巨大;其次,政策执行成本高昂(核查棉花种植面积和销售数量的工作量大),并影响地方各级政府的日常中心工作;再次,容易滋生腐败现象(比如难以避免"转圈棉"出现);最后,可能造成干群矛盾,成为不稳定因素。

目标价格政策的目标应以抵御市场风险为主,以促进农民增收为辅。

目标价格政策中的目标价格不宜采取"生产成本＋基本收益"的原则来确定，对拟实施目标价格政策的产品，目标价格应依据其长期价格变动趋势而定，主要目的是抵御市场风险。逐步建立棉花市场合理产业补贴政策体系，恢复棉花市场合理价格，在市场价格过高时补贴低收入消费者，在市场价格低于目标价格时按价差补贴生产者，切实保证农民利益。切实通过完善市场价格监测体系与信息搜集体系，保证在价格波动异常时启动相应合理产业补贴政策，而非发现价格异常波动影响产业健康发展时才引用应急式补贴政策；随着市场化改革的不断深入，现阶段农产品价格形成机制的改革重点是逐步建立农产品目标价格制度。

为稳定植棉户的植棉积极性，在兵团实施棉花直补政策时应该综合考虑棉花产量和质量，制定出一种既能稳定棉花种植面积，同时也能提高棉花质量的补贴方式，应积极争取国家按照兵团棉花种植成本制定棉花直补标准。由于种植面积和产量都存在难测定性，从实际角度讲，不宜采取"生产成本＋基本收益"原则。因此建议按购买的棉花种子来补贴，一亩地平均需要 6 公斤棉种，1 公斤种子建议补贴 20 元，这样直补 120 元/亩，以减少生产资料的投入费用来降低棉花生产成本。

除了国家收储和直补以外，还应从其他方面加大对主产区的补贴力度。争取国家对棉花种植的良种补贴、农机补贴、科技补贴、出疆棉补贴等。通过对生产环节的直接补贴和销售环节的最低价格收购相结合的方式来降低棉花价格。除直补以外还要加大对农机的补贴和科技的补贴，尤其是采棉机和相配套的机采棉加工设备的补贴力度。购置一台采棉机需要 150 万—200 万元，国家仅补贴 20 万元，补贴比重偏低，建议补贴金额提高到 50 万元；而一条生产线的投资在 1000 万—1200 万元，这些投资均由团场承担，国家对生产线的投资并无实质性的补贴政策，因此建议把技术改革所需的投入纳入补贴范围之内。同时，可以借鉴美国的补贴方式，探索和推广对棉花生产环节反危机补贴、无息或低息的产品抵押补贴，以增加对"绿箱"政策的使用程度，缓解"黄箱"政策带来的国际贸易冲突。切实降低棉花生产成本，实现整个棉花产业收益。此外，更为重要的是加强对补贴过程的监管和惩罚力度，使补贴的效果真正落到实处。

实施相机补贴机制促进竞争降低成本，必要的价格扭曲式补贴要按面积补贴，按产量补贴要体现优质多补、低质少补或不补，有效促进棉花成本下降，实现竞争性种植经营。针对新疆整体棉花质量下降，对兵团棉花质量差，可利用行政力量与经济补贴手段有效改善棉花品种多乱杂和轧花过程中的混等混级现象；而地方棉花品种小、多、乱、杂，难以避免轧花过程中的混级混品。可以考虑用行政手段强制县级主栽品种在3个品种以内，达不到目标，不予发放补贴。

同时，要转变当前收储价格，农业生产补贴政策体系，有效减少当前国际贸易约束力强的"黄箱"补贴政策，增加"绿箱"补贴政策的力度，从而有效降低我国不断高涨的棉花生产成本，增强棉农在市场价格波动中的收益稳定性、棉农参与市场竞争的积极性，通过不断改善棉花有效供给和价格管制扭曲，保障我国棉花产业链结构合理化的结构动态变动。

（二）构建切实有效棉花栽培体系补贴

首先，改革传统矮密早栽培模式。传统矮密早植棉模式在一定程度上缓解了我国棉花供需紧张关系，随着市场环境的转变，矮密早在产量引导下导致投入产出比逐渐不合理，最终导致我国棉花全要素生产效率低，未能实现资源优化配置。同时，在高产栽培目标引导下，棉花质量下降导致我国棉花有效供给更加紧张，导致国际进口棉花及棉纱进口冲击加剧。

其次，构建适应市场需求的棉花栽培体系。当前中国棉花栽培模式已经严重落后于国际棉花市场竞争，要清晰认识到我国棉花栽培体系不足以适应未来市场趋势。从国际市场竞争力分析来看，未来只有两类产品可以生存，一是优质高价产品（以美国SJV棉、埃及长绒棉为代表），二是机采为主的低成本、低价格的产品（以美棉、澳棉为代表）。要围绕当前两种具有市场竞争力的棉花产品引导当前棉花栽培模式，对当前已经得到推广的地区如北疆地区，调整当前高投入高产出模式，实现兼具竞争力和低成本优势，如减少单位土地棉株数目，减少、停止地膜覆盖，减少施肥数量，争取培植出最低成本、适当产出的棉花栽培模式；高端手采棉可适当在工业污染相对少的南疆宜棉区实验推广，借助低污染同时符合良好规范的农业模式下的高端手采棉栽培，形成较为完整的高端手采棉栽培技术集成，逐步推广开来。

最后，构建有效引导棉花栽培补贴体系。针对低成本机采棉栽培技术集成，要实施全程轻简化生产技术，从品种选用、种植方式、育苗移栽、田间管理、施肥、病虫害防治等环节形成适宜机采棉的栽培体系，并且形成轻便简化、节本省工、低成本高效技术集成，实现抗虫杂交品种、轻简化育苗移栽、免耕栽培、轻简化施肥、全程化学调控、简化整枝、全程化学除草剂抗虫棉病虫害综合防治的低成本机采棉栽培体系；并通过适当补贴促进技术创新形成与集成以及全面推广，促进机采棉栽培补贴体系的形成和补贴效果显著的资金使用体系。对于高端手采棉，要体现优质优价，因为合理的价格才能弥补我国不断高涨的人工成本，手采棉要选用适当宜棉区逐步实验，实现符合国际规范的良好农业规则下的高端手采棉栽培体系的形成，并逐步推广，形成区域品牌优势。

（三）解决棉花质检寻租与相关检验设备搁置的问题

在收储棉花质量检验过程中，存在个人寻租行为，当前棉花检验入库监管难以实现完备式监管。各地区具有棉花监管权力的内部人员为了争取棉花质检权这一权利"蛋糕"，争相要求轮流执权，出现新疆棉花由其他地区质检人员轮流检验的情况。我国现行棉花检验方式虽然已在很大程度上消除了传统人工辨别检验的成分，但是检验仪器选择和检验程序不规范，如质检仪器只能依靠享有国家发改委补贴的相关质检仪器，市场上相关仪器只得闲置，质检基础设施的重复购买造成一定程度上国家补贴费用的浪费；而各地区流动质检员在仪器质检过程中存在保密性，质量及程序未能得到公开透明的市场检验，使得棉花质检寻租空间放大，仪器对传统质检方式缺陷的修正被人为破坏，造成质检质量客观性差，质量严重下滑。这就导致了棉花检验执法者有很大的寻租空间进而形成道德风险，甚至在临时收储期间一度存在"转圈棉"套取国家补贴的现象，而在棉花市场上也传有"质检一年，车房全有"的口头禅。

因此，中储棉未能合理有效履行国家收储职能与棉花收储检验职能，反而促使棉花市场交易成本增加，棉花质量下降。同时，也未能合理利用现有市场中的棉花检验设备，造成过去国家补贴棉花检验设备闲置浪费。因此，应改革中储棉职能，修正政策导致中储棉公司给市场带来的额外交易费用，通过市场内部制度有效降低市场交易费用，充分利用市场内部检验设备，使得棉花质量在市场内部得到有效监管，有效提升棉花检验效率和检验质量。

中储棉棉花检验职能应回归市场机制，专注于收购棉花抽检制度，将其部分或全部棉花质检职能转交与第三方专业机构，针对收购棉花合理化抽检，以此解决棉花检验过程中的个人寻租问题。棉花检验要求第三方服务专业化机构具有全程追溯跟踪质量系统，棉纺织企业在销售过程中遇到真实质量与检验质量不符，可由中储棉进行协调，若协调未达成一致，可由纤维检验局对棉花检验质量出具适当证明或进行协调，以供双方准备法律诉讼业务相关材料，最终形成具有法律约束力的棉花质量检验系统，有效遏制棉花质检过程中的委托代理问题，保障我国棉花质检系统准确性。而市场中其他棉花交易和检验回归市场，只要供需双方对棉花质量满意即可，若存在质量检验争议，可交给相关仲裁机构处理，通过市场约束和法律约束保障市场运行。

（四）新疆棉花栽培模式优化设计

前面提到过，从国际市场竞争力分析来看，未来只有两类产品可以生存，一是优质高价产品，二是机采为主的低成本、低价格的产品。围绕两个目标全力打造、优化两个种植模式，即高端手采棉花种植模式和以机采棉为核心的低成本棉花种植模式。

1. 机采棉栽培模式优化设计

我国"矮密早模式"已不适应现阶段市场环境。一方面，与常规棉矮、密、早种植模式相比，杂交棉宽行稀植模式管理上省工、省时且机采棉质量明显提高，具有较大的推广应用前景；另一方面，采用宽行稀植76厘米等行距的机采模式，提高用种效率。近10年的试验示范结果表明，在新疆棉区苗期若遇到冻害和风灾，棉苗在6万株/公顷以上时，可以不重播，不仅节省了播种费用，也延长了棉花的结铃期，棉花增产增效显著。

机采棉目标定位为保障基本质量下成本最低，可通过减少投入，从良种选择、地膜覆盖、播种保苗、合理密植、简化整枝、棉花施肥、抗旱与排水、采摘方面形成最低成本导向的棉花栽培种植技术集成。对机采新品种研发、栽培管理、灌溉、脱叶催熟、储运、轧花等技改项目进行投入，引导机采棉生产体系走向成熟。一方面不仅要加强政府对各方面技术创新引导，对非经济技术进行补贴；另一方面要从棉花生产资料进行适当补贴，降低机采棉生产成本，通过补贴逐步形成一套完整的低成本棉花栽培技术。同时，以机采棉为核心的低成本棉花必须加强质量优势，否则即使成本低也难以得到市场青睐。

2. 手采棉栽培模式优化设计

高端手采棉模式还有待进一步探索。优质高价手采棉不仅需要质量优势，更需要良好的农业种植管理模式，才能实现具有真正品牌特征的高端品质手采棉。具体应从以下三方面考虑。第一，土壤。通过适宜的土壤管理增加土壤生物活动，补充土壤有机质和土壤水分，尽量减少土壤、养分和农业化学物因侵蚀、径流和淋洗而流失到地表水或地下水中，改善水和养分的供应及植物的吸收，保持和提高土壤生产率。第二，水。探索尽量增加小流域地表水渗透率和尽量减少无效外流的方法，通过适当利用或需要时避免排水来管理地下水和土壤水分，改善土壤结构和增加土壤有机质含量，利用避免水资源污染的方法使用生产投入物，包括有机、无机和人造废物或循环产品；采用监测作物和土壤水分状况的方法精确地安排灌溉，以及通过采用节水措施和可能时进行水再循环来防止土壤盐渍化。第三，其他相关良好农业管理模式。

针对高端手采棉，要充分挖掘南疆工业低排放地理环境优势，选择宜棉区进行试点，通过技术和投入实验与创新，逐步形成适宜南疆的高端手采棉完整栽培技术，并进行一定程度的推广；在改善南疆生态环境的基础上增加农业从业人口收入，从而实现产业稳疆的长远目标。

（五）新疆棉花生产基本经营制度优化与创新经营主体

新疆是我国棉花主产区，新疆棉花产业的稳定发展对全国的棉花市场供给有重要意义。在国家三年临时收储政策、棉花贸易政策、税收补贴政策、基本农业经营制度等因素的影响下，新疆棉花产销体系迫切需要顺势改革优化。新疆要因地制宜推广不同类型、更具市场竞争力的棉花生产经营主体，切实保障新疆优质棉基地和主产区地位稳定发展，保障我国棉花产业安全水平上的棉花供给。

1. 新疆地方大力推广规模化"家庭农场"

农地制度的变迁和农业经济组织形式的不断演变，促成了家庭农场的产生。2013年中央一号文件提出，"鼓励和支持承包土地向专业大户、家庭农场、农民合作社流转"，"家庭农场"概念首次在中央一号文件中出现。南疆主要植棉区多为少数民族聚居地区，由于南疆远离中心市场，市场化进程发展缓慢，使得传统种植观念较强。虽然基本农地制度在地权稳定方面给农民带来一定的公平性以及达到预期水平的相应回报，但这种小农式经营，使得南疆棉农习惯将劳动力束缚在仅有的十几亩地上，劳动潜力未能得到有效发挥，导致劳动生产效率低下。近些年植棉成本不断攀升，小而分散的生产种植模式严重限制甚至阻碍了先进生产技术的推广。"家庭农场"意味着适度规模经营，现代化生产要素的不断投入以及劳动力的释放，使得劳动力能够放在市场经营中发挥作用，同时适度规模经营在市场中具有一定谈判优势，使得棉花生产和经营具有现代化公司治理特征，在市场竞争中不断优化自身资源配置，以达到近期和远期利益最大化的均衡式发展。

推进土地流转制度改革，促进农业现代化发展。种植面积对棉花全要素生产率的提高有显著影响，我国人多地少，小规模经营不利于机械化的实现，风险分散能力弱，棉花市场交易成本高，难以实现规模效益，小农经济制约了农业现代化发展。为了进一步提高我国棉花全要素生产率，应深化棉花供给侧结构性改革，加快土地经营权有序流转，发展适度规模经营，并加快棉花产业结构调整，优化资源配置，稳步退出次宜棉区、风险棉区和低产棉区，充分发挥区位优势，提高棉花规模化、集约化和组织化程度。

棉花生产机械化是棉花生产现代化的基础，现有的小而分散的以家庭为基本经营单位的生产模式不能适应大型机械化作业。所以在种植环节应该大力推广"家庭农场",实现棉花的适度规模化种植,提高劳动生产率,降低生产成本,实现规模效益。通过土地流转、转置或农业合作组织等形式,促进棉花种植适度规模形成,对需投资的现代化农业设备,加大对其生产质量或生产成本相关补贴力度,通过现代农业设备有效节约劳动力,使得棉农有更多精力参与到棉花整体生产经营过程中,而不是棉花种植过程中,也可促使更多劳动力向以服务业为主的第三产业转移。

2. 大力推广棉花标准化生产,保障棉花品质一致性

推广棉花标准化种植经营,切实保障棉花品质一致性。在棉纺织企业考核棉花质量过程中,棉花品质的一致性问题尤为突出,在突出低成本、高性价比的机采棉推广过程中,棉花一致性问题得到进一步凸显。标准化是指运用"统一、简化、协调、优选"的原则,对生产产前、产中、产后全过程,通过制定标准和实施标准,促进先进的农业科技成果和经验迅速推广,确保棉花品质一致性。

机采棉标准化。第一,我国当前缺乏针对机采棉的相应品种,多是借鉴已有传统品种进行改良,未形成整套机采棉品种体系。第二,虽然新疆机采棉技术较为成熟,但是机采棉相应配套生产经营标准不适宜,多为借鉴手采棉标准,导致短绒率高、含杂量大、棉结多,品质低导致纺织企业不愿使用,销售价格低。第三,机采棉是一个系统工程,机采棉品质的提高牵涉品种、种植模式、脱叶、采收、运输、喂入、清理、加工等技术的协同作用,目前相关配套技术和标准并不完善。第四,机采棉棉种问题决定机采棉后续生产与品质相关标准未能得到统一和有效推广。

手采棉标准化。第一,高端手采棉在生产环境和生产过程两方面的标准未得到统一,很大程度上借鉴国际良好农业规范原则,未能因地制宜本土化,发展符合本国国情和适应国际标准的高端手采棉标准。第二,高端手采棉标准在市场推广力度不足,致使高端手采棉市场规模未能得到拓展。第三,高端手采棉后续深加工等配套标准有待完善。

政府主导的标准化面临着一些实质性的问题:由于对农业标准化的内涵、标准化对农业现代化的作用机制等方面的认识还不够系统、深入,

从而导致农业标准化定位不明确（主抓棉花产量而忽视标准化促进市场流通的作用），实施推广模式单一（重视基地和检测机构建设，而棉花小农式农户参与程度低），实施效果不显著（仅在机采棉推广等方面有些成绩，而多部门协作中机采棉整体配套技术不足矛盾突出），作用发挥不充分（没有注意到标准化对棉花产业链发展其他方面的重要促进和协调作用）等。

各级政府在棉花标准制定和推广过程中实现职能分工。中央政府负责棉花质量监督管理，仅对产品负责；而棉花生产、质量保证归地方政府负责，便于因地制宜，提高农业标准化推广效果。政府要坚持对棉花质量管理的长期监督，将质量管理交由市场负责，而不是参与棉花质量具体管理。对棉花质量的监测由中央政府委托检测机构进行，并负责市场交易过程中棉花交易质量与标准不符的处理。

借鉴国际经验，探究低价机采棉和高端手采棉质量分等分级方法，探索由市场主导、政府为辅制定的适合我国棉花供给能力和满足棉纺织企业需求水平的棉花质量分级依据。对具有市场竞争力的低成本机采棉和高成本手采棉质量标准开展深化研究，推广适宜我国当前棉花质量标准，并实现向国际化生产标准化动态并轨的质量标准规划。

（六）新疆棉花流通体制的优化设计

研究通过实证测算当前我国棉花产业安全范围，结合当前棉花产业链利益分配格局的分析，再根据当前棉花贸易政策对棉花产业的影响等诸多实证分析提出优化的新疆棉花产销体系。通过构建具有竞争力的寡头垄断经营主体和竞争性市场环境，实现高效棉花流通市场。

1. 构建竞争有序的籽棉流通市场

自 2011 年国家对棉花实行大规模敞开收储政策以来，就规定收储对棉花质量的要求为当年生产加工并经仪器化公证检验的锯齿细绒棉，由具有 400 型棉花加工资格的棉花企业直接交储。所以交储企业要具备 400 型棉花加工资格，而改造一条具有大型打包机的加工线成本上千万元，如此高的资金投入，让许多轧花厂都放弃继续经营。符合交储资格的轧花厂则具有较强的价格谈判能力，在籽棉收购过程通过扣水、扣杂压低价格，侵害棉农利益。废除轧花厂收购加工资格认定行政许可，由市场实现资源合理配置，让部分资本实力雄厚、有社会责任感的企业不断成长，以形成竞争有序的籽棉流通市场，让棉农在出售籽棉时有更大的选择空间，择价而售，进而获得较为公平的利润。

2. 构建寡头竞争性流通企业经营主体

新疆地方与兵团拥有不同的管理体制，所以在棉花收购、加工环节也完全不同，在地方的棉花收购环节有大量的棉花经纪人（俗称"棉花贩子"），在棉花市场价格高时棉花经纪人在各个棉区收购棉花，由于管理不规范或市场对分类管理激励不足以弥补成本，常常导致将品质不同、等级不同的棉花相互掺杂以获得更高收益，而棉花价格过低时，棉农的棉花便面临"难卖"的问题；在兵团则是由团场统一收购，大大降低了棉农的种植风险。所以要在棉花收购、加工环节废除准入机制，培育资本实力雄厚、社会责任感强的企业，形成竞争有序的籽棉流通市场。推动轧花与生产融合，轧花企业只收取轧花费用，而皮棉产权归生产企业或农业合作社。

促使兵团棉花生产与轧花厂融合，保障棉花质量提升。兵团现阶段棉花收购为强制性由师一级单位统一收购，使得棉花生产与销售脱节，棉花质量监管内部激励削弱，职工生产不能得到质量的市场租值。而各师对团场棉花质量监控难以实现完备性监控，职工为了追求计划经济下利润最大化，只能转向以产量为主的利润获取路径。因此，必须转变兵团现有棉花产销分离机制，促使兵团棉花产销融合，使得团场具有生产与销售经营权利，才能实现棉花生产内部激励，棉花质量得到有效提升，团场也能够得到质量提升后的利润提升。师部一级可提供与市场相同的专业销售服务，使得团场具有选择和退出权利，才能促进兵团棉花质量提升及棉花流通领域效率提高。

促使新疆地方辛迪加式寡头竞争市场主体形成，提高新疆流通体系效率。当前新疆地方棉花流通领域进入门槛较低，常常导致棉花供需紧张阶段过度竞争问题，在收购过程中人为棉花品级调节投机行为泛滥，导致棉花质量管理混乱，难以得到有效管制。第一，提高新疆地方流通经营主体门槛，严格控制新疆棉花流通资格证发放，使得具有三年以上从业经历并具有一定规模的棉花流通企业进入；第二，构建具有寡头竞争的市场竞争环境，保持一定的竞争性，使得棉农有选择和退出的市场机制，促使企业间良性竞争；第三，促使辛迪加企业组织形成，使得各个棉花流通经营主体在棉花采购和销售方面及法律上仍然保持自己的独立性，但是放弃商业上的独立性，棉花销售商品和原料采购由辛迪加总办事处即政府棉花销售平台统一办理。但是在辛迪加组织内部的各个棉花流通领域经营主体间存在着争夺销售份额的竞争，保证市场竞争活力，促进市场良性发展。

3. 构建有序高效棉花加工环节制度

转变轧花企业经营主体的角色。推动轧花与生产融合，轧花企业只收取轧花费用，而皮棉产权归生产企业或农业合作社。严格监督轧花企业实施"一试五定"，确保在减少人为干扰因素下棉花检验"一试五定"的技术与制度创新，提高棉花质检效率与质量，防止技术的创新被人为因素损害，造成零和博弈、均衡效率提升的局面。完善皮棉检测责任追究机制，一方面建立健全棉花质量投诉制度，确保棉花检验可置信承诺强度，使得质检人员的寻租行为得到有效遏制；另一方面对二次抽检结果不符的责任人严格追究。增加免检技改和人员投入，确保检验高效及时。

推动棉花加工环节转化为向棉农或棉农合作社提供加工和检验的社会有偿服务，棉农可通过这种服务质量的好坏进行选择。棉花在从采摘至纺织厂的时间段内所有者保持不变，中间服务由专业服务商提供，建立健全棉花质量追踪体系，一旦质量与质检结果不符，棉农可通过质检相关结果诉讼至棉花检验局进行仲裁。

十八大以来新疆新兴旅游产业发展研究

——以东天山北坡草原生态旅游发展为例

张彦虎[*]

一 引言

新疆是我国第二大草原资源省区，全疆草原面积5730万公顷，占新疆土地面积的34.3%，其中可利用面积4800万公顷，占新疆绿洲面积的87%。同时草原畜牧业贡献了全疆70%以上的畜产品。[①] 此外，草原还是新疆绿洲水资源重要的补给区和调蓄区，发挥着极其重要的生态调节功能。因此，草原在新疆整个国民经济和农牧民的生产、生活中具有非常重要的作用。但是，由于种种原因，目前新疆的主要草原——北疆草原却在发生不同程度的退化，草原生态环境"局部改善、整体恶化"的趋势仍然没有得到扭转。[②] 而随着草原的持续退化，不仅将导致荒漠化，降低草产量和生物多样性，还将增加沙尘暴的发生[③]，最终将严重影响牧民的生产生活、草原的可持续发展利用和区域生态安全。对此，只有转变

---

[*] 张彦虎，博士，石河子大学兵团屯垦戍边研究中心副教授，硕士生导师。

[①] 沙吾列·阿巴依汗：《新疆草原退化原因分析及治理建议措施》，《新疆畜牧业》2012年第10期。

[②] 杨齐、赵万羽等：《新疆天山北坡荒漠草地退化现状及展望》，《草原与草坪》2009年第3期。

[③] Tong C, Wu J, Yong S, Yang J, Yong W (2004), "A landscape-scale assessment of steppe degradation in the Xilin River Basin", *Inner Mongolia*, China [J], Arid Environ 59: 133 – 149.

北疆草原经济发展方式，改变以往主要依靠增加牲畜量的单一经济增长模式，才能解决草原严重超载过牧和草原退化的问题。

草原生态旅游作为新兴的具有丰富文化和地理内涵的草原可持续产业发展模式，具有保护草原生态、传承与交流民族文化、促进牧民增收、带动地区经济发展的多重功效。因此，发展草原生态旅游产业是实现当前草原牧区加快经济发展和保障当地生态安全的有效途径。同时，还可以综合发挥当地草原休闲、观光、娱乐、美学等功能价值，减少资源的消耗性利用，实现草原资源及其生态环境和民族文化的有效保护，增加农牧民收入，实现草原资源的可持续发展和综合利用。① 在国外，随着生态旅游的迅猛发展，在一些国家景观旅游收益已经接近农业总产值的一半。② 而世界旅游组织《2020年国际旅游业展望》预测指出，对异域文化的了解和崇尚生态旅游是21世纪旅游的主要趋势。③ 因此，拥有丰富多样文化和独特绚丽自然风光的北疆草原，加快发展生态旅游产业正当其时。同时，这既是在新时期转变草原经济发展方式，提高牧民生活水平、实现草原永续利用和保障区域生态安全的重要手段，也是落实习近平总书记绿水青山就是金山银山、统筹山水林田湖草系统治理理念的必然要求。

二 东天山北坡草原的基本概况

东天山北坡草原位于我国新疆维吾尔自治区境内天山北坡东部，是北疆草原的重要组成部分，并且以其独特的自然风光、深厚的历史文化底蕴和多元交融的草原民俗风情著称于世。首先，从自然景观上来看，东天山北坡草原与其所在的天山在景观上交相辉映、浑然一体。而天山

---

① 杨光梅：《草原牧区可持续发展的生态经济路径》，《中国人口·资源与环境》2011年第S1期。
② 杨富裕、陈佐忠、张蕴薇编著：《草原旅游理论与管理实务》，中国旅游出版社2007年版，第1页。
③ 张坤：《我国发展草原旅游的意义及草原旅游产品开发类型探析》，《现代经济信息》2011年第22期。

作为世界著名自然遗产和全球温带干旱区最大的山系,在景观美学、生态过程与生物多样性等方面都具有世界顶级品质和全球突出独特价值。因此,依托天山的全球独特景观价值及其世界影响力,将使东天山北坡草原在自然景观以及生态旅游知名度提升上受益匪浅。其次,东天山北坡草原地处北温带山地草原草甸地带,由于天山山区小气候以及冰雪融水的滋润,当地气候相当湿润,温度清爽宜人。在优越适宜的气候条件下,当地形成了森林、草原以及二者过渡交错的错落有致、层次分明的复合草原植被景观类型,造就了世界草原中组成最复杂、景观最绮丽、生态最适宜、自然风光最迷人的草原风貌。再加上变幻莫测的天山雪山云海冰川河谷等自然奇观,以及不同季节、不同时段草原风貌的多样绚丽变化,都为当地发展草原生态旅游提供了绝好的自然生态景观基础条件。

具体来看,东天山北坡草原又可以分为东部的大沟黑沟草原和西部的江布拉克—万泉草原。其自然景观又各有特色。东部的大沟黑沟北坡草原山川秀丽,茂林成荫,绿草如织,风景宜人,气温常和。再加上塔塔尔族独特的民族文化与特色饮食、手工艺品,使当地具有发展民族特色生态旅游的巨大资源潜力和优势,是理想的发展民族特色生态旅游的场所。而西部的江布拉克—万泉草原,这里自然风光得天独厚,山清水秀,风景秀丽,堪称人间仙境。当地有风光秀丽的中葛根河三峡、雄伟壮观的天山石林、古老的唐代仙人洞、险峻的石门,还有与沈阳"怪坡"齐名的天山怪坡……雪峰、群山、林海、山泉、湖泊、草地,这些都为当地发展观光休闲生态旅游提供了优越条件。

再次,从人文景观上来看,无论是东部的大沟黑沟草原还是西部的江布拉克—万泉草原,都具有深厚的历史文化底蕴和多元交融的草原民俗风情。特别是东部的大沟黑沟草原,是我国独具特色的塔塔尔族在乡村的主要聚居区。1830年,第一批塔塔尔人从西伯利亚迁至我国新疆的阿勒泰地区。20世纪初,进一步迁徙至奇台县和吉木萨尔县交界的白杨河两岸大沟黑沟牧场。[①] 因此,具有独特民族文化和异域风情的大沟黑沟

[①] 张彦虎:《塔塔尔族聚居区生计转型与可持续发展研究》,《新疆财经》2011年第3期。

塔塔尔族草原，具有开发和发展人文景观生态旅游的巨大潜力和优势。而在江布拉克—万泉草原，当地拥有以天山古堡疏勒城、哈萨克族草原文化等为代表的深厚历史文化底蕴和多元交融的草原民俗风情。这些都为当地发展观光休闲生态旅游增添了丰厚的历史文化气息和草原文化底蕴。

最后，从地理区位和交通上来看，东天山北坡草原位于新疆维吾尔自治区东北部，东邻巴里坤、哈密连接内地，西接阜康联通首府乌鲁木齐。东距哈密400余公里，西距乌鲁木齐100余公里，境内有吐（吐鲁番）—乌（乌鲁木齐）—大（大黄山）—奇（奇台）高速公路、国道312、省道303等连接东西，交通十分便利，地理区位相当优越。同时，近年来，在国家对口援疆等政策的大力扶持下，以天山北坡经济带为代表的天山北坡经济发展十分迅猛。例如天山北坡经济带不仅聚集了全疆60%左右的经济生产总量，是新疆地区经济、社会、科技发展的重心，而且也是国家确定的重点发展区域核心综合经济带。因此，天山北坡已成为新疆地区最具发展潜力和发展前景的区域。这就为当地东天山北坡草原发展生态旅游产业打下了坚实的经济基础。例如，位于当地中心位置的奇台县正在着力打造天山北坡东部区域中心城市和新疆历史文化旅游名城。[①] 这些都为当地进一步发展草原生态旅游奠定了坚实的物质基础。

三 东天山北坡草原发展生态旅游的有利因素分析

由上文可见，东天山北坡草原不但拥有得天独厚、绮丽多姿的自然风光，以及依托天山世界自然遗产的巨大优势，而且还有塔塔尔族、哈萨克族等多元民族文化风情以及天山古堡疏勒城等为代表的悠久历史文化遗存，这些都为当地发展特色生态旅游奠定了坚实基础和良好准备。因此，只要运作得当，科学布局，充分发掘当地的巨大旅游资源潜力和优势，就可以将当地的资源优势转化为经济优势，达到转变草原经济发展方式、促进牧民增收、实现草原保护和文化传承交流的多重效果。

---

① 参见奇台县人民政府网（www.xjqt.gov.cn/）等网站公布的相关资料。

1. 草原景色优美，风光绮丽：推动生态旅游发展的良好自然景观因素

东天山北坡草原不仅拥有优美的草原风光，而且具有依托世界自然遗产天山独特景观和品牌价值的巨大优势。当地草原风光与天山景观交相辉映、浑然一体，形成奇特变幻的自然风貌和绮丽多姿的景观风光，将吸引国内外大批观光、休闲、探险、摄影等爱好者前来。例如东部的江布拉克草原著名的天山奇幻雪山云海、千年遥望的"天山夫妻"树以及一万泉的天山怪坡响坡等景观，都是吸引摄影爱好者、驾车族以及情侣的绝佳旅游观光名胜。此外，东天山北坡草原还有异常丰富的珍贵动植物资源和特色美食，例如当地不仅有雪豹、黑熊、雪鸡、野鸭等野生动物，以及雪莲、贝母、阿魏、党参、甘草、天山大黄、麻黄等药用价值极高的药用植物和天山云杉茂林等景观，而且还有营养丰富、纯天然绿色的众多野菜佳肴，如野葱、蒿、野蘑菇、野苜蓿、荠菜以及羊肚菌、鹿茸菌、松树菌等，再加上当地塔塔尔族、哈萨克族的特色饮食如手抓羊肉、风干马肉、熏马肠、奶酪、奶茶等，这些都将为当地发展特色生态旅游及餐饮服务提供绝好条件，有利于做大做强当地草原生态旅游和餐饮服务业。

2. 历史文化深厚：支撑生态旅游发展的重要历史人文因素

东天山北坡区域内的奇台、吉木萨尔等都是著名的历史文化名城，境内历史文化古迹众多，文化积淀深厚。而生态极佳的东天山北坡地带，历史上很早就是中原王朝屯戍西域以及游牧民族向往的家园。例如著名的天山古堡疏勒城就坐落于此，西汉大将耿恭曾率三百汉军在此屯驻并击败两万匈奴大军，造就了历史上以少胜多的经典之战——疏勒城保卫战。此后，众多游牧民族如回鹘、契丹、蒙古、塔塔尔、哈萨克等都曾在这里驻牧蕃息，留下了丰富的草原多元民族文化遗产。这些都为当地发展特色生态旅游提供了重要历史人文支撑。例如当地塔塔尔、哈萨克牧民极富民族文化内涵，做工精巧的特色手工艺品，既是草原民族文化的重要象征，也将在提升旅游纪念品品位、开拓壮大旅游纪念品市场方面发挥重要作用。同时，还可以促进牧区就业和提高牧民的生活水平。旅游业以及手工艺品制作都属于劳动密集型行业，研究表明，每增加1名

旅游从业人员能为社会提供5个就业机会。① 而手工艺品的制作与销售不仅可以吸纳大量牧民的参与，解决就业和多元增收，还可以起到促进当地草原民族文化与外界互动、交流和文化互信的效果，从而促进多元民族文化的交融与沟通理解。此外，天山古堡疏勒城等历史文化遗存既可以增加当地草原旅游的历史人文气息，增强历史厚重感和文化底蕴，还可以开阔游客视野，吸引专家学者等高层次游客前来研究、思考、休憩，开展相关学术度假。

3. 政策扶持：助力生态旅游发展的强大推力

任何产业的发展都需要必要的基础设施条件和强有力的推动力保障。东天山北坡草原生态旅游产业的发展也不例外。作为新疆草原的重要组成部分和哈萨克、塔塔尔等少数民族的聚居区，当地的基础设施建设和发展长期受到国家的高度重视。中华人民共和国成立以来，我国先后出台了一系列扶持民族地区发展的财税、贸易、金融、扶贫、对口支援与扶持人口较少民族发展等政策措施，有效推动了民族地区的基础设施建设和经济发展。新的19省市全面对口援疆实施以后，尤其是党的十八大以来，新疆各民族地区的交通、水利、住房等基础设施建设更是力度空前，这些都大大推动和促进了东天山北坡草原牧区经济的发展和交通、水利等基础设施的改善。为当地发展生态旅游提供了重要基础设施和交通条件。此外，在全国援疆的强力支持下，从2011年起，新疆开始全面实施草原生态保护补助奖励机制。作为重要水源涵养地和草原保护区的东天山北坡草原可以获得每亩禁牧补助每年50元。这就为当地牧民转变发展方式，积极参与发展生态旅游提供了有效激励。

同时，随着全国对口援疆政策的全方位推行，给东天山北坡地带的经济发展、产业升级、转变经济发展方式提供了强大推力。也为当地发展草原旅游、壮大生态旅游产业注入了新的资金来源和活力。例如，当地借助全方位援疆政策实施的有利时机，通过大力招商引资等措施，吸引了大量资金和企业投入草原旅游产业开发，有效促进了当地草原旅游

---

① 杨智勇：《草原旅游发展对牧区社会经济影响的研究——以内蒙古自治区锡林郭勒盟为例》，《内蒙古财经学院学报》2008年第6期。

基础设施的建设和景区项目开发。例如，2012 年仅在江布拉克景区就投入 1.79 亿元，建成了一批重要旅游项目和配套设施，如表 1 所示。①

表 1　　　　　　　　　江布拉克景区建设情况

景区建设项目	数量	投资金额（万元）
怪坡、景观墙、休息廊厅	5 个体验坡道	700
门票大厅、停车场	各 1 套	80
星级厕所	4 座	112
草原聚落	60 户	1280
道路改造工程、牵马、餐饮等合作社	29.8 公里，合作社多个	5500
景区区间车	22 辆	1000

4. 民族融合：保障生态旅游发展的良好社会文化条件

民族融合为塔塔尔族、哈萨克族牧民参与乃至主导当地草原生态旅游发展提供了强大的社会文化支持。塔塔尔族、哈萨克族等草原民族所具有的开放、包容性格，以及在长期的草原游牧生活中所形成的"天人合一"价值观，具有人与自然和谐共处的典型特征。而这与发展草原生态旅游、实现草原保护和永续利用是基本一致的。同时，当地塔塔尔、哈萨克族牧民，在保留、承袭、发展本民族固有文化的基础上，长期以来通过杂居、互助、贸易、通婚等形式不断吸收维吾尔、汉、回等民族的优秀文化，在经济、文化、社会组织结构等方面的融合不断深入。由于长期与回族、汉族等杂居互动，所以汉语言亦为塔塔尔、哈萨克族所使用。社会学家把族际通婚视为民族关系融洽和谐所带来的结果。② 塔塔尔、哈萨克等族际通婚的逐步增加增进了民族间的交往和友谊，促进了民族关系的进一步融洽。通过族际通婚大大增加和深化了民族间的相互

---

① 何颜、李海涛、王寿江：《江布拉克景区着手冲击 5A 级》，《都市消费晨报》2013 年 1 月 18 日。

② 何俊芳：《赫哲人的族际婚姻——关于同江市街津口赫哲族乡赫哲人族际婚姻的典型调查》，《中央民族大学学报》（哲学社会科学版）2004 年第 2 期。

学习、交流。因此，当地牧民所具有的民族融合特性，所掌握的多民族文化、语言技能，以及所学习吸收的多种文化工艺等，都将为其参与开展生态旅游、做大做强旅游产业提供良好的社会文化支持和全面支撑。

四 东天山北坡草原发展生态旅游的现实困境分析

虽然东天山北坡草原具有发展生态旅游的诸多优势，但其存在的现实困境也不容忽视。首先，从当地牧民的参与能力与途径来看，由于多种因素的影响制约，当地牧民仍然受到传统生计方式等的严重束缚，缺乏参与生态旅游的相应能力和多种途径。这是因为，一方面，长期以来，哈萨克、塔塔尔等族牧民依靠天山优越的自然资源发展了传统的牧猎生计方式和族群文化。而这种生计方式由于以单一的畜牧和狩猎自然经济为特征，缺乏强烈的市场意识和产业发展观念。因此，在市场经济迅速发展的当前，当地牧民这种长期与现代市场缺乏交流、信息闭塞的状况，必然严重影响到其参与生态旅游、开拓旅游市场的能力。另外，即使当地牧民具有参与生态旅游的积极性，其参与途径也较为有限，只能通过如家庭自营型食宿接待、牧家乐经营、土特产品或工艺品的手工加工与销售等有限小规模的形式参与其中。而这种小规模自发组织的经营形式由于受高季节性市场需求的严重制约，其抗风险能力和经营利润水平十分有限。[1] 因此，也必然造成其对发展生态旅游产业缺乏信心和积极性。总之，由于受到参与能力和参与途径的影响制约，当地牧民参与生态旅游的积极性、主动性很难在短期内得到提升。而缺失了他们的积极参与，当地的生态旅游发展也就失去了意义和目标。

其次，发展生态旅游需要交通、通信、食宿、景观设计等投资巨大的前期基础设施作为保障，还需要旅游市场的大力开拓、品牌的精心打造。对此，当地政府通过招商引资的经营方式来解决上述问题。但随着外部企业的投资进入与承包乃至垄断经营，当地牧民参与发展旅游产业

---

[1] Sharpley R, Vass A., "Tourism, farming and diversification: Anattitudinal study", *Tourism Management*, 2006, 27: 1040-1052.

的机会将大大降低，其至被排斥在外。成为当地旅游产业发展的牺牲品。而缺失了当地牧民参与和独特民族风情的草原生态旅游，其竞争力和可持续发展能力都将大打折扣。例如，外部企业在旅游开发中的短期行为有可能造成当地自然遗产地的"公地悲剧"，而只有当地社区自我组织和自治的多中心制度才是更为有效的遗产地旅游开发保护制度安排。[①] 但是，当前在东天山草原牧区还远未形成这样的制度安排。此外，由于受传统生计方式等因素的影响，当地牧民在短期内很难迅速理解和掌握发展旅游产业的现实作用和相关技能。同时在前期投入、物品采购、旅游服务、工艺产品销售等方面缺乏经验和相关市场知识，极可能在市场经济条件下的交易与竞争中处于相对弱势的地位，造成成本上升，而收益严重受损的状况。另外，则可能出现恶性竞争、市场混乱、漫天要价、强卖宰客等短期图利行为。

最后，发展生态旅游需要各级政府、社会、当地牧民等各方面共同努力，绝不是仅仅依靠当地政府和招商引资企业就可以实现的。旅游产业是具有广泛外部性的产业。虽然行业中的先行者如当地政府的积极行为可以使旅游产业链整体利益增进，但如果"搭便车者"如周边地区只是坐享其成，久而久之便会削弱先行者的积极性，并使整个旅游产业链因缺乏内在激励而停滞不前，无法做大做强。[②] 而即使在东天山北坡草原内部，也存在着江布拉克草原属于地方政府而一万泉草原属于新疆生产建设兵团的尴尬[③]，更不用说与之毗邻的周边地区了。这就极易造成在发展生态旅游中产生严重的外部性问题。同时，又有可能发生资源分割、重复建设、市场混乱等过度竞争问题。因此，只有相关政府、企业乃至当地牧民共同参与努力，通过协商谈判，有效加强在旅游产业开发、设计、宣传、销售等方面的合作和责任分工，形成紧密的利益共享、风险

---

① 胡北明、雷蓉：《社区自治型遗产旅游地公地悲剧及其治理——以民族村寨型景区为例》，《西南民族大学学报》（人文社会科学版）2014 年第 2 期。

② 李世涌、朱东恺、陈兆开：《外部性理论及其内部化研究综述》，《中国市场》2007 年第 8 期。

③ 由于行政隶属关系不同，一万泉与江布拉克草原虽然连成一片，但以铁丝网相隔，并且都有怪坡等项目，难以联合发挥综合优势。

共担机制,才能降低旅游产业发展中的各种风险因素,做大做强草原生态旅游产业。总之,要想真正把当地的旅游产业做大做强,必须调动和协调政府、社会、牧民等各种力量参与。而在这个过程中,必须解决好他们之间的利益协调等机制问题。

五 加快东天山北坡草原发展生态旅游的对策建议

近年来,在当地各级地方政府的引导和支持下,东天山北坡草原正在加快发展生态旅游产业。但由于多重因素的影响制约,当地生态旅游产业发展仍然面临着一系列的挑战与困境。因此,综上所述,依托当地优势资源,抓住当前全国对口援疆和新疆全面发展稳定的历史机遇,以及天山成功"申遗"的重大利好,加快开发和利用各种发展资源,增强当地牧民参与发展生态旅游的能力,建立现代草原生态旅游产业体系,从而实现东天山北坡草原牧区的全面小康和可持续发展。这既是促进当地生态旅游产业发展的总体思路,也是实现当地乃至新疆草原牧区可持续发展和文化繁荣的重要途径。对此本文提出以下对策建议。

第一,加大投入,开发具有当地民族民俗风情特色的草原生态旅游产业。塔塔尔、哈萨克族独特的民俗风情、节庆庆典、歌舞服饰、饮食文化,以及东天山北坡草原优美的景观风光,为发展民族特色草原生态旅游业奠定了坚实基础。同时,还可以起到展示与保护草原民族文化、增强文化交流与互信、合理利用自然资源的多重效果。例如,可以把哈萨克族特有的纳吾鲁孜节、塔塔尔族特有的"萨班节",打造成开放的旅游节庆活动。通过举行赛马、叼羊、姑娘追、套马、马上摔跤、飞马捡手绢等富有情趣、别具一格的民族传统体育活动和表演,发展以民族传统体育活动和民俗节庆歌舞表演等民族风情为主要内容的旅游服务,再加上哈萨克族特色饮食"库吉""包尔沙克"①和塔塔尔族特色饮食"古

---

① 哈萨克族特色食品,"库吉"是一种用肉、大米、小麦、大麦、奶疙瘩等混合煮成的稀粥食品;"包尔沙克"是用酥油、牛奶、面粉等混合制成的油炸食品。

拜底埃""伊特白里西""卡特列提"① 以及风干肉、石板烤肉服务和"克热西曼""科赛勒"② 等特色饮品服务,将大大增强当地草原生态旅游产业的吸引力,推动其快速发展壮大。

第二,加大扶持与引导,通过发展壮大东天山北坡草原民族特色工艺产业,进一步拓展提升草原生态旅游产业的文化内涵。当地塔塔尔、哈萨克族的特色工艺产品如刺绣、花毡、挂毯、珍珠绣、挂饰、马鞭、酒壶、木制餐具等,制作精美、品种多样、构思精巧、特色鲜明,既是草原民族优秀文化遗产的典型代表,也是悠久草原文化在当代传承的符号象征。塔塔尔族妇女绣制的种类繁多的装饰绣品,以及许多特色手工艺品如"库涅""塔力彦""曼达林"等③,其工艺之精美、制作之精巧、艺术之高超都早以闻名遐迩。而当地草原生态旅游纪念品产业要想提升竞争力和品位,开拓市场,就必须通过发展壮大和融合塔塔尔、哈萨克族特色工艺产业,来拓展提升草原生态旅游产业的文化内涵,增强旅游产业提供服务的种类、范围与品位。这样既可以增加旅游产业收益途径,又可以实现保护与传承民族优秀文化遗产,还可以拓宽牧民参与旅游产业发展的途径与增强参与能力。总之,只有这样,才能不断做大做强旅游产业规模和丰富其内涵,才能在旅游产业发展的同时实现民族文化传承与交流、牧民有效参与、草原保护与可持续发展的多重效果。

第三,加强区域旅游合作,联合打造特色鲜明、内涵丰富的黄金旅游线路。不断增强东天山北坡草原生态旅游以及区域旅游产业的吸引力和市场拓展能力。这也是解决旅游产业发展的外部性问题,以合作整合做强做大区域旅游产业的有效途径。对此,当地各级政府应该积极协作磋商,推动引导东天山北坡地区乃至整个新疆地区进行旅游线路、产品、

---

① 塔塔尔族特色食品,"古拜底埃"是一种用奶酪、杏干、大米制作的糕点;"伊特白里西"是一种用南瓜、肉、大米焙烘的糕点;"卡特列提"是一种用面、米、土豆制成的风味食品。
② 塔塔尔族特色饮品,"克热西曼"是一种用苹果等水果和蜂蜜发酵制成的饮品,"科赛勒"是一种用葡萄酿制的饮品。
③ 塔塔尔族特色乐器,"库涅"形似手风琴,最小的比火柴盒稍大,有两个或三个键盘、四个或六个音;"塔力彦"是一种二孔直吹的木箫;"曼达林"种类繁多,主要为椭圆形或扁形音箱,琴把较短、琴声高亢。

品牌合作开发。例如首先可将东天山北坡草原旅游景区同周边唐古城、吐呼玛克古城遗址、魔鬼城、恐龙沟、硅化木园、千佛洞、车师古道、北庭博物馆等名胜巧妙衔接串联，共同打造文化内涵丰富、历史遗产厚重、景区变幻多样、风光异彩纷呈的一流黄金旅游线路。其次，依托天山成功"申遗"的绝佳机遇，由自治区政府统筹协调，进一步探索打造沿天山一线的国际知名黄金旅游线路，从而极大提升区域旅游产业发展和竞争能力，同时各旅游景区也将实现"发展共赢"和共同保护天山世界遗产的效果。只有这样，北疆的草原生态旅游产业才能充分发挥当地自然景观、民族特色、历史文化等复合优势，才能不断发展壮大，为当地经济发展、环境保护、文化传承交流等做出应有的贡献。

新疆能源建设对策研究

孔令丞[*]

一 新疆能源资源的基本情况分析

1. 新疆与"一带一路"周边国家的能源基本情况分析

"一带一路"包括了亚洲、非洲、欧洲的 65 个国家和地区,总人口 44 亿人,经济总量 21 万亿美元,分别占全球的 62.5% 和 28.6%[①]。可见,"一带一路"沿线国家和地区基本上都属于发展中国家和地区,按照经济发展的规律性特征,这些国家会面临经济增长过程中的市场化转型、资源消耗和环境损害等一系列问题,未来经济增长与资源消耗和环境损害都会呈现出库兹涅茨倒"U"形中的上升区间。

地处"一带一路"路线节点中心位置的新疆维吾尔自治区具有相对突出的地缘优势。丝路向外,新疆拥有长达 5600 多公里的边界线,与周边 8 个国家接壤,主要接壤国家有五个中亚国家。拥有国家口岸 15 个,省级口岸 12 个。具有东联西出、全方位开放的地缘优势。

新疆与中亚的合作由来已久,在中国与中亚的贸易中占据 70% 以上的比重。鉴于这些地区的经济处于工业化初期或中期阶段,加上这些地区的能源和其他矿产资源的禀赋相对丰富;因此,在新疆与中亚的贸易

---

[*] 孔令丞,华东理工大学商学院经济学教授、博士生导师。
[①] 沙祖康:《"一带一路"辐射 44 亿人口 系最具潜力经济带》,《环球时报》2015 年 7 月 28 日。

中，进口贸易以能源和资源为主，能源和资源贸易在双边经贸合作中占据重要地位。

随着"一路一带"倡议的提出与发展，新疆与中亚国家能源合作的内涵与外延都变得更加宽泛。新疆具有中国"东联西出"的核心地位，以其特殊的区位、资源、政策、人文等优势成为丝绸之路经济带陆路能源进口的必经之地。相对长期的能源合作，已经从能源原材料的进口贸易，转向发展向能源输出国提供能源装备技术服务，成为中国与中亚国家能源贸易向纵深合作发展的前沿地区；与此同时，独立后的中亚五国以其丰富的能源资源以及链接亚欧的地缘政治优势，成为"一带一路"中联结中国与亚欧的必经之地。在与中国的能源贸易和能源合作不断走向纵深的过程中，中亚五国的能源贸易走向多元化也具备条件。考虑到中亚国家与新疆在能源领域具有很强的同构性、互补性，双方在能源资源开发、设施设备投资、技术服务、资金融通等方面的合作开始呈现出互补效应增强的特征。双方能源合作为"一带一路"经济带的共建提供了重要的资源能源支撑和经济社会发展保障。

新疆与中亚五国的联结进一步向西联合，形成了更加广布的、能源矿产资源禀赋丰裕的地区联合（见表1）。这种资源的地区性分布，在新疆与中亚五国的能源合作纵深化之后，就具备经由中亚继而向中东渗透从而获得更广泛国际能源合作的条件。

表1　　　　"一带一路"主要能源资源分布概况（2015年）

国家和地区	面积（万平方千米）	人口（亿）	人均GDP（美元）	GDP总量（十亿美元）	进出口额（亿美元）	贸易结构（%）	储量居世界1—5位的矿产	储量居世界6—20位的矿产
中国	960.00	13.60	7925	10385.66	39530.3	100	煤、铁、锂、稀土	石油、天然气、铀
中国新疆维吾尔自治区	166.49	0.24	6428	149.71	270.68	0.68		
俄罗斯	1707.54	1.42	9057	2109.02	680.2	1.72	天然气、煤、稀土	石油、铀、磷

续表

国家和地区	面积（万平方千米）	人口（亿）	人均GDP（美元）	GDP总量（十亿美元）	进出口额（亿美元）	贸易结构（%）	储量居世界1—5位的矿产	储量居世界6—20位的矿产
哈萨克斯坦	272.49	0.16	10508	220.14	142.9	0.36	铀、铬	石油、天然气、煤
印度	298.00	11.60	1582	2117.28	716.0	1.81	煤、铁、锰、稀土	铅锌、铝
印度尼西亚	190.44	2.22	3346	1006.89	542.3	1.37	锡、金	天然气、煤、铀
伊朗	164.50	0.71	5038	514.82	338.3	0.86	石油、天然气	铁、钼
沙特阿拉伯	225.00	0.24	20482	682.58	516.3	1.31	石油、天然气	磷
蒙古国	156.65	0.03	3973	11.80	53.7	0.14		铀、钼
伊拉克	44.18	0.29	4944	186.60	205.8	0.52	石油	天然气、磷
乌兹别克斯坦	44.74	0.27	2132	67.70	35.0	0.09		天然气、铀、钼
菲律宾	29.97	0.89	2899	258.52	456.4	1.15		镍
越南	32.96	0.85	2111	1518.76	958.5	2.42	铝	
土库曼斯坦	49.12	0.07	6672	402.30	86.4	0.22	天然气	
乌克兰	60.37	0.46	2115	195.35	70.7	0.18	锰	煤、铀、铁
白俄罗斯	20.76	0.10	5741	589.33	17.6	0.04	钾盐	
土耳其	77.95	0.71	9130	838.97	215.5	0.55		煤、铀
泰国	51.31	0.63	5816	412.71	754.6	1.91		锡
马来西亚	33.03	0.27	9766	340.00	972.6	2.46		天然气、稀土
巴基斯坦	79.61	1.60	1429	236.63	189.2	0.48		煤

资料来源：《中国统计年鉴2016》附录表2—5、表2—6、表11—6和表11—9中的数据整理；百度百科数据；新浪财经数据。

从表1中可以看到，能源和其他与能源有关的矿产资源主要分布在俄罗斯、沙特阿拉伯、伊朗、中国、乌克兰、哈萨克斯坦、伊拉克、印度尼西亚、乌兹别克斯坦、蒙古国等国家，形成了中东、西西伯利亚、中亚、华北、阿斯塔纳、里海六大能源集中区。这些国家和地区都处于"一带一路"路线的重要节点位置上。在经济全球化、文化多元化的背景下，这些国家和地区都具备某些相同或者相近的共同特征：处于大致相同的经济发展阶段；具备基本相同或者相近的资源禀赋特征；具有追求民族独立、社会稳定、经济发展的强烈愿望；存在包容异己文化与不同宗教信仰的传统……这些特征让这些沿线国家和地区之间的资源互补性转化成经济上的合作成为可能。可以看出，与中国和新疆维吾尔自治区具有大致相同发展阶段（人均GDP在5000—10000美元）的国家有哈萨克斯坦、俄罗斯、伊朗、土库曼斯坦、白俄罗斯、土耳其、泰国和马来西亚；在这一发展阶段的国家，通常具有工业化中期的基本特征，对基础设施尤其是能源基础设施的建设无论总量还是增量，都会形成庞大的社会需求。处于较低发展阶段（人均GDP在2000—5000美元）的国家有印度尼西亚、蒙古国、伊拉克、乌兹别克斯坦、菲律宾、越南、乌克兰等国；这一发展阶段的国家经济处于起飞阶段，基础设施建设需求尽管总量相对较小，但增速很大。这些国家和地区的产业特征通常会表现出对原材料工业高速的总量增量需求，即使是一些人均收入较高的国家，由于其国民经济体系的相对不完整，如哈萨克斯坦等国，对工业的基础设施建设需求较高。由此可见，这些国家对于能源、电力、交通通信、电信以及钢铁建材等产业的需求会持续增长，而这些国家和地区的能源资源的基础储量所产生的资源供给，会形成大规模的能源资源类的开采、加工等产业，以及由这些产业总量增长所形成的对能源运输、电力运营与运输以及相应的技术服务和金融服务等服务业的需求。这些产业在上述国家之间具有互补性和比较优势，为国家之间的经济合作和贸易互通提供了资源和经济的合作基础。

2. 新疆与"一带一路"节点地区的能源基本情况分析

在国内，丝路向内与新疆接壤的地区是西北五省，其行政面积占国土面积的32%，在丝绸之路上的战略地位各有不同[①]。如新疆不仅是丝绸之路经济带的核心区，更是其重要的交通、物流、商贸、金融等中心，而甘肃则处于丝绸之路经济带的黄金段，其战略地位不可替代。青海、宁夏作为丝绸之路经济带的重要战略基地和支点，其地位亦不可低估。此外，陕西位居丝绸之路经济带的起点位置，其战略地位也十分重要。

西北五省的GDP占全国的6%左右，说明西北五省未来的发展潜力巨大；区域内经济发展梯度极大，陕西一省的国内生产总值几乎等同于其他四省之和，人均GDP最高的陕西比最低的甘肃高出一倍；但也由此说明西北五省的经济互补作用极强；就对外经济与贸易而言，目前在亚欧之间的贸易额超过1万亿美元，但通过丝绸之路的贸易额尚不足1%；全国对外贸易总量近4万亿美元，但西北五省的全部贸易总量约占全国对外贸易总量的1.6%（2015年）（见表2）；同样可以说明丝绸之路节点地区未来通过贸易的形式可以极大地促进地区的发展；就土地可用面积而言，新疆和宁夏目前的单位面积产出率最低，每平方公里的产值分别为57亿元和41亿元（2015年当年价）。

表2　　　　　　　　　2015年西北五省的地区经济基本情况

地区	GDP（亿元）	GDP占全国比重	人均GDP（元）	人均GDP占全国比重	面积（平方千米）	面积占比	人口（万人）	人口占比	贸易总量（万美元）	贸易总量占比（%）
陕西	18021.86	2.49	47626	2.89	20.62	2.15	3753	2.77	3049850	0.77
新疆	9324.80	1.29	40036	2.43	163.78	17.06	2233	1.65	795202	0.20
甘肃	6790.32	0.94	26165	1.59	45.40	4.73	2578	1.90	193447	0.05
青海	2417.05	0.33	41252	2.51	5.20	0.54	647	0.48	373926	0.09
宁夏	2911.77	0.40	43805	2.66	71.75	7.47	573	0.42	1966940	0.50

资料来源：《中国统计年鉴2016》中的表3—10、表3—11、表11—9。

[①] 相关数据资料来源于唐金荣、张涛、周平等：《"一带一路"矿产资源分布与投资环境分析》，2017年5月13日，搜狐网（http://mt.sohu.com/20170513/n492908242.shtml）。

尽管人均GDP和单位面积的GDP都比较低，但西北五省无论是化石能源还是风、光能源都有极高的禀赋，因此，将能源资源和地理位置合并考虑，西北五省在"一带一路"上的核心地位和重点联结的作用就非常明显。

新疆能源资源主要有石油、天然气、煤炭、煤层气等化石能源，以及风、光等可再生能源。据勘测，在垂深2000米以浅、面积7.64万平方千米范围内，煤炭的预测储量为2.19万亿吨，占全国近40%，居全国首位；探明储量为2295.3亿吨，占全国17.5%，居全国第三位。新疆的煤田煤层具有埋藏浅、煤层多且厚度大、单位面积产能高、地质构造简单、地下水少等特点；开采成本低，适合建设大型现代化安全高效矿井。石油的探明储量42.8亿吨，占全国14%；天然气探明储量1.55万亿立方米，占全国20%。[1]

新疆的风能资源非常丰富，总储量占全国的20%左右；全疆日照6小时以上的天数在250—325天，年总日照时数达2550—3500小时；风光资源总量均居全国第二位。而且，风能和太阳能大多集中在广大戈壁滩和沙漠地区，可以集中连片大规模地开发利用。[2]

就基础储量而言，新疆的石油储量排名第一，天然气储量排名第二；如果将西北五省全部考虑进来，石油、天然气均排名第一，基础储量占全国总储量的36%和37%。但从表3中可以看出，各地区的基础储量和生产产量之间的数量差距巨大。尤其是西南五省的情况更加显著。首先，新疆的石油和天然气的基础储量巨大，全国第一；但是就生产产量而言还不及天津和陕西；石油、天然气和煤炭的生产产量仅为基础储量的4.65%、2.87%和0.96%。可能的原因是新疆化石能源的开采和运输的成本均比较高，和内地相比，开采和储运的比较优势相对缺乏。如果新疆的化石能源不能将基础储量转化为生产产量，基础储量高的禀赋也就无法转化成经济上的优势。其次，西北五省中的陕西和甘肃都有较高的

---

[1] 相关数据资料来源于《2.19万亿吨：新疆煤炭储量占全国煤炭总储量的40%》，中国金属新闻网（http://www.metalnews.cn/oil/show-68961-1.html）。

[2] 相关数据资料来源于《辉煌60年——能源工业成我区重要支柱产业》，《新疆经济报》2015年10月14日。

石油基础储量,但甘肃的原油开采比例更低,产量仅为基础储量的0.28%;西北五省除了陕西以外,其他四个地区的化石能源产业均较为落后。

表3　　2015年各地区主要能源基础储量与生产产量比较

地区	基础储量 石油(万吨)	基础储量 天然气(亿立方米)	基础储量 煤炭(亿吨)	生产产量 原油(万吨)	生产产量 天然气(亿立方米)	生产产量 原煤(亿吨)	产量占基础储量比重 石油(%)	产量占基础储量比重 天然气(%)	产量占基础储量比重 煤炭(%)
天津	3005.6	274.3	3	3496.77	20.54	—	116.34	7.49	0.00
河北	26422.2	317	42.5	580.1	10.43	0.74	2.20	3.29	1.74
山西	—	419.1	921.3	—	43.08	9.67	—	—	—
内蒙古	8208.5	8149.1	492.8	45.82	9.24	9.10	0.56	0.11	1.85
辽宁	15052.8	149.9	26.8	1037.07	6.59	0.48	6.89	4.40	1.79
吉林	17798.7	685	9.8	665.48	20.31	0.26	3.74	2.96	2.65
黑龙江	44048.7	1317.9	61.6	3838.6	35.82	0.66	8.71	2.72	1.07
江苏	2906.9	23.2	10.5	190.51	0.37	0.19	6.55	1.59	1.81
山东	31123.5	342.4	77.6	2608.03	4.57	1.42	8.38	1.33	1.83
河南	4631.1	72.2	86	412.05	4.19	1.36	8.90	5.80	1.58
重庆	267.1	2641.8	17.6	—	33.32	0.36	0.00	1.26	2.05
四川	648.4	12654.5	53.8	15.43	267.22	0.64	2.38	2.11	1.19
陕西	38445.3	7587.1	126.6	3736.73	415.92	5.26	9.72	5.48	4.15
甘肃	24109.8	272	32.5	66.61	0.08	0.44	0.28	0.03	1.35
青海	7955.8	1396.9	12.5	223	61.37	0.08	2.80	4.39	0.64
宁夏	2370.6	272.9	37.4	13.35	—	0.80	0.56	0.00	2.14
新疆	60112.7	10202	158.7	2795.09	293.02	1.52	4.65	2.87	0.96

资料来源:根据《中国统计年鉴2016》表8—5和表13—13中的数据整理而得,基础储量和生产产量按表8—5和表13—13中使用的名词,未加改动。

如果将可再生能源的比较优势考虑进来,西北五省的能源基础储量优势就更加明显。但如果开采或者开发能力不足,基础储量就无法转化成经济上的优势。

但发电量尤其是以核电、风电和光电为代表的新能源发电量,新疆在全国名列第二（59.4亿度），和甘肃与内蒙古相仿。但考虑到新疆距离内地较远，电网在偏远地区的建设还存在诸多不完善之处，导致风电和光电的发电量难以向内地用电量较大的地区传输，这一问题在采暖季尤为严重。

将发电量加入能源的分析内容之中①，并且将各类化石能源的生产产量和相应的全国总量进行比较（见表4），从中可以看出新疆的各类能源产量及其在全国相应能源类别中的占比，与一般观念背离较多。首先，新疆的天然气产量仅为全国总产量的2.83%，不及山西（41.63%）、天津（19.85%）、河北（10.08%）和陕西（4.02%）；其次，即使是新能源发电，虽然一般观念认为新疆是风光核电的大省，实际上2015年，新疆新能源的总发电量（59.38亿度电）还不及青海（72.67亿度电），和甘肃（59.12亿度电）相当；最后，新疆约1.52亿吨的煤炭产量，应该是更多地用于火力发电（2060亿度电），发电量和工业发达地区的浙江与广东相当。但考虑到新疆向东中部地区电力输送的长距离特征，可以判断新疆的很多产业都是高耗能产业类别，如石化、有色和硅晶类等。

表4　　　　　　　　　　2015年各地区能源生产量

地区	原煤 生产量（万吨）	占比（%）	原油 生产量（万吨）	占比（%）	天然气 生产量（亿立方米）	占比（%）	发电量（亿千瓦时） 合计	火力发电量	核、风、光发电量	占比（%）
天津	—	—	3496.80	16.29	2054.00	19.85	623.00	614.15	0.03	1.07
河北	7437.05	1.99	580.10	2.70	1043.00	10.08	2498.00	2271.73	9.47	4.30
山西	96679.95	25.81	—	—	4308.00	41.63	2449.00	2319.77	3.24	4.21
内蒙古	90957.05	24.28	45.80	0.21	9.24	0.09	3929.00	3421.92	56.99	6.76
黑龙江	6551.11	1.75	3838.60	17.88	35.82	0.35	874.00	771.09	0.16	1.50
江苏	1918.90	0.51	190.50	0.89	0.37	0.00	4361.00	4053.30	19.34	7.50
浙江	—	—	—	—	—	—	3011.00	2222.25	7.65	5.18
安徽	13404.17	3.58	—	—	—	—	2062.00	1959.00	3.74	3.55
山东	14220.16	3.80	2608.00	12.15	4.57	0.04	4685.00	4502.09	21.05	8.06
河南	13595.94	3.63	412.10	1.92	4.19	0.04	2625.00	2481.30	0.90	4.51

① 地区的选取采用化石能源产量相对较高，和新疆具有可比性的地区。其他缺乏可比性的地区不列入表内。

续表

地区	原煤 生产量(万吨)	原煤 占比(%)	原油 生产量(万吨)	原油 占比(%)	天然气 生产量(亿立方米)	天然气 占比(%)	发电量(亿千瓦时) 合计	发电量 火力发电量	发电量 核、风、光发电量	占比(%)
广东	-	-	1572.60	7.33	96.57	0.93	4035.00	2903.54	1.81	6.94
四川	6406.47	1.71	15.40	0.07	267.22	2.58	3130.00	442.13	1.12	5.38
甘肃	4399.63	1.17	66.60	0.31	0.08	0.00	1242.00	718.65	59.12	2.14
青海	816.46	0.22	223.00	1.04	61.37	0.59	566.00	122.00	72.67	0.97
陕西	52576.25	14.03	3736.70	17.41	415.92	4.02	1623.00	1452.38	8.07	2.79
新疆	15221.48	4.06	2795.10	13.02	293.02	2.83	2479.00	2059.96	59.38	4.26

资料来源：《中国能源统计年鉴2016》。栏目中的占比，是指相对应的原煤、原油、天然气和发电量的生产量占全国相应总量的比重。

如果前述的判断能够反映现状，那么，包括新疆在内的西北五省地区仍然延续传统的发展路径，在缺乏对环境规制有效执行的情况下，后续的发展很可能就会大量地承接来自内地和国外的高污染产业，在能源供给保障程度较高的情况下，这些地区的高耗能、高污染产业产生集聚效应，西北五省的经济增长模式可能不仅无法带来周边地区的经济发展，还有可能产生环境损害，从而导致经济合作受阻。

3. 新疆的能源供需现状分析①

新疆维吾尔自治区的能源本身供需状况处于与经济增长和产业发展相匹配的状况。从能源生产总量与消费总量（见表5）及其年增长率来看，均以超过全国平均总量和平均增速的水平发展。

表5　　　　　新疆历年能源生产、消费总量　　　　单位：万吨标煤

年份	生产总量	消费总量	年份	生产总量	消费总量
2000	5419.77	3316.03	2008	12669.13	7069.39
2001	5720.04	3496.44	2009	13542.33	7525.56

① 这部分内容如果没有特别标注，相关的数据资料均来源于《中国统计年鉴2016》《新疆统计年鉴2016》《能源环境统计年鉴2015》。除此之外的数据资料来源单独进行标注说明。

续表

年份	生产总量	消费总量	年份	生产总量	消费总量
2002	6156.05	3622.40	2010	14696.76	8290.20
2003	6657.43	4064.43	2011	16117.37	9926.50
2004	7112.95	4784.83	2012	17744.42	11831.62
2005	8175.74	5506.49	2013	18943.23	13631.79
2006	9528.72	6047.27	2014	19473.20	14926.08
2007	10735.84	6575.92	2015	19779.97	15651.20

新疆能源生产和消费主要集中在煤炭、石油、天然气、水风电四大能源领域，从生产到消费都呈现出逐年增长的态势。从能源生产结构来看，2000—2015年，新疆四大能源领域产量均呈现出不断增加的态势。

就产量的增长速度而言，天然气和可再生能源产量增势喜人；煤炭从2012年以后进入了总产量相对稳定的状态；而石油产量则多年来一直相对稳定。

这些数据及其变化量可以体现出新疆的能源生产结构开始呈现出清洁化、低碳化的发展趋势。随着经济的快速发展，新疆利用水风光等可再生能源发电的能力有所提高，可再生能源发电将占据越来越重要的地位。与此同时，"煤改气"工程的提出和实施，使天然气这种清洁能源取代煤气进入了千家万户，高效、清洁、优质能源的利用得到了加强，从而使能源消费品种结构得到了优化。

从能源总消费量结构来看，2015年，新疆原煤总消费量10298.49万吨标煤，占比65.8%；原油总消费量为2065.96万吨标煤，占比13.2%；天然气总消费量1940.75万吨标煤，占比12.4%；水风电总消费量达1346万吨标煤，占比8.6%。

从新疆的能源供求平衡差额情况来看，2000—2015年，新疆能源在2011年以前总体呈现赤字盈余交替变化的趋势，即使存在能源赤字也是少量，后续的盈余能够弥补前段时间的能源赤字。但在2012年的时候出现了能源赤字转折点，之后的能源赤字便呈现出逐年扩大的趋势，其总量远远超过之前赤字的总和。

相对高点的能源赤字说明新疆能源供需出现了高度的供不应求的情况。以 2015 年为例,当年一次能源生产量为 19779.97 万吨标煤,比 2000 年增加了 14360.20 万吨标煤。其中进口量为 4560.98 万吨标煤,外省调入量为 182.34 万吨标煤,本区调出量为 –11653.29 万吨标煤。其中石油、天然气等能源大多能自给或是支援外省,但是煤炭的产量远远不够新疆自身的建设发展需求。这也与中国经济增长对能源需求的持续强劲有着直接关系。众所周知,东部油田的产量在逐渐降低,国家的能源战略重心西移加快,新疆也从油气开发的替补位置转变为开发主力。而且随着经济建设的发展及"一带一路"的建设,新疆对于能源的需求量保持高位也在常理之中。

4. 新疆能源发展状况的全国比较分析

能源的基础储量优势必须要叠加能源固定资产投资,才能将基础储量转变为经济效应。而这又涉及三次产业结构(见表 6[①])是否符合基础储量的要求。

表 6 对与新疆具有一定可比性和合作前景高的地区进行产业结构的比较。从表 6 中可以看出,新疆发展与能源相关的产业是第二次产业和交通运输业。新疆第二次产业的占比和第二次产业中的工业占比分别为 45% 和 36.2%,在 25 个地区中排名均为第 21 位。值得注意的是,西北五省的建筑业占比在 25 个地区中排名均靠前,说明这些地区的经济发展仍处于初期向中期过渡的阶段;考虑到西北五省向内地能源资源供给的重要功能,需要有良好的交通运输能力。从表 6 中可以看出,新疆的交通运输业在全自治区 GDP 总量中占比为 5.1%,在 25 个地区中排名第 8 位;西北五省的其他地区的交通运输业占比分别为:宁夏 7.9%,排名第二位;甘肃 5.5%,排名第 5 位;陕西 4.1%,排名第 20;青海 3.5%,排名第 24 位。

尽管西北五省的交通运输业占本地区 GDP 的比重总体上排在较高名次,但如果考虑到在全国交通运输业 GDP 中的占比,就会发现排在较靠后的位置了;陕西的交通运输业 GDP 占全国交通运输业 GDP 的比重最靠前(交通运输业占比 2.2%,在 31 个地区中排名第 21 位)。新疆的交通

---

① 相关数据从《中国统计年鉴 2016》表 3—16 中的数据计算而得。

运输业 GDP 仅占全国交通运输业 GDP 的 1.4%，在 31 个地区中排名第 25 位；其他三个西北地区的相关占比为：甘肃 1.16%，宁夏 0.68%，青海 0.25%；在 31 个地区中排名分别为第 26 位、第 28 位和第 30 位[①]。

表6　　　　　　　2015年中国各地区三次产业结构特征　　　　（单位:%）

地区	第一产业	第二产业	工业	建筑业	第三产业	交通运输仓储	批发零售	住宿餐饮	金融	房地产	其他
北京	0.8	22.3	18.1	4.2	76.9	4.5	12.2	1.9	14.5	6.9	36.9
天津	1.3	50.6	46.5	4.2	48.1	5.0	13.2	1.7	8.4	3.6	16.1
河北	12.4	52.2	46.6	5.5	35.5	8.4	7.6	1.5	3.7	3.7	10.6
山西	6.1	53.9	47.9	6.0	40.0	7.1	8.6	2.6	5.8	2.6	13.3
内蒙古	9.5	54.0	47.2	6.8	36.5	7.7	9.2	2.8	3.3	2.5	11.0
辽宁	8.6	52.7	46.2	6.5	38.7	5.1	8.9	2.0	4.2	4.2	14.3
吉林	11.6	52.8	46.5	6.4	35.5	3.7	8.3	2.1	2.3	2.1	17.0
黑龙江	17.5	41.1	35.4	5.8	41.4	4.3	10.1	2.8	3.8	3.8	16.4
安徽	12.3	54.6	46.9	7.8	33.0	3.7	7.1	1.6	3.9	4.0	12.7
福建	8.9	52.0	43.5	8.5	39.1	5.4	8.2	1.6	5.4	5.6	12.9
江西	11.4	53.5	44.9	8.6	35.1	4.7	7.2	2.4	3.5	3.5	13.8
山东	8.7	50.1	44.3	5.9	41.2	5.0	13.8	2.2	4.1	4.1	12.0
河南	12.6	55.4	49.6	5.7	32.0	4.1	6.4	3.1	3.7	3.6	11.1
湖北	12.6	49.3	42.7	6.6	38.1	4.4	7.7	2.4	4.4	3.2	16.1
湖南	12.6	47.0	40.8	6.2	40.3	4.8	8.3	2.1	2.9	2.6	19.7
广东	4.9	47.3	44.1	3.2	47.8	4.2	11.3	2.2	6.1	6.8	17.1
广西	16.3	47.7	40.0	7.7	36.0	4.7	7.5	2.8	4.9	3.6	12.4
海南	24.0	27.7	17.5	10.2	48.3	4.5	10.9	3.5	4.8	9.2	15.3
重庆	8.0	50.5	41.5	9.1	41.4	4.6	7.8	1.8	8.4	5.8	13.0
四川	13.0	51.7	44.1	7.6	35.2	2.9	5.6	2.6	6.0	2.9	15.2
陕西	9.5	55.5	46.8	8.8	34.9	4.1	8.1	2.1	4.2	3.2	13.3
甘肃	14.0	45.0	35.5	9.5	41.0	5.5	7.0	2.5	3.7	2.5	19.6
青海	9.2	57.0	46.2	11.1	32.8	3.5	6.0	1.1	4.5	1.6	16.0
宁夏	8.7	49.3	36.8	12.5	42.0	7.9	5.2	1.8	7.8	4.0	15.4
新疆	17.6	45.0	36.2	8.9	37.4	5.1	5.8	1.4	5.0	2.8	17.3

① 相关数据根据《中国统计年鉴2016》表3—16中的数据计算而得。

西北五省如此少的交通运输业份额，难以支持其成为全国内陆地区的能源中心，因此，未来西北五省的能源基础设施建设，重点应放在交通运输业的设施建设上面。

进一步分析西北五省的能源工业固定资产投资结构（见表7[①]）可以发现，能源基础设施投资量在全国相应产业的投资占比比较理想。

表7　　　西北五省能源工业固定资产投资（不含农户）　（单位：亿元）

地区	合计	相应比重(%)	煤炭开采和洗选业	相应比重(%)	石油和天然气开采业	相应比重(%)	石油和炼焦加工业	相应比重(%)	电力、热力、燃气生产和供应业	相应比重(%)
陕西	1696.6	5.21	381.0	9.51	473.7	13.83	135.5	5.34	706.4	3.13
甘肃	825.6	2.54	87.6	2.19	67.1	1.96	18.8	0.74	652.1	2.89
青海	511.2	1.57	33.7	0.84	49.3	1.44	0.9	0.04	427.6	1.89
宁夏	785.8	2.41	72.5	1.81	14.3	0.42	21.4	0.84	677.6	3.00
新疆	2998.3	9.21	243.4	6.07	543.1	15.86	201.2	7.93	2010.5	8.90

表7中的结构，说明西北五省与能源有关的行业固定资产投资在全国中的比重较高。其中新疆在全国的能源工业的固定资产投资中占比高达9.21%，比第二名的山西高出1.3个百分点；处于第5名的陕西占比5.21%；即使甘肃、宁夏这些人均GDP相对较低的地区，也在全国能源工业固定资产投资中占据第14和第15的名次。具体到细分能源行业而言，新疆的石油和天然气开采业和电力、热力、燃气生产和供应业的固定资产投资占全国总投资的15.86%和8.9%，名列第一；石油和煤炭的初级加工业及石油和炼焦加工业的固定资产投资占全国的比重则排名第

[①] 相关数据来自《中国统计年鉴2016》表3—11和表10—15中的数据直接引用或计算而得。表中的占比是在全国相关项中的比重。如煤炭开采与洗选业右边的"相应比重"，是地区煤炭开采与洗选业的固定资产投资占全国煤炭开采与洗选业的固定资产投资总额的比重。以此类推。分析中的数据也是根据表3—11和表10—15中的相关数据计算而得。鉴于篇幅的考虑没有全部列出所有的地区。

三，最高为山东17.4%，次之是广东10.19%；新疆煤炭开采和洗选业的固定资产投资排名第5，和排名第一的山西（26.13%）、排名第二的内蒙古（12.7%）相比差距较大，但陕西该类产业的投资结构高于新疆3.5个百分点。这说明新疆仍然是以初级能源供应和电力能源供应为主。如果加强对初级能源的初加工，则可以有效加强与接壤的"一带一路"沿线五国的能源加工合作。

随着新疆工业化的发展、生产技术的提高、产业结构的演进以及能源消费结构的变化，新疆能源强度呈现出逐年增强的趋势。尤其是和全国的能源强度相比，新疆的能源强度呈现出逐年扩大的趋势。

从2000年到2015年，新疆的能源强度一直高于全国平均水平，且在全国能源强度呈现小幅下降的趋势下，新疆却反向行之，与全国的能源强度差额不断扩大。2014年首次超过2，且有不断增大的趋势，而同年全国的能源强度值仅为0.4012。这说明新疆的经济增长方式具有粗放型特征，高耗能高排放的产业占比不断增加。其主要原因是新疆煤炭赋存量大，且向外运输成本高，所以高耗能的重化工产业有不断向新疆转移的趋势。近年来，硅晶类、电解铝等高耗电产业都纷纷向新疆转移。这些产业的电力成本占据总成本的60%以上，以煤电产业链的形式发展，可以极大地降低产业成本，能够在国际市场上获得很大的竞争优势。因此，新疆未来降低碳强度的重点应该放在对这些产业转移的限制，并且对现存的高耗电产能实行清洁化生产，以降低对环境的污染。

二 "一带一路"背景下能源合作构思

中亚五国中的哈萨克斯坦、乌兹别克斯坦石油储量丰富，其国内产量远高于国内需求量；土库曼斯坦天然气资源丰富，且中亚—中国管道的投入使用大大减少了土库曼斯坦天然气出口对俄罗斯能源运输管线的长期依赖；吉尔吉斯斯坦和塔吉克斯坦油气资源较少，因此本研究只选取哈萨克斯坦、乌兹别克斯坦和土库曼斯坦三国的能源数据来代表中亚地区。中国作为世界最大的能源消费国，具有与中亚国家能源合作的基础条件。现从市场的供求情况以及合作的战略价值上来分析合作的现实基础。

1. 石油

在世界能源消费市场中，石油占据着首要位置，石油市场是世界能源市场中最具活力的市场。2006—2015年，中国石油生产量基本维持在2亿吨左右，而2015年的石油消费量超过5亿吨，石油需求缺口达3亿吨之多，这些说明中国超额的石油消费必须依靠国际供给才能满足。与此同时，哈萨克斯坦的石油生产量呈逐年上升势头，在2015年生产量是消费量的6倍之多；土库曼斯坦的石油生产量呈同样的上升趋势，在2015年石油供给盈余630万吨；乌兹别克斯坦的石油产量与其国内的消费量基本持平（见表8）。

表8　2006—2015年中、哈、土、乌四国石油市场生产与消费状况

（单位：百万吨）

年份 国别		2006	2007	2008	2009	2010	2011	2012	2013	2014	2015
中国	生产	184.8	186.3	190.4	189.5	203.0	202.9	207.5	210.0	211.4	214.6
	消费	352.7	370.2	377.5	392.2	447.9	464.2	486.3	507.2	526.8	559.7
哈萨克斯坦	生产	65.0	67.1	70.7	76.5	79.7	80.1	79.2	81.8	80.8	79.3
	消费	10.3	11.3	11.0	8.9	9.3	12.3	13.1	13.1	13.5	12.7
土库曼斯坦	生产	9.2	9.8	10.4	10.5	10.8	10.8	11.2	11.7	12.1	12.7
	消费	4.9	5.1	5.3	5.0	5.5	5.8	6.1	6.2	6.3	6.4
乌兹别克斯坦	生产	5.4	4.9	4.8	4.5	3.6	3.6	3.2	3.2	3.1	3.0
	消费	5.1	4.7	4.6	4.3	3.6	3.4	3.0	2.9	2.9	2.9

资料来源：《BP世界能源统计年鉴（2016）》。

从表8中可以看出，中国的生产量和消费量之间的缺口逐年增加，这也可以说明中国的能源贸易依存度日益增加的现实。和新疆接壤的五国中的哈、土、乌三国则是消费量远远低于生产量，如果和这些国家的化石能源基础储量相联系，其生产量仍有扩大的空间。考虑到中亚与中国在国际石油市场上存在互补性的特征，在"一带一路"的能源战略合作框架下，未来的能源战略合作的潜力巨大。

2. 天然气

与煤炭、石油等其他化石燃料相比，天然气具有使用安全、热值高、清洁等优势，在气候安全和环境友好的背景下，天然气在国际能源市场中的地位不断提高。中国的能源产业顺应这一趋势，自2005年以来，天然气生产量和消费量的增长加速。和所有其他类型的能源特征类似，天然气的消费量增长速度高于生产量增长速度。尽管页岩气开发在一定程度上能够弥补需求量的不足，但国内对天然气的需求缺口仍然巨大。2006年之后，中国就成为天然气的净进口国。自此以后，中国的天然气市场供需缺口持续扩大，2015年供需缺口高达593亿立方米。预测显示，2020年中国天然气缺口将达到900亿立方米。对外依存度呈现出不断扩大的趋势。

鉴于中亚地区的天然气无论禀赋还是生产量都比较大，尽管这些国家存在不断增加的天然气需求，但由于禀赋丰裕的特征，天然气在本国的生产量仍然大于消费量，因此这些国家的天然气以输出为主。仅从数据上看，与新疆接壤的中亚五国的天然气盈余就足以弥补中国的天然气需求缺口。

表9　　2006—2015年中、哈、土、乌四国天然气市场供求状况

（单位：十亿立方米）

年份 国别		2006	2007	2008	2009	2010	2011	2012	2013	2014	2015
中国	生产	60.6	71.6	83.1	88.2	99.1	109.0	111.8	122.2	131.6	138.0
	消费	59.3	73.0	84.1	92.6	111.2	137.1	150.9	171.9	188.4	197.3
哈萨克斯坦	生产	8.9	9.0	11.6	10.7	10.5	10.5	11.3	11.9	12.2	12.4
	消费	7.9	6.3	7.0	6.6	4.5	5.1	6.8	7.0	7.6	8.6
土库曼斯坦	生产	60.4	65.4	66.1	36.4	42.4	59.5	62.2	62.3	69.3	72.4
	消费	18.4	21.3	21.4	19.7	22.6	23.5	26.3	22.9	27.7	34.3
乌兹别克斯坦	生产	56.6	58.2	57.5	55.6	54.4	57.0	56.9	56.9	57.3	57.7
	消费	41.9	45.9	48.7	39.9	40.8	47.6	47.2	46.8	48.8	50.3

资料来源：《BP世界能源统计年鉴（2016年）》。

天然气的贸易合作离不开运输条件，不同的运输方式所产生的成本有所不同。对天然气而言，管道运输成本最低。从西北看，中亚地区向中国输入天然气的四条管线（编号为A、B、C、D线）在中国已经呈扇形展开：最南面的可以供应到广西，最北面的可以供应到北京，中间的很多省份都享受到了中亚天然气的供应。①

这些管道开启了中国利用国际清洁能源的新篇章。天然气的进口保障，有利于提高清洁能源比例，优化能源消费结构，缓解了天然气供应缺口。

A、B两线起点在土、乌边境，经乌兹别克斯坦中部和哈萨克斯坦南部，从阿拉山口入境，成为西气东输二线。全长约1万公里，是世界上最长的天然气管道。A线和B线分别于2009年12月、2010年10月投入运行，年输气能力300亿立方米/年。C线线路总长度1830公里，设计年输气能力250亿立方米/年，主要是为了保证乌兹别克斯坦对中国的天然气出口，2015年6月15日投入运行。D线起始于土、乌边境，途经乌兹别克斯坦、塔吉克斯坦、吉尔吉斯斯坦。设计输气量为300亿立方米/年，与西气东输五线相接。与前三条线路不同，D线从与吉尔吉斯斯坦接壤的天山南麓与昆仑山两大山系接合部的新疆乌恰入境。这不仅在国家能源安全战略上有特殊意义，同时还能拉动南疆基础设施建设。D线投产后，中国从中亚进口天然气规模将达850亿立方米/年②。2012年，经中亚天然气输气管道输到中国的天然气已经占到国内消费总量的四分之一。

根据《中俄东线供气购销合同》，从2018年起，俄罗斯开始通过中俄天然气管道东线向中国供气，输气量逐年增长，最终达到每年380亿立方米，累计合同期30年。这次的合同规模，预计将占到中国进口天然气量的两成左右。

[①] 《中国进口天然气路线图：东南西北大布局》，2014年5月22日，央广网（http://finance.cnr.cn/txcj/201405/t20140522_515567016.shtml）。

[②] 《中国—中亚天然气管道简介》，2015年2月15日，国际石油网（http://oil.in-en.com/html/oil-2232602.shtml）。

三 "一带一路"背景下新疆的能源建设对策

新疆能源基础储量占全国总基础储量的 30% 左右,因此新疆可以作为中国国家能源战略储备基地;同时,新疆还具有与中亚接壤的地缘优势和市场优势。作为"一带一路"倡议的重点发展区域,新疆已经成为中国内地企业投资中亚市场的出口。不仅如此,新疆企业也充分利用自身优势,衔接"一带一路"倡议,积极推进贸易(见图 1①)。

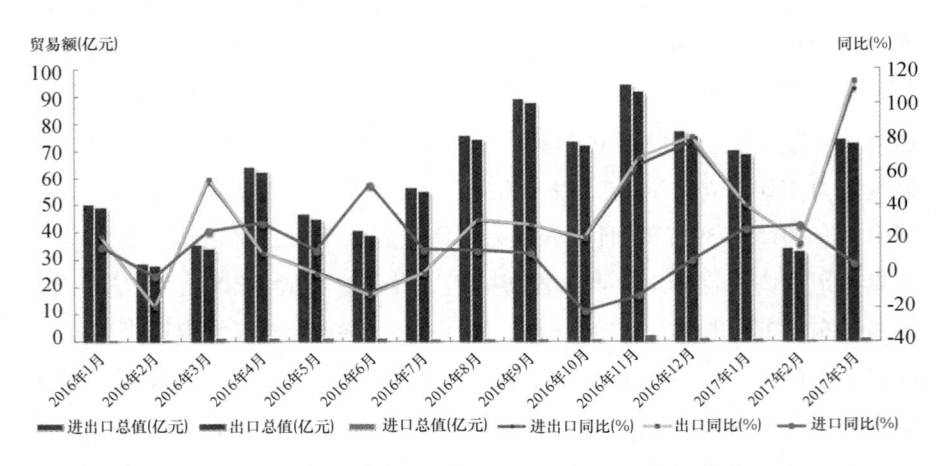

图 1 2016 年 1 月至 2017 年 3 月新疆口岸边境小额贸易进出口月度走势

与此同时,新疆以其得天独厚的地缘优势成为对中亚投资的桥头堡,考虑到中亚各国都将石油、天然气产业的发展和吸引外资作为经济发展的重点。这就吸引了中方资本更多地涉足石油与天然气开采、矿产开采等领域。这有利于发展新疆的能源贸易,并为一批有技术、有能力的企业找到合适的中亚发展空间,也为中亚五国带去先进的能源开采技术、高效的资金运作经验,从而将各方的能源优势转化为经济优势,为推进各国的能源合作起到了良好的作用。

---

① 《2017 年第一季度新疆口岸边境小额贸易回暖》,中华人民共和国海关总署(http://www.customs.gov.cn/tabid/2433/InfoID/847352/frtid/49629/settingmoduleid/126765/Default.aspx)。

中国与中亚地区的油气合作已初具规模，已经成为哈萨克斯坦、土库曼斯坦的最大贸易伙伴，是乌兹别克斯坦、吉尔吉斯斯坦的第二大贸易伙伴，是塔吉克斯坦的第三大贸易伙伴，在上述国家设立投资企业已达 2655 家[①]。

1. 加强油气能源资源合作，构建新疆能源大通道

油气能源合作对新疆能源建设能够起到巨大的提升作用。新疆在"一带一路"中独特的区位优势，是中国向中亚开放并向西延伸的前沿。新疆具备接近世界最大的经贸、能源、旅游市场的优势，具有开发中亚、西亚、南亚、俄罗斯和欧洲等广大市场的巨大潜力。因此，构建新疆能源大通道，通过新疆的内接外联，实现向东西两端延伸和拓展的目标。最终形成西接中亚、东联亚太的广袤市场；不仅如此，还可使西部地区与内地沿海、沿江、沿边地区连成一体，形成东西南北中全方位开放的格局。

内接外联的能源建设战略构思的实施，可以以开发新疆石油、天然气及铺设管道从里海和中亚地区进口能源为中心，充实铁路、高速公路、航空网等跨越亚欧大陆的基础设施，推进沿线地区的经济发展。以新疆与哈萨克斯坦天然气开发合作为例，新疆石油企业负责向哈国提供地质油藏工程方面的技术，而哈萨克斯坦油气资源的引进则大大促进了新疆油气资源开发以及油气服务业的发展。再从整体上看，新疆处于丝绸之路经济带的桥头堡位置，是中亚天然气管道与中哈原油管道入境的必经之地。中亚天然气管道 A、B、C、D 线全线贯通后，中国—中亚天然气管道网将中亚五国与新疆紧密联系。充分利用新疆在丝绸之路经济带的区位优势，实现中国与中亚的基础设施互联互通，提高现有中哈石油管道的利用效率。

中亚地区是世界著名的油气沉积盆地，油气资源储量大且分布集中，原油领域的合作一直是新疆与中亚能源合作集中关注的领域。同时，煤炭经济也作为油气能源合作领域的重要补充。哈萨克斯坦 313 亿吨的可采

---

① 《"一带一路"沿线国家：哈萨克斯坦 2015 基本情况介绍》，2015 年 9 月 25 日，中商情报网（http://www.askci.com/news/finance/2015/09/25/13472dl17.shtml）。

煤炭储量、乌兹别克斯坦居世界第二的铀矿资源、塔吉克斯坦居世界第八的水力资源蕴藏量，都将成为新疆与中亚能源合作的领域，以实现能源合作全面、共赢发展。这其中涉及勘探开发、设备设施技术服务、管道运输与运营、炼油化工、煤炭化工、产品销售为一体的全产业链，新疆积极参与合作项目，为合作国提供了丰富的资金和技术，推动了当地能源工业发展，同时还带动了资源国社会经济的全面提升。

2. 选择适宜的组织合作，开展动态联盟合作模式

在组织合作方面，建立动态联盟关系，实行业务外包，强化供应链管理等，都是组织合作模式。在合作要素方面，新疆的能源建设更适于选择以技术、资金、人才、产品或服务等为主的合作要素。在合作方式选择上，可以选择多样化的合作方式：如贸易模式，即包括直接贸易或者间接贸易的产品或服务贸易模式；资本运作模式，包括并购、入股和直接投资等；合约模式，即租让合同制、产品分成合同制、风险服务合同、回购合同、联合经营合同、"投标值"合同等。

随着能源合作不断加深，新疆的能源建设会从"采油＋买油""采气＋买气"的合作方式，进一步发展成建立产业链的合作关系（见图2）。即建立集油气勘探开发、管道建设运营、炼油炼化和精细化工、油品炼制与销售于一体的上中下游全产业链；对电力能源而言，新疆也同样从输出电力发展到输出电力设备装备、建立发电—输配电服务产业链等模式，并且电力贸易服务从火电向天然气发电、风电和光电等清洁能源及可再生能源发电领域扩展。这种创新合作模式能够将中亚各国的经济引向多元化发展轨道。

中亚是中国实施睦邻外交的优先方向，也是中国实施能源安全多元化的战略要地，除土库曼斯坦以外的四国与中国同属上合组织成员国。今后新疆与中亚在能源上的合作应借助上合组织这一平台，倡导建立能源一体化体系，有针对性地将中亚地区的能源供应国和东亚、东南亚的能源消费国联合起来，吸引更多的能源供应国参与这一体系，以保障能源安全，促进整个地区经济的共同繁荣。

与过去简单的勘探生产和油气贸易不同，在共建丝绸之路经济带的倡议指引下，中国也更加关注资源国的诉求，追求资源的转化与利用和

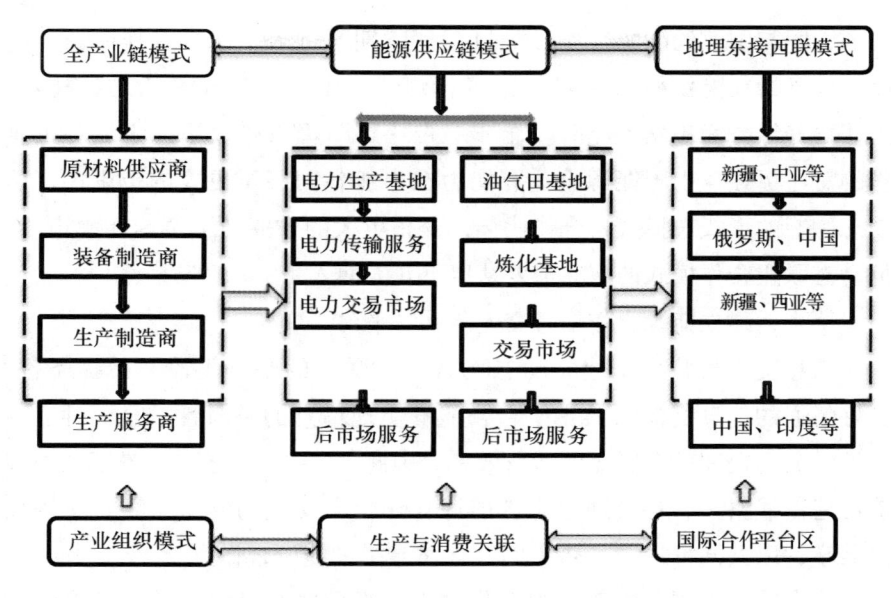

图 2　"一带一路"新疆节点的能源建设战略构思

技术的共享与互补。因此，新疆与中亚国家除了石油与天然气的合作以外，还可延伸到下游产业，尤其是大型基础设施建设、下游炼化加工和装备制造等方面的合作，以及中亚五国其他丰富的能源资源方面的合作。这一目标也为新疆与中亚能源合作提供了更加宽广的舞台，能源合作对象从油气拓展到铀、电力开发等；能源合作方式从产品分成到能源贸易再到石油还贷款，可在能源金融领域深化合作；能源合作机制在上海合作组织框架下完善，朝国际化、规范化努力；能源合作伙伴除了中亚东道国，还可与活跃在该地区的其他跨国油气公司合作，既可进一步实现技术交流与共享，又可分散投资的风险性，提高能源合作效率。

动态战略合作联盟以其能够快速响应市场需求并获取竞争优势的有效途径而备受推崇。动态战略合作联盟模式具有灵活性、网络性、组织柔性、边界模糊性、资源互补性、不受时间和空间限制、互信、竞合、双赢或多赢的特征，中国能源企业既可以与中亚国家的能源组织结成动态战略合作联盟，也可以与在中亚地域活动的世界范围内的其他国际组织形成战略伙伴关系，进行有效的资源整合，因此这是中亚能源合作初期的优选战略模式之一。

中国与中亚的能源合作已经过了探索期而进入了深入合作阶段。中国目前已经在能源资源条件、市场行情、跨国商务运作及管理、技术、人才培养等方面积累了经验。在"一带一路"倡议带动下，中亚各国合作的意愿更强，中国能源企业有能力在中亚各国甚至更大的范围内，以动态联盟的形式选择战略合作伙伴，开拓更大的中亚乃至全球能源市场。但动态联盟合作模式的建立需要从以下几方面入手：

第一，建立能源合作信息交流与共享平台。

信息交流与共享是建立动态战略合作联盟的必备手段和前提条件。良好畅通的信息交流与共享平台，能够实现信息的及时性、全面性、共享性，从而提高整个联盟的运营效率。因此，"一带一路"背景下的新疆能源建设战略，有必要通过完善能源合作信息交流与共享平台，实现信息共享，以共同推进"一带一路"经济带上的能源合作。

平台需要中国和中亚五国合作建设，平台要及时发布与能源合作相关的信息内容，包括经济带的合作构想及相关政策；中国、中亚五国宏观环境信息，包括经济、政治、文化习俗、宗教信仰等信息；能源产业相关信息，包括资源储量、开采情况、能源工业情况、能源市场情况、能源产业未来规划等信息；中亚五国与中国及世界其他国家的能源合作信息，包括中国能源企业与中亚能源企业的项目、投资、技术等合作情况，欧美、亚洲等地区各国与中亚五国能源合作的信息等。

第二，建立资金渗透和融通机制。

资本渗透和资金融通在促进双方建立长效的利益共享机制方面能起到积极作用，有利于维护长期的战略合作关系。2017年5月14日，习近平主席在"一带一路"国际合作高峰论坛上表示，未来中国将加大对"一带一路"建设资金支持，向丝路基金新增资金1000亿元人民币，鼓励金融机构开展人民币海外基金业务，规模预计约3000亿元人民币。

据了解，这只被提及的丝路基金全称为"丝路基金有限责任公司"，由外汇储备、中国投资有限责任公司、中国进出口银行、国家开发银行共同出资设立。而除了这只国家级丝路基金之外，全国还有多只以"丝路"命名的基金。投中研究院近期发布的《2017中国"丝路基金"研究报告》显示，从2014年到2017年，全国已有52只"丝路基金"，总规模超过 3000 亿元①。这为中国—中亚的能源合作提供了可选择的融资渠道。

资本渗透与融通机制是建立能源战略合作关系从贸易模式到合同模式的资金保障，也是从动态联盟到产业链联盟的客观要求。通过对资本的融通实现相互渗透、相互投资，进一步强化能源合作的伙伴关系，巩固一体化战略联盟，有利于提升各方资源比较优势。因此，能源合作要充分利用丝绸之路经济带融资的多渠道和有利条件，建立中国和中亚能源全产业链合作中的资本渗透与融通、长期共享的机制，维护能源合作产业链联盟长期稳定，促使丝绸之路经济带倡议的实现。

第三，加强研发合作，推动人才交流。

能源产业是资本密集、技术密集产业，并且越来越向知识密集的方向发展。能源勘探、开发、加工转换和利用等环节，所需要的技术创新和知识创造日渐提升，尤其是能源互联网的提出，更让能源产业具备知识产业特征。为保证能源动态战略合作联盟保持长期稳定，只有通过不断的技术创新，共同参与常规能源、非常规能源和新能源技术的共同研发与创新，上下游企业联合研发，并使新技术在整个动态联盟或供应链联盟内快速转移和传递，实现联盟内的知识、技术溢出效应的提高和产业链联盟内的知识和技术共享，能源动态战略合作联盟的国际竞争力才能提升，才能实现利益共赢。

能源合作不仅需要大量的能源技术和能源管理领域的专业人才，更需要熟悉中亚五国政治、经济、社会、语言、文化、教育、外交等方面的复合型人才。同时，能源通道建设需要各种专门的工程技术人才，也需要工程管理和经济管理人才，甚至是各种熟练技工与管理咨询人才等。工程建设过程中遇到的大量现实问题需要通过管理咨询来解决，促使工程管理水平、管理效果适合当时、当地特定条件。因此，应着力培训工程建设人才，组建高素养、高水准的工程服务性人才队伍，以此保障中国与中亚能源通道建设工程项目整个生命周期的高水准。其中，最重要

---

① 林坤：《助力"一带一路"：3000 亿"丝路基金"寻踪》，《21 世纪经济报道》2017 年 5 月 20 日。

的是帮助各当事国培训人才，并实现人才培养机制对接。因此，人才培养和人才交流可以采取双向合作机制，促进人才交流。国家应创建丝绸之路人才培养中心，通过打造专门的中国—中亚能源国际人才培养平台，促进能源人才培养和教育的合作。改善双方的人力资源条件，提升能源合作质量，对各方的能源合作起促进作用。

3. 能源对策的实施风险评估与规避方案

油气能源资源合作的成功与否，与合作过程中的风险密切相关。因此，分析和评估风险，并提出风险规避方案，才能保障"一带一路"背景下的新疆能源建设对策顺利实施。

(1) 能源对策的风险分析与评估

第一，政治风险分析与评估。"一带一路"沿线毗邻新疆的几个中亚国家，都是从过去的苏联加盟共和国演变而来。苏联政治体制对中亚国家的影响很大，独立之后的这几个中亚国家，政治体制并没有发生根本性的变化，而只是将总统制简单地移植到原来的政治体制上。政治体制依然有过去苏联时期的特征。在体制转变过程中，官场腐败问题严重。而且这种政治体制解决冲突的机制并不完善，也不利于权力的平稳交接。

第二，能源政策风险分析与评估。为了确保财政收入和政治经济利益，能源大国都会加强对本国能源勘探、开采、加工和出口的控制与干预，这些都加大了中国对外能源投资的经营风险。并且，这些国家还会频繁变动能源及其制品出口关税、能源开采和加工税收政策。如哈萨克斯坦为了加强对油气资源管理而陆续出台了多项法律法规，有时为了保证本国公司利益甚至以行政手段代替法律条款。政策的多变导致能源价格不可预期，能源投资和贸易的政治风险加大。同时，随着中国经济发展势头不断向好，一些"中国威胁论""中国资本扩张论"等言论也随之泛起，曲解了中国"一带一路"建设的初衷，各国的多种势力以各种方式干扰中国在国外获取油气资源和建设运输通道，给中国与中亚国家的能源合作带来潜在威胁。

第三，经济风险分析与评估。能源的生产周期长且供给弹性小，市场投机及国际政治与经济环境变化容易造成供需失衡；世界能源分布集中造成能源供给易于垄断，给人为操控能源价格带来了可能性；能源价格传导机制非常敏感，能源价格的"V"字走势给能源进出口国都带来很大的不确定性；国际能源价格频繁波动。价格安全是能源安全的基础，价格问题也一直是中国与中亚能源贸易谈判过程中的难点。现有的天然气等能源方面的合作协议不能完全保障我国的跨国合作安全。能源产业的垄断性和外部性决定了能源价格不能完全反映市场的供求关系。

第四，战略性合作的标志——管道油气来源的风险分析与评估。油气管道建设投入成本高、收回投资的周期长，投资方在跨国管道建设立项阶段都会进行充分的调查与论证，但在项目具体实施过程中仍然会出现因政治或经济原因导致的问题，影响项目运营的收益性和能源供给的安全性。中国与哈萨克斯坦 2006 年 7 月建成的阿特劳—阿拉山口原油管道是中国第一条战略性的石油管道，到 2015 年输油量达到 1080.5 万吨。自 2006 年 7 月投产至 2015 年年底，中哈原油管道已累计向中国输送原油 8724 万吨。[1] 由于哈萨克斯坦炼油厂的原油加工能力近年来逐步提高，2014—2015 年俄罗斯又中止了向哈萨克斯坦炼油厂供应免税原油，炼油厂增加了本地所产原油的使用量导致哈萨克斯坦可供出口的原油量越来越紧张。2015 年伴随国际原油价格持续走低及中哈原油管道主供油田产量普遍下降，中哈管道原油组织难度越来越大，完成全年输油任务存在较大风险；同时，哈萨克斯坦对中国的原油出口设置了月度输油配额限制，这一政策的变动影响了原油供给量。

第五，合作利益不一致导致的合作风险分析与评估。中亚是上合组织和欧亚经济联盟战略功能交融与重叠区。从上合组织成员国的能源合作《多边经贸纲要落实措施计划》中的一些具体项目来看，多数属于双边合作，真正属于上海合作组织多边框架的合作项目并不多。上合组织框架下的多边能源合作机制尚未建立起来。

在中国与中亚的关系中俄罗斯是一个尤为重要的关键因素。因为过去同属苏联的体制内国家和解体后地缘政治的因素，俄将中亚仍视为其

---

[1] 参见 http://www.dyhjw.com/gold/20160112104076.html。

势力范围。中亚地区不仅是亚欧大陆的陆路交通枢纽，也是俄罗斯重要工业原料和能源等资源的供应地，并且是俄南部国防的重要屏障，更是俄阻止北约国家对中亚渗透和扩张的缓冲地带。俄利用独联体的组织基础，制定包含能源合作在内的法律框架，实现国家间的能源合作，从能源出口、能源生产各个环节上施加俄的影响，使能源成为独联体经济一体化的纽带，建立排他性的多边合作机制。因此，在上海合作组织能源框架内，俄对经济合作、自由贸易区建设及采取投资便利化措施等持消极态度。这种消极态度也会影响中国在"一带一路"的合作框架下，与中亚各国的合作关系。

第六，汇率风险分析与评估。宏观经济风险会影响到投资企业的获利。如投资东道国汇率的不定期波动会让能源企业在"一带一路"的投资活动更加不可预见，影响企业的税收水平，进而影响投资收益；难以精准做出预算，间接增加企业运营成本；投资国利率的变动会致使能源企业和银行遭受额外的损失，甚至影响一国的经济发展；周期性波动一般会造成原材料和劳动力价格上升或下降，最终作用于产成品供求价格，物价上涨会直接增加能源企业的投入成本，若能源企业产成品价格不变会减少利润，若产成品价格上升，因为需求变化的滞后性将导致销量下降，同样会减少利润；如果投资国发生恶性通货膨胀，货币购买力不足，货币功能紊乱，也会造成投资企业经营困难。

第七，恐怖主义的风险分析与评估。中亚能源安全最大的忧虑就是能源运输问题。中亚在地区三种势力的影响下，特别是恐怖主义对地区的影响很大，恐怖主义又对能源生产和出口，特别是对中国—中亚能源合作有较大的影响。在中亚的跨国能源管道尤其是中哈石油管道靠近地区形势复杂的费尔干纳盆地，这一地区是恐怖主义、极端主义集聚的地方，跨国能源管道是恐怖分子经常袭击的目标，他们常常以袭击或威胁袭击重要的工业、商业设施以及人员来实现其政治诉求。恐怖主义对跨国能源管道的袭击可能会引起国家间的冲突，严重影响那些以能源为主要经济来源的国家的稳定，还可能会带来环境污染；同时，恐怖主义也阻碍了能源过境运输，打击了外国投资者的积极性，对于急于得到外国资金和技术的中亚国家来说是沉重的打击。

(2) 能源建设对策的风险规避方案

能源资源是各个国家和地区的基础资源。国家之间的能源资源合作，不仅是基础资源的供需市场互补性合作，也与基础设施建设和使用的合作密切相关。无论基础资源还是基础设施，都是一个国家或地区的经济命脉，对经济发展起着至关重要的基础性作用。因此，基础能源合作和与之相关的基础设施合作，都必须建立在国家之间良好的地缘政治关系和国际关系基础之上。

首先，充分利用各国政府的国家信用为支撑。与新疆相邻或相近的几个国家，如俄罗斯、哈萨克斯坦、塔吉克斯坦、吉尔吉斯斯坦、乌兹别克斯坦、巴基斯坦和印度等国，都是上海合作组织成员国或观察员国。早在 1996 年和 1997 年，上述这些国家就分别在中国上海和俄罗斯莫斯科签署了《关于在边境地区加强国防安全信任》和《关于在边境地区互相裁减国防武装力量》的两项条约；其后，上合组织成员国增设观察员国和对话伙伴国；成员国之间的合作也从刚开始的政治与安全合作，发展到经济、教育、国际司法和环保、紧急救灾等领域的合作。这些合作会涉及能源项目的战略合作上面。能源项目的战略合作应充分利用上合组织的相关机制，从而将合作方的国家信用纳入能源项目建设和运营领域。

其次，承建方和运维方要充分发挥比较优势，从而保障能源项目建设的高质量与低成本，并且在高技术环节适度实行技术垄断和技术培训，从而保障项目运维的可控性和合作的长期性。尽管能源项目建设和运维针对的都是一个国家的基础设施，具有公共产品的性质；但是，市场机制下的比较优势依然发挥作用，只不过市场机制的作用是在安全和政治合作利益相似的条件下发挥比较优势。对新疆而言，在上合组织的框架下建立"一路一带"的能源战略合作机制，和上合组织其他成员国相比，在能源设施建设和运维方面，无论是高技术领域还是劳动力成本，都具有较强的比较优势；尤其是在新能源、能源储运、能源互联网、大数据和云计算等战略性新兴产业中，比较优势更加突出。中国应在能源战略合作中充分发挥高技术的比较优势，将能源项目的建设与运维一体化，处理好项目中的技术专利保护和技术本土化之间的关系，但在关键技术和关键环节，应该实行适度的技术垄断，并且加强对合作方人员的长期培训，以便于对建成项目的运维提供长期硬件和软件服务。

最后，加强金融合作，充分利用政府信用担保，拓宽能源合作广度，强化合作方的能源合作深度。政府控股的商业银行在大型能源项目的融资是项目的关键环节，其中国家信用和政府信用起着重要的支撑作用。因此，在能源战略合作领域中必须强化金融领域的合作，充分利用政府信用，从传统能源项目建设、新能源开发、电网建设以及能源互联网等多个方面，拓宽能源合作的范围；同时，在一些高新技术领域，如新能源开发和利用技术、特高压电网、能源互联网和大数据等方面，加深技术合作。技术合作的优势在于可以在关键技术环节实行适度的垄断，从而增强能源与金融之间的联系。尤其是上合组织成员国之间本身就具有环境合作的内容，这让新能源领域在碳减排金融方面，具备合作的基础。如此可以密切联结由新能源项目所形成的碳金融领域的合作。

国际能源合作中，政府、能源企业、金融机构及国际组织发挥的作用有所不同。政府以国家信用为支撑，无疑是能源建设项目强有力的发动方和支持者，同时也是能源战略的提出方和执行方；能源企业作为能源项目建设主体，是项目承建方、运营与维护方；金融机构是项目必不可少的关键环节，尤其是政府控股的商业银行在大型能源项目的融资方面发挥不可替代的重要作用；国际组织为国家之间提供磋商机制和协商途径；国际环保和人权组织在降低能源项目的环境影响和保障民众权益方面发挥作用。能源战略合作风险规避的最佳模式，是协调上述各方利益，从而保障目标一致。

新疆兵团现代农业集团化组织构架

李万明[*]

一 兵团特殊体制与国企改革的基本思路

兵团党政军企合一的特殊体制，优势在于能集中力量办大事，能够通过行政手段打破利益格局实现资源最优化配置，大范围内组织规模化和标准化生产；劣势在于政企职责不分，行政干预过多，企业缺乏生产积极性和主动性，容易产生行政决策失误。兵团深化经济体制改革的重点和难点，就是探索建立既能充分发挥兵团特殊体制优势，又能充分发挥市场配置资源决定性作用的体制机制。要发挥兵团组织优势，突破传统师团地域界线，打破旧有利益格局，集中资金、人才、资源、技术等优势，在全兵团、全疆乃至更大范围内优化资源配置，在更高层面搭建兵团投融资和资本运营平台，突出兵团产业优势。

中共中央、国务院《关于深化国有企业改革的指导意见》特别强调，国有企业仍然存在一些亟待解决的突出矛盾和问题，主要包括：企业市场主体地位尚未真正确立、现代企业制度还不健全、国有资产监管体制有待完善、国有资本运行效率需进一步提高，以及企业党组织管党治党责任不落实、作用被弱化等问题。为此，中央对国企改革提出了一些思路，主要包括：国有企业改革必须坚持党对国有企业的领导，把握"坚持增强活力和强化监管"相结合重要关系，坚守"推进简政放权、依法

---

[*] 李万明，石河子大学兵团屯垦戍边研究中心教授，博士生导师。

落实企业法人财产权和经营自主权，激发企业活力、创造力和市场竞争力，完善国有企业监管制度，切实防止国有资产流失，确保国有资产保值增值"的政治方向、政治原则。同时，还提出了推进国有资产管理体制、现代企业制度、市场化经营机制的一些改革思路，主要包括：

第一，进一步明确了国有资产监管"以管企业为主向以管资本为主"的转变原则。

第二，明确了"发挥董事会的决策作用、监事会的监督作用、经理层的经营管理作用、党组织的政治核心作用"的公司治理和决策执行监督机制。

第三，明确提出"强化外部董事建设（应占多数），加强董事会内部制衡约束（一人一票表决制度），强化董事的考核评价和管理"（担责制度）等董事会建设机制，以及"法无授权任何政府部门和机构不得干预"的公司治理规范。

第四，推行职业经理人聘任制度，畅通现有经营管理者与职业经理人身份转换通道等。兵团体制改革和国企改革的发展环境，促使兵团现代农业企业积极推进集团公司的治理结构变革。在企业内部，要按照决策层和经营层分离的要求，实行产权代表委派制和经营管理者的聘任制。董事会和监事会成员按产权关系进行委派或推荐，出资方重点管好董事长、副董事长、监事会主席、副主席。经理班子由董事会聘任和管理，保证董事长对总经理、总经理对副总经理和"三总师"的提名权。

二　集团化公司治理结构

（一）发挥党组织的领导作用

把加强党的领导和完善公司治理统筹规划，充分发挥国企党组织的政治核心作用，将党建工作总体要求纳入公司章程和战略规划中，明确党组织在集团公司法人治理结构中的地位（如图1所示），真正落实党对国有企业的领导以及"坚持增强活力和强化监管"相结合的政治思想。

明确集团党组发挥政治核心作用的途径和方式。包括：

第一，坚持党的建设与公司战略同步谋划、党组及工作机构与法人

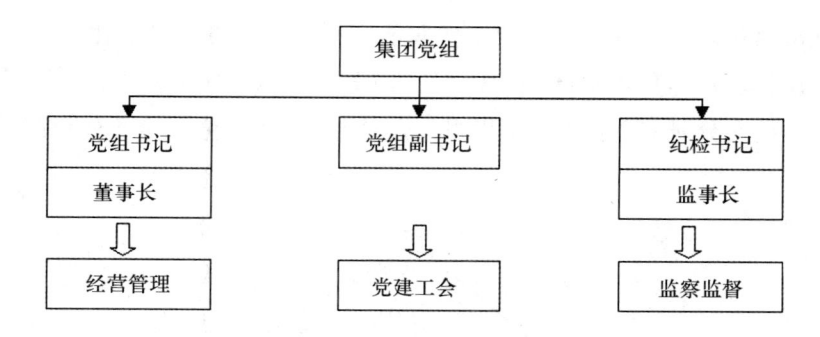

```
                    ┌──────────┐
                    │ 集团党组  │
                    └────┬─────┘
         ┌───────────────┼───────────────┐
    ┌────┴────┐    ┌─────┴─────┐    ┌────┴────┐
    │ 党组书记 │    │ 党组副书记 │    │ 纪检书记 │
    │ 董事长  │    │           │    │ 监事长  │
    └────┬────┘    └─────┬─────┘    └────┬────┘
         ⇩               ⇩               ⇩
    ┌─────────┐    ┌──────────┐    ┌──────────┐
    │ 经营管理 │    │ 党建工会  │    │ 监察监督 │
    └─────────┘    └──────────┘    └──────────┘
```

图 1　党组织在法人治理结构中的地位

治理结构同步设置、党的工作与集团经营管理工作同步开展，坚持和完善双向进入、交叉任职的领导体制。

第二，加强集团党组对群众工作的领导，集团工会、共青团等群团组织要在集团党组的领导下发挥作用。

第三，加强集团下属企业的基层党组织建设和党员队伍建设，子公司党小组建设工作在集团党组的统一领导下进行。

（二）强化集团董事会的决策作用

国有企业董事会在公司治理结构中起着重要的枢纽作用。一方面它对上承接股东（国资委、国投公司）的委托，是国有资产的代理人；另一方面它又是公司经理层的委托人，授权经理层组织开展公司经营活动并对其实施监督和控制，以实现公司经营目标。董事会这种枢纽式的委托代理关系，决定了董事会是公司治理的核心，是管理公司经营的主体，董事会的治理水平将直接影响公司的经营效益。然而在实际运行当中，一些国企董事会/监事会形同虚设、"一把手"说了算、董事都是"举手族"、总经理说一套做一套的问题比较突出，影响了法人治理结构的作用发挥。

1. 明确董事会的决策职能定位

董事若不能明确在经营决策中的职能定位，充分发挥董事专业分工和落实职责，就会出现"开会看领导，决策举举手，会前会后不落实"

的工作风气，导致董事会集体决策功能的失效。因此，明确董事会各成员在战略规划和管理决策中的工作职能，充分发挥董事专业化分工、科学化决策、具体化负责的领导作用（如图 2 所示），形成"平时积极沟通，会前充分研究，会中敢于担当，会后主动落实"董事会工作机制。

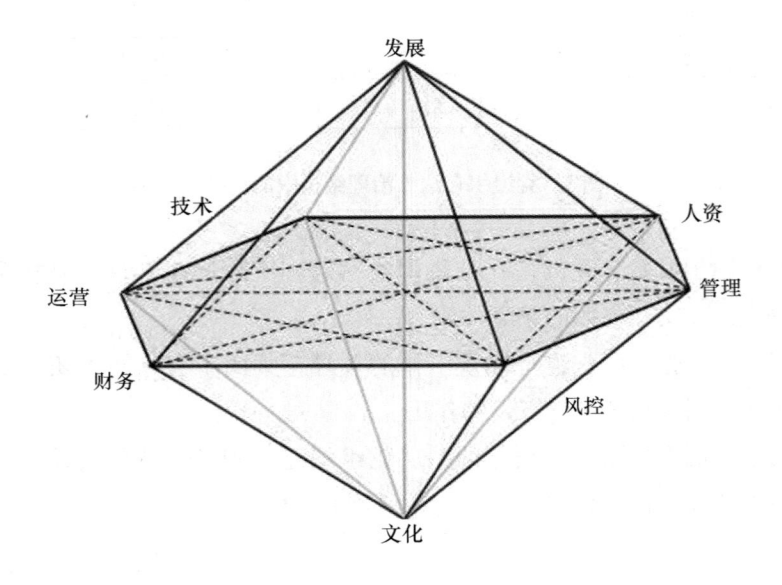

图 2　董事会管理决策和战略管理"钻石"结构模型

为确保董事会为公司利益积极、正当行使权力，并保持董事会的团结和凝聚力，不管是内部董事还是外部董事都应当为所分配的职能负担相同的责任。同时，考虑到外部董事在调研、决策落实等方面的局限性以及在监督经理层方面必须起到的积极作用，对外部董事的责任和义务标准应参照内部董事的标准予以适当调整。

2. 建立外部董事制度和董事会委员会制度

外部董事往往是其他组织有经验的管理者或管理、决策专家。他们能以其专业知识及独立的判断为公司发展提供有建设性的意见，以其信誉和能力审视公司的战略、计划和重大决策，协助管理层改进经营活动，从而有利于公司提高决策水平、改善公司声誉、提高公司价值。同时，外部董事作为"局外者、旁观者"可以公正客观地判断和评价经营者经营业绩,避免内部董事"当局者迷"以及"为自己打分"的现象。

3. 完善和规范董事会的管理制度

通常公司股东会除章程中规定了董事会的决策职能外,并不明确董事会的绩效指标和管理规范,由此也导致了董事会工作绩效与经理层绩效难以区分、董事会工作制度不明的现象。应当明确董事会的绩效目标和管理制度,包括:

(1) 董事会的绩效目标

其一,公司价值。从市场价值和社会价值两个方面衡量董事会的整体经营绩效。

其二,战略执行体系。从战略执行体系(各级战略和管理)规范角度衡量董事会的战略管理绩效。

其三,管理制度体系。从管理系统的规范化角度衡量董事会的管理绩效。

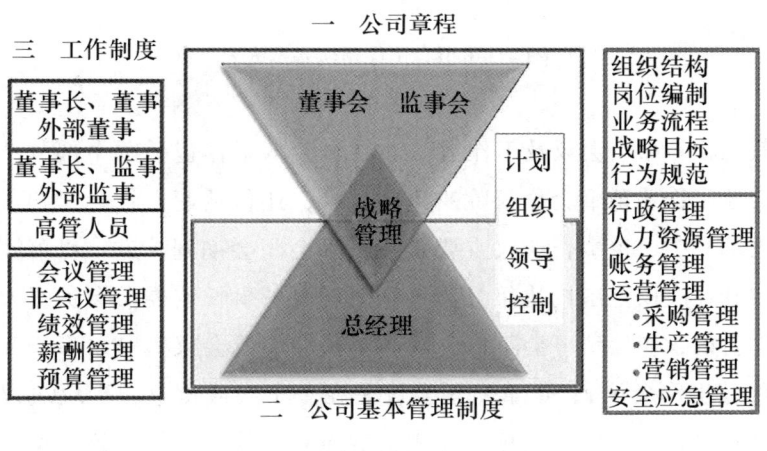

图3 集团公司管理制度体系

(2) 董事会工作制度

其一,工作条例。工作条例是依照公司章程或基本管理制度而制定并发布的,针对各级管理者、管理机构在基本规则内的具体事项的规定性,条例也是公司内部法规的表现形式。公司董事会、监事会成员、高级经理团队等成员应依次规范工作行为和秩序,依法行使权利、履行职责、承担义务。工作条例基本内容。如图4所示。

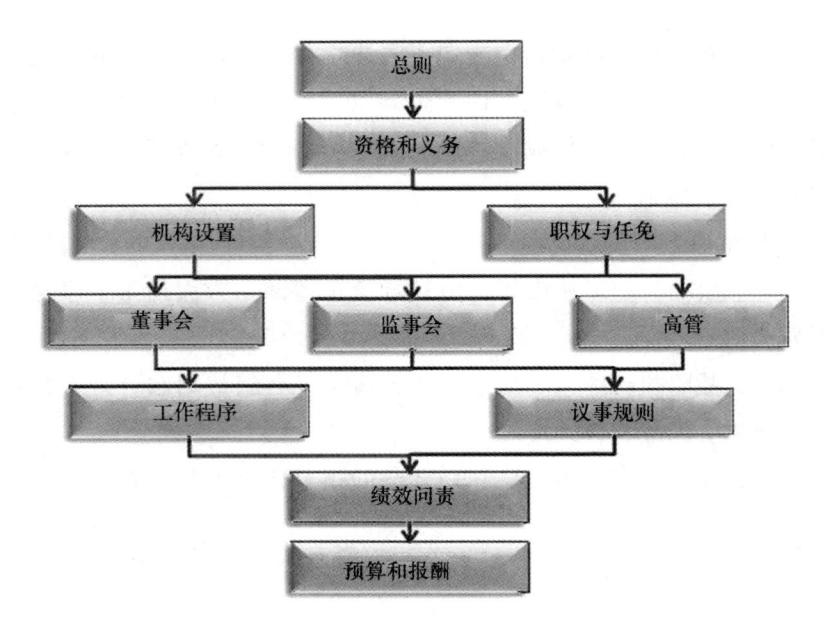

图4　董事会工作条例基本内容

其二，董事会会议及工作方法。董事会的工作包括两个部分：会议和非会议工作，董事会会议除决策会议外，还包括董事长会议和董事专题会议。其中，董事长会议主要是在董事会闭会期间，进一步落实董事会决议和在决议范围内决策具体事项时，由董事长或委员会负责人召开的工作会议，包括董事会工作会议（委员会专题会议）和董事长工作会议（经营工作会议）；董事专题会议是在董事会或董事长会议决议范围内，针对董事职责内的专项工作进行的专题会议，专题会议由董事提请召开。

董事会非会议工作，主要是董事长或董事在非会议期间，针对专项工作进行的调查和研究活动，其中包括由董事长带领的考察、调研、座谈以及专访等，以及由董事带领的调研、座谈、专题研究等，如图5所示。开展非会议工作需要基层单位配合时，应当经由董事会秘书通知基层单位和相关部门，以避免影响经营工作和形成误会。

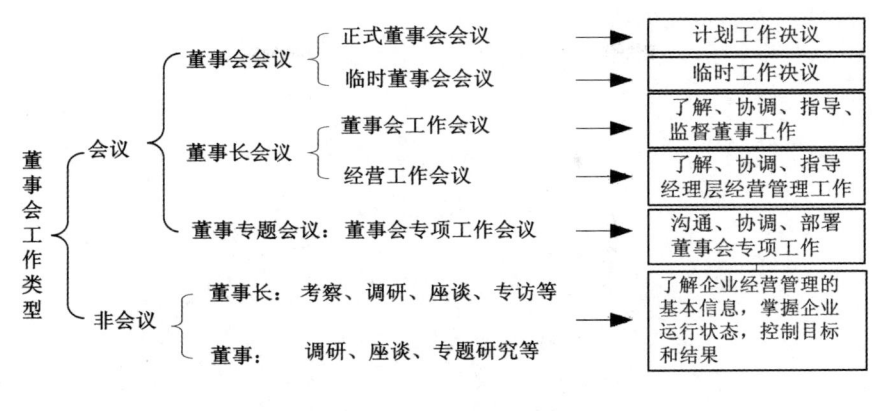

```
                    ┌ 正式董事会会议 ──→ 计划工作决议
         ┌ 董事会会议┤
         │          └ 临时董事会会议 ──→ 临时工作决议
         │
         │          ┌ 董事会工作会议 ──→ 了解、协调、指导、
    ┌ 会议┤ 董事长会议┤                    监督董事工作
    │    │          └ 经营工作会议 ──→ 了解、协调、指导
董事会    │                              经理层经营管理工作
工作 ┤    │
类型  │   └ 董事专题会议：董事会专项工作会议 ──→ 沟通、协调、部署
     │                                          董事会专项工作
     │
     │    ┌ 董事长：考察、调研、座谈、专访等 ──→ 了解企业经营管理的
     └ 非会议┤                                   基本信息，掌握企业
            └ 董事：  调研、座谈、专题研究等       运行状态，控制目标
                                                 和结果
```

图5　董事会工作类型

（三）强化监事会的监督职能

监事会制度是根据权力制衡原则由股东选举（股东单位选派）监事组成公司专门监督机关对公司经营进行监督的制度。一般情况下，公司监事会的监督职能主要表现在三个方面：监事会是公司内部的专职监督机构，监事会的基本职能是监督公司的一切经营活动（以董事会和总经理为监督对象），监事会监督的主要形式包括会计监督、业务监督、风险监督（事前、事中和事后）。然而在实际运行当中，一些国企监事会形同虚设，监事参加董事会议都是"听而不言"，对于经营业务和经理班子更是"不闻不问"或"监不了事"，影响了法人治理结构监督作用的发挥。

国有企业党组织纪检机构是监督责任的领导结构，对推动国有企业纪律检查工作双重领导体制具体化、程序化、制度化，强化对权力运行的监督和制约都具有重要作用。

1. 明确监事会的监督与服务职能定位

国有企业监事会成立之初就被誉为国资管理的"保险箱"。将监事会监督职能从单纯监督向监督与服务并重转变，从财务监督为主向财务监督的制度监督和风险防范并重转变，从防止管理者违规违纪监督向促进企业发展的合规运营和规范管理转变，从事后监督向事中与事前监督相结合的方向转变，以及从提高监事会监督的时效性、权威性、有效性和灵敏性等方面不断创新。

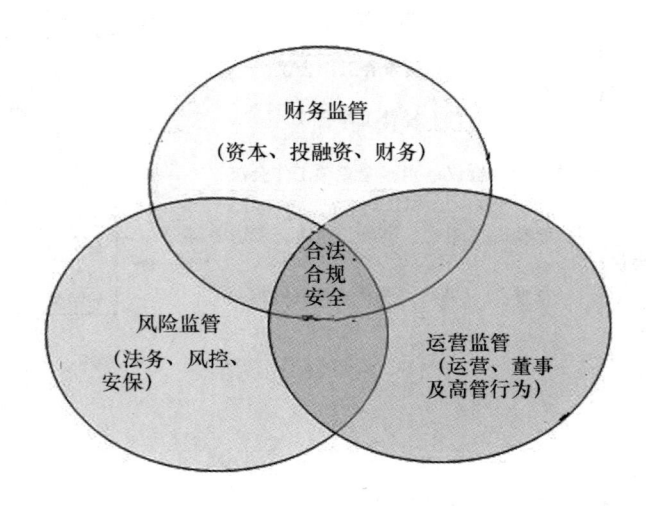

图6 监事会战略监控和监督"三环"结构模型

（财务监管：资本、投融资、财务；风险监管：法务、风控、安保；运营监管：运营、董事及高管行为；核心：合法合规安全）

2. 建立外部监事制度和监事会绩效目标

设立监事会制度，是希望监事会能够代表股东对企业经营者进行有效监督，防止经营者独断专行、滥权和不妥当处置公司财产等。然而实践中监事会往往只是一个简单的人事安排，甚至许多监事既没有经营管理知识，也没有法律、财务会计业务方面的知识。鉴于此，国有公司为了改善监事会的组织结构，引入外部监事制度，加强监事会的独立性和监督力量，扩大监事会的职权范围，增强监事会财务检查权、职务监督权、不当行为阻止权和人事监督权等。优势在于被选任的外部监事不仅具有专业知识和能力，又与公司经营管理层之间不存在利害关系，从而增强监事会的客观性和独立性。

（四）强化经理层人员的执行职能

坚持党管干部原则与董事会依法选择经营管理者、经营管理者依法行使人权相结合，不断创新有效的经理人员管理形式。公司应当推行职业经理人聘任制度，建立内部人才培养机制和市场化选聘机制，畅通现有经营管理者与职业经理人身份转换通道。推行企业经理人员任期制和契约化管理，建立经理人员退出机制，明确责任、权利、义务，严格任期管理和目标考核。

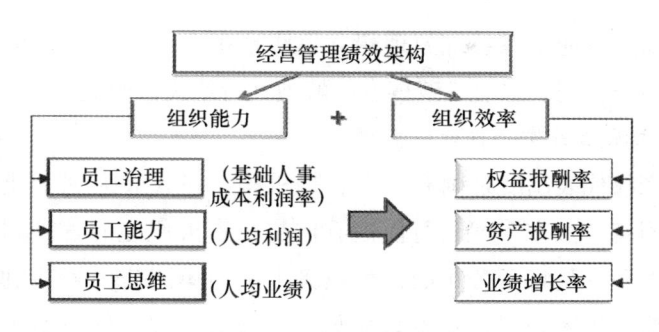

图7　公司经理人员绩效目标结构

三　集团子公司治理结构优化措施

集团公司通过子公司董事会、监事会、经理层的权力配置及决策层对执行层的监督与激励，实现子公司的科学决策和有效管控。目前，国有企业比较重视子公司法人治理结构的建设，基本建立子公司法人治理结构，但还存在着诸多问题，尤其是子公司董事会难以规范运作，无法发挥其应有的作用，导致子公司管控无法得到有效的改进和提升。表现在：

第一，子公司董事会成员来自母公司的比例大，兼职多。子公司董事更多代表母公司的意志，且集团公司高管人员或部门负责人兼任多个子公司董事，使得子公司董事会难以发挥民主决策机制。

第二，子公司董事会缺乏独立性和不作为。子公司董事会有时只是为了符合公司法和制度规范而建立，在运行中并未真正产生需要，决策事项大多被母公司董事会或经理人员做了，监督事项大多被忽略。董事会常年不召开或流于形式，董事只为业务需要时履行签字手续，成为"签字董事"。

第三，子公司董事会考核激励机制不健全。除经理人员有明确考核指标外，子公司董事会很少有明确的绩效考核指标，集团公司也很少对董事会建立有效的激励或约束措施，都将影响董事、监事履职积极性和弱化其职能。

应当通过商业生态系统原理建立集团董事会与子公司董事会责权制衡机制，使子公司股东会、董事会能够独立行使决策职能。

1. 建立派出首席产权代表制度

国有产权代表制度是国有资产管理机构派遣代表人到企业治理结构中，代表国有"股东"身份行使国有产权投资人职能的管理制度。首席产权代表的职责是将子公司的重大决策事项向集团公司管理机构请示报告，并严格按集团公司指示发表意见、行使表决权。集团委派的首席产权代表作为所在公司董事会建设的责任人，在董事会做出重大决策前必须向集团公司请示报告，以此既可以明确表达集团公司的意志，又能在必要时代表集团公司发表意见，建立与集团公司管理结构的沟通渠道和提升了效率，也使子公司董事会的决策职能得到充分发挥，避免了与小股东和其他股东的冲突。

2. 强化子公司董事会的决策地位

子公司董事会要围绕企业发展战略、重大投资、重大的改革重组、大额资金贷款担保、经理人员的考核与薪酬、加强内控等重大事项方面，组织子公司董事参与调研，提升董事会在公司治理中的治理能力，保证决策的科学性、监督的有效性，从而保证子公司各方面利益相关者的利益最大化。

3. 发挥董事会在子公司治理中的作用

（1）加强子公司董事会规范化的运作

为保证子公司董事会、董事各项职能得到履行，使董事会运作程序化、规范化和科学化。首先，要明确子公司董事会、董事的职责，让其明白其所肩负的责任，知道要做什么，董事会的职责、董事的职责应在子公司章程或董事会工作条例中加以明确；其次，要明确子公司董事会、董事如何开展工作的问题，建立子公司董事会、董事工作汇报制度等；最后，建立与健全董事会决策信息获取制度，为提高董事会的决策水平创造条件。

（2）建立子公司董事会有效的考核评价体系

为充分发挥董事会在子公司治理中的作用，提高子公司董事会成员履行职责的动力，集团公司应对子公司董事会建立有效的考核评价体系。子公司董事会考核评价体系应包括考核程序、考核内容、考核指标等，同时还应注重对考核结果的运用，只考核不运用等于没有考核。

（3）建立学习型的子公司董事会以提高决策能力

董事会是一个集体决策机构，董事会成员的知识结构和专业素质对董事会的经营决策正确与否至关重要。董事不"懂事"会导致子公司董事会运作的缺位，所以，应在子公司董事会建立长效学习机制，打造学习型董事会，既能提高子公司董事会决策能力，又能提高董事履职能力。

兵团工业用水与工业经济增长、产业结构变化的关系分析[*]

——兼论对兵团向南发展的启示

王光耀　罗万云[**]

一　引言

新疆地处我国西北部，是典型的干旱区。水资源的供需矛盾是制约新疆可持续发展的瓶颈。新疆生产建设兵团（以下简称"兵团"）是新疆的有机组成部分，履行着维稳戍边职责使命，兵团向南发展是党中央、国务院做出的重大战略部署，是实现新疆社会稳定与长治久安关键的一招。推动兵团向南发展需要从战略层面加强顶层设计，围绕发展经济、优化人口资源、加强民族团结等议题进行战略布局，走新型工业化、新型城镇化的道路。走新型工业化道路，有利于发挥兵团现代化生产要素集聚、集约化管理能力强的优势，发挥兵团辐射周边影响作用，提升南疆地区的工业化城镇化水平，带动南疆经济发展。兵团向南发展需要走新型工业化道路，走新型工业化道路需要落实严格的水资源管理制度，

---

[*] 项目基金：国家社科基金项目（项目编号：14CZS028）；新疆生产建设兵团社科基金项目（项目编号：13QN06）；教育部人文社会科学研究新疆项目（项目编号：12XJJC850006）。

[**] 王光耀，经济学博士，石河子大学兵团屯垦戍边研究中心老师；罗万云，兰州大学经济学院博士研究生，研究方向为资源经济。

加大节水力度，提高水资源利用效率。

工业经济增长离不开水资源的支撑。工业用水指的是工矿企业在生产过程中用于制造、加工、冷却（包括火电直流冷却）、空调、净化、洗涤等方面的用水，按照新水取用量计算，不包括企业内部的重复用水量。2016年，兵团工业取水总量26866.75万立方米，其中南疆兵团取水总量为6098.07万立方米。研究表明，工业用水量主要由经济发展水平决定，经济发展水平越高的地区，工业用水所占比例越高，经济发展水平越低的地区，工业用水所占比例就越低。[1] 工业用水的影响因素主要包括产业结构、生产工艺、生产规模、水价、环保政策等，产业结构对工业用水的影响非常明显，由于产业结构升级，一方面第二产业中耗水量大的部门为耗水量小的部门所代替，另一方面第二产业为第三产业所代替，第三产业用水量明显少于第二产业，从而使工业用水量减少。[2] 张月、潘柏林等人的研究表明中国的工业用水发展水平契合库兹涅茨曲线，即人均工业用水与人均GDP存在着倒"U"形关系，拐点出现是由技术创新与产业结构升级等因素引致。[3] 张兵兵、沈满洪的研究表明：工业用水与工业经济增长、产业结构调整具有长期均衡关系，且对短期变化具有促进作用；工业水资源利用与工业经济增长之间的关系呈现倒"U"形（中国东部）或者"N"形（中国中部），而技术创新、结构调整是出现拐点的技术因素，水价提升与水权交易则是经济激励因素。[4][5] 张陈俊、章恒全提出在发展经济时，要注意产业结构调整、技术创新等，减少区域间社会经济发展的差距，实现经济增长与工业用水量同时下降的

---

[1] 陈亚宁、杜强、陈跃滨：《博斯腾湖流域水资源可持续利用研究》，科学出版社2013年版。

[2] 贾绍凤、张士锋、杨红等：《工业用水与经济发展的关系——用水库兹涅茨曲线》，《自然资源学报》2004年第19（3）期。

[3] 张月、潘柏林、李锦彬等：《基于库兹涅茨曲线的中国工业用水与经济增长关系研究》，《资源科学》2017年第39（6）期。

[4] 张兵兵、沈满洪：《工业用水与工业经济增长、产业结构变化的关系》，《中国人口·资源与环境》2015年第25（2）期。

[5] 张兵兵、沈满洪：《工业用水库兹涅茨曲线分析》，《资源科学》2016年第38（1）期。

局面。① 乔凯、韩延玲的研究表明新疆工业用水效率有所提高，影响工业用水效率的因素有人均 GDP、工业产值占比以及城镇化率等。② 魏玲玲、李万明认为新疆 14 个地州水资源与耕地面积和人口的匹配程度较好，但与国内生产总值处于极不匹配状态。③ 罗光明、侍克斌等人证明了新疆的水资源利用与 GDP 增长之间存在着协整关系。④ 张振龙、孙慧以新疆为研究区域，认为经济增长与总用水量、工业用水量和农业用水量之间均存在长期均衡关系，经济发展对用水量产生负向冲击，工业用水量和农业用水量随着经济发展出现正向冲击效应。⑤

综上所述，学界关于水资源利用与工业经济增长、产业结构之间的关系的研究已经有一定论述，已有的研究为本文提供了方法上的启示与思路上的借鉴。关于以兵团为研究视界的文本尚不多见，水是生存之本、文明之源、生态之基，在兵团向南发展中，需要高度重视水资源的使用问题，新型工业化更是需要重视水资源的使用，为此需要梳理清楚兵团工业用水与工业经济增长、产业结构之间的关系，以期为兵团向南发展具体实践提供借鉴。

二　数据来源与研究方法

（一）数据来源

本文原始数据采用《兵团统计年鉴》（2000—2017）、《兵团水利发展第十三个五年计划》等文献的相关数据，《兵团统计年鉴》从 2007 年开

---

① 张陈俊、章恒全：《新环境库兹涅次曲线：工业用水与经济增长的关系》，《中国人口·资源与环境》2014 年第 24（05）期。

② 乔凯、韩延玲：《新疆工业用水效率及影响因素分析——基于超效率的 DEA 和 Tobit 模型》，《新疆社会科学》（汉文版）2016 年第 5 期。

③ 魏玲玲、李万明：《干旱区水资源与经济发展要素时空匹配实证——以新疆地区为例》，《求索》2014 年第 3 期。

④ 罗光明、侍克斌、张宏俊：《新疆水资源利用和经济增长之间的关系》，《干旱区地理》2009 年第 32（4）期。

⑤ 张振龙、孙慧：《新疆区域水资源对产业生态系统与经济增长的动态关联——基于 VAR 模型》，《生态学报》2017 年第 37（16）期。

始统计兵团各师工业用水数据，据此确定了兵团14个师及兵直单位2006—2016年的工业用水、工业经济增长与产业结构变化，其中工业经济增长使用的是2005年为基期的不变价的工业增加值。

图1为兵团14个师及兵直单位工业用水的时间趋势图，从图中可以看出，不同师的工业用水趋势不尽相同，只有第六师、第七师和第八师具有较为明显的工业用水增加趋势，第一师工业用水波动较大，其他师的工业用水趋势较为平稳。

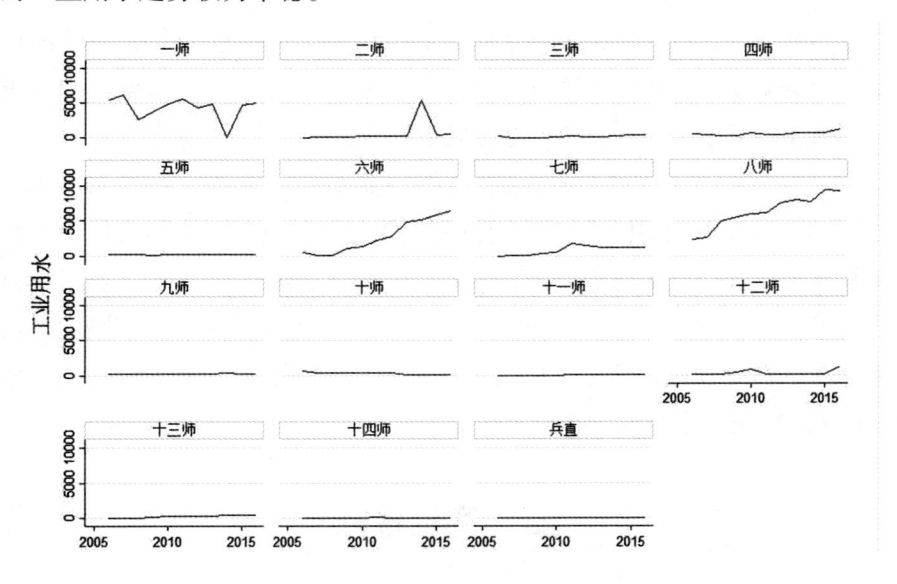

图1 兵团14个师及兵直单位工业用水时间趋势

（二）研究方法

面板数据指的是在一段时间内跟踪同一组个体的数据，它既有横截面的维度，又有时间维度，面板数据模型能够从个体、指标和时间三个维度反映研究对象的变化规律和个体特征，能够充分地利用样本包含的信息量。面板数据模型构建与运行一般需要进行单位根检验、协整检验和因果关系检验。

1. 单位根检验

基于宏观数据的非平稳性，在协整检验及模型评估之前需要进行单位根检验，为了检验 $\{y_{it}\}$ 是否包含单位根，考虑如下面板自回归模型：

$$y_{it} = \rho_i y_{i,t-1} + z'_{it}\gamma_i + \varepsilon_{it} \tag{1}$$

其中，$i=1$，…，T_i，T_i 表示时间，而 ε_{it} 表示平稳的扰动项。$z'_{it}\gamma_i$ 表示个体固定效应，一般情况 IPS 检验、费雪式检验与 Hadri LM 检验允许非平衡面板，LLC 检验、HT 检验、Breitung 检验则要求平衡面板。

2. 面板模型估计

本文参考已有的研究成果选取工业增加值、工业增加值占 GDP 的比重变化分别衡量工业经济增长与产业结构变化，其中 GDP 数量使用的是各师按生产要素分生产总值，存在以下模型：

$$\ln iw_{it} = \beta_{0i} + \beta_{1i}\ln igdp_{it} + \beta_{2i}\ln izb_{it} + \varepsilon_{it} \tag{2}$$

其中 iw 为工业用水量，由于没有直接的统计资料，本研究使用各师规模以上工业企业水消费代替，$igdp$ 为工业增加值，izb 表示工业增加值占总 GDP 的比重，i 表示兵团各师，t 表示年份，ε_{it} 为随机扰动项，β_{0i}、β_{1i}、β_{2i} 为待估参数。为了消除时间序列中的不稳定性和异方差现象，本文将原有的数据转化成自然对数形式。

三 实证检验

（一）单位根检验

本文利用 EViews8 软件，采用 LLC 检验、Breitung 检验、IPS 检验、Fisher-ADF 检验与 Fisher-PP 检验物种方法对兵团 14 个师及兵直单位面板数据的稳定性进行检验，如表 1 所示，在对工业用水量、工业增加值和工业占比的自然对数进行单位根检验时，$\ln iw_{it}$、$\ln igdp_{it}$、$\ln izb_{it}$ 水平值检验结果均在 1% 或者 5% 的显著水平上拒绝原假设。由于水平值强烈拒绝"存在单位根"的原假设，即认为面板数据水平值即为平稳数据。一阶差分也强烈拒绝"存在单位根"的原假设，不需要进行协整检验。

表1　　　　　　　　　　面板数据单位根检验结果

项目	指标	LLC	Breitung	IPS	Fisher-ADF	Fisher-PP
水平值	$\ln iw_{it}$	-7.94411***	-1.91639**	-5.11325***	61.2130***	94.1586***
	$\ln kgdp_{it}$	-7.76868***	—	-6.15003***	74.5401***	74.5933***
	$\ln izb_{it}$	-10.2970***	-9.32637***	-6.15413***	71.4052***	97.3604***
一阶差分	$\ln iw_{it}$	-10.9561***	-1.45220*	-6.83549***	79.0109***	135.572***
	$\ln igdp_{it}$	-10.9457***	-2.17175**	-8.21309***	92.0648***	194.202***
	$\ln izb_{it}$	-15.0196***	-12.8868***	-11.2489***	122.288***	215.438***

注：***、**、*分别表示在1%、5%和10%的显著水平上拒绝原假设（即面板数据存在一个单位根）。

（二）模型估计

1. 豪斯曼检验

在处理面板数据时，究竟使用固定效应还是随机效应模型，需要进行豪斯曼检验。检验结果如表2所示。可以看出，P值为0.0006，强烈拒绝原假设"H_0"，认为应该使用固定效应，而非随机效应模型。

表2　　　　　　　　　　面板数据豪斯曼检验结果

	(b) FE	(B) RE	(b-B) Difference	sqrt[diag(V_b-V_B)] S.E.
$\ln igdp_{it}$	0.3335068	0.4400342	-0.1065275	0.0527935
$\ln izb_{it}$	0.6147206	0.6189276	-0.004207	0.1921432
截距	-0.0128978	-1.219044	1.206146	0.2064615

注：b = consistent under Ho and Ha; obtained from xtreg;

B = inconsistent under Ha, efficient under Ho; obtained from xtreg;

Test: Ho: difference in coefficients not systematic;

　　　chi2 (3) = (b-B)´[(V_b-V_B)^(-1)](b-B)

　　　　　　= 17.39

　　Prob > chi2 = 0.0006

　　(V_b-V_B is not positive definite).

2. 面板模型估计结果

通过豪斯曼检验，可知应使用固定模型。本文认为兵团 14 个师及兵直单位的情况各不相同，可能存在不随时间而变的遗漏变量，进一步说明应该使用固定效应模型（FE），检测结果如表 3 所示。可以看出，固定效应模型整体上在 1% 的显著水平上显著，该模型较好地说明工业水资源利用与工业经济增长的关系以及产业结构变化对工业水资源使用之间相互影响的关系。该模型可以看出，工业经济增长与工业用水的回归系数为 0.3335068，该值在 1% 的显著水平上通过检验，说明在其他条件不变的情况下工业经济每增加 1% 的数值，工业用水量增加 0.33%，工业占比与工业用水量回归系数为 0.6147206，该值在 5% 的显著水平上通过检验，说明在其他情况不变的情况下，工业占比每增加 1%，工业用水量增加 0.61%。

表 3 　　　　　　　　　面板数据固定效应估计结果

				F (2, 148) = 31.32
corr (u_i, Xb) = 0.5200				Prob > F = 0.0000
$lniw_{it}$	Coef.	Std. Err.	T	P>｜t｜
$lnigdp_{it}$	0.3335068	0.112856	2.96	0.004
$lnizb_{it}$	0.6147206	0.304613	2.02	0.045
截距	-0.0128978	0.7739416	-0.02	0.987

四　结论及对兵团向南发展的启示

（一）基本结论

本文利用兵团 14 个师和兵直单位的面板数据，通过固定效应模型，对兵团工业水资源使用与经济增长、产业结构变化之间的关系进行了分析，得出以下结论：

兵团工业水资源与兵团工业经济增长以及兵团产业结构之间存在均衡关系，通过单位检验，面板数据水平值具有平稳性，使用固定效应估计了工业水资源利用与工业经济增长、产业结构变化之间影响关系，结果显示：在其他条件不变的情况下，工业经济每增加1%的数值，工业用水量增加0.33%；在其他条件不变的情况下，工业占比每增加1%，工业用水量增加0.61%。即在其他条件不变的情况下，产业结构变化相较于工业经济增长给工业水资源利用带来的影响更加明显，该结论与张兵兵等人研究的结论相同。[①] 水资源是兵团工业经济发展的制约因素，产业结构是影响水资源使用的重要因素。在新疆这个缺水的地区，兵团自然条件较差，水利建设还比较薄弱，特别是南疆及边境团场还存在短板，兵团提出在"十三五"期间，年供用水总量控制在120亿立方米以内，农业用水比例下降到90%以下，万元国内生产总值用水量、万元工业增加值用水量较2015年分别降低25%和20%，农田灌溉水有效利用系数提高到0.58以上。所以，适当地调整产业结构，降低农业用水，适当增加节水型企业在整个国民经济中的比例是兵团向南发展中应该重点考虑的方向。

（二）对兵团向南发展中水资源配置的启示

兵团向南发展一个很重要的约束条件是南疆水资源有限。随着经济社会的发展，南疆水资源供需矛盾逐渐突出，已有的研究表明，南疆广大地区在以水资源开发利用为核心的大强度人类活动、社会活动的作用下，生态环境发生显著变化。一方面，土地生产力和水资源利用效率得到提高、绿洲小气候得以改善、资源环境容量得到增加。另一方面，生态问题与环境问题日益突出，譬如：山区水源涵养功能下降、绿洲土壤盐碱化问题突出、湖泊水环境污染问题突出、荒漠生态系统退化等。[②] 在兵团向南发展过程中需要立足南疆的自然条件、资源禀赋、区域特征和产业优势，把握好水资源红线，推动形成绿色生产方式。根据本研究得出的结论，并依据相关研究文献，适当延伸，得到以下启示：

[①] 张兵兵、沈满洪：《工业用水与工业经济增长、产业结构变化的关系》，《中国人口·资源与环境》2015年第25（2）期。

[②] 陈亚宁、杜强、陈跃滨：《博斯腾湖流域水资源可持续利用研究》，科学出版社2013年版。

1. 合理规划好工业发展规模，合理配置好兵团向南发展中工农业用水比例

工业发展规模大小是支撑兵团向南发展可持续的关键，是吸引人口向南疆迁徙的重要基础，需要合理规划工业发展规模，合理配置好兵团向南发展中工农业用水比例，根据预期南疆兵团工农业发展规模和城镇人口增加幅度合理配置水资源，促进南疆兵团水资源合理使用、可持续开发。

2. 以发展南疆兵团工业经济为契机，制定合理兵地水资源协调机制，促进兵地融合

兵团向南发展建设新型工业化过程中，离不开新疆各地市州以及北疆兵团各师局的大力支持，可以以此为契机，发挥兵团和地方的各自优势，深度合作共同推进新型工业化发展，在水资源使用上进一步加强沟通，建立协调体制机制，协调和解决好兵地间的各种具体问题，促进兵地融合。

3. 提高兵团向南发展中工业用水的效率，兵团成为先进生产力示范区

兵团向南发展过程中，一方面，需要依靠全疆乃至全国的人才资源，推动科技创新，加大新创企业的科技投入力度，促进企业循环利用水资源，推动工业用水效率的提高；另一方面，需要优化产业结构，发展节水型工业，规划建设合理的生态工业园功能区，建立水资源循环利用系统，推广使用节水技术，提高水资源循环利用效率，进而促进水资源产出率。这样不仅促进南疆兵团经济社会发展，同时能够发挥"辐射"作用，成为先进生产力示范区。

4. 推进产业结构优化升级，提高兵团向南发展中总体用水效益

在兵团向南发展过程中，统筹考虑兵团地理特征及自然生态要素，依据资源禀赋调整产业结构，适当提高新建或者扩建团场、市镇用水量小的工业在整体国民经济中的比重，发展节水型工业，降低生产总值的单位耗水量，把节约出来的水资源用于南疆生态用水和新移民人口的生活用水。促进水资源使用的供需均衡，促进水资源使用的可持续发展。

按照"三条红线"控制指标①，做好南疆新建和扩建团场的产业结构规划。

5. 实施虚拟水战略，实现兵地多赢共赢局面

"虚拟水"指在生产产品和服务中所需要的水资源数量，即凝结在产品和服务中的虚拟水量。虚拟水战略是指缺水国家或地区通过贸易的方式从富水地区购买水密集型农产品，尤其是粮食，来获得水和粮食的安全。虚拟水战略对于南疆兵团的发展具有更加紧迫的意义，兵团向南发展，需要迁移大量的人口到南疆屯垦戍边，南疆是典型的干旱区，如何保障南疆新增人口的用水安全、维护南疆生态安全是需要同时考虑的问题。虚拟水以"无形"的形式寄存在其他商品中，相对于实体水资源而言，其便于运输的特点使贸易变成了一种缓解水资源短缺的有用工具。相对于农业的高消耗水，在南疆大力发展节水型工业更有利于节约水资源，利用南疆不断完善的交通运输网络，购买当地群众生产的农副产品，通过贸易的形式最终解决水资源短缺和粮食安全问题。与此同时，兵团向南发展过程中，优先发展节水型工业，能够在节约用水的同时，吸收大量的务工人员，实现人口迁移。这样能够同时实现提高地方群众收入、节约生产用水、促进南疆兵团可持续发展、促进兵地融合与民族团结等多赢局面。

6. 规划好塔里木河流域工业用水战略

在南疆，和田依赖和田河，莎车依赖叶尔羌河，喀什依赖喀什噶尔河，阿克苏依赖阿克苏河，库车依赖渭干河，库尔勒依赖孔雀河，若羌依赖车尔臣河，阿拉尔处于和田河、叶尔羌河、喀什噶尔河、阿克苏河四大支流汇聚成的塔里木河干流源头。南疆兵团共有四个师：第一师、第二师、第三师以及第十四师，这些师分布在塔里木盆地边缘的绿洲地带。其中，37个团场成月牙形分布在塔克拉玛干沙漠边缘，分布线长1500多千米。兵团的使命以及分布特点决定了兵团向南发展依然会围

---

① 2011年中央一号文件明确提出，实行最严格的水资源管理制度，建立用水总量控制、用水效率控制和水功能区限制纳污"三项制度"，相应地划定用水总量、用水效率和水功能区限制纳污"三条红线"。

绕着塔里木河流域布局扩建。兵团向南发展需要走新型工业化、新型城镇化道路,这就要求我们紧紧围绕塔里木河流域做文章,布局好、谋划好工业用水取点分布、工农业用水比例,以及严格控制河湖排污总量。

如何凭借历史文化积淀促进精神文明建设的思考

高人雄[*]

文化建设（精神文明建设），是国家长治久安的百年大计，也是营造好的投资环境、促进经济繁荣的基础。精神文明建设对一个国家、一个地区乃至一个企业都极其重要。精神文明建设与法制社会建设相辅相成，一个高度法制的社会需要有较好的文化基础，人们有自觉维护法律的意识。反之，文明基础差则是破坏法制、钻空子，利用法律来"合法犯罪"。所以文化建设是国家经济发展的软实力，也是新疆可持续发展的人文环境建设的重要环节。而如何推进文化建设，这是一项复杂而艰巨的工程，需要正确的文化导向，知识阶层与广大民众联动，加之领导决策的大力推动。也因为文化有着强大的延续性和继承性，有着强大的惯性作用，不是单凭人为的规定（制定条规）就可以改变的，我们须遵循文化发展的规律来促进文明建设。习近平总书记高瞻远瞩强调弘扬优秀传统文化，这是促进精神文明建设的重大战略决策。弘扬优秀传统文化，即在继承中求发展。

一个民族、一个国家，都会经历漫长的历史文化演进过程，积淀下丰厚的文化遗产，形成传统文化属性。传统文化是一条长河，她从远古走来，裹挟着不同时代和不同区域的沙石，再奔向未来。文化是一条割

---

[*] 高人雄，西北民族大学文学院教授、古代文学教研室主任。

不断的河流，但是，传统文化又是在嬗变中前行发展，走向文明。我们的精神文明建设，既要继承历史文化，又要导入当今社会精神文明健康发展的轨迹。这就需要我们探讨如何使文史研究与当今社会精神文明建设紧密结合，如何将传统文化的延续发展与导入当今社会的精神文明建设的轨迹相结合，使继承传统文化的过程承载起精神文明建设的使命，也使精神文明建设具有厚重的文化载体。

如何将传统文化导入当今的精神文明建设，首先需要对传统文化进行深入研究。对于新疆地区的文化建设，则首先要研究新疆的历史文化特点。在此基础上，整理萃取优秀的历史文化精华，进而对优秀的历史文化遗产进行深入研究阐发，研究与现代社会文明的结合点。这些研究和阐发的成果，不是束之高阁，仅供学界的品评，而是要作为教育和宣传的基础资料，推而广之，获得普遍认知。

一　明晰历史上新疆地区多民族文化的特点

首先，要了解历史上新疆地区多民族文化并存的特点。新疆自古是多民族聚居之地，因其地处中亚腹地，历史上受东西文化多重影响，文化的积淀丰富而厚重。要将丰富的文化积淀为当代新疆的精神文明建设服务，将多民族的传统文化导向健康的发展路径，与当今社会精神文明构建相接轨，须深入研究自古以来西域多民族文化特点。以传统的是非观、价值观为文化基础，引入政治法规、社会纪律的合理理念，与政治理论的宣传教育，互为表里，使之更能深入民心，更能为普通民众所接受。因为大众对理论问题的接受，受文化层次的制约，存在一定的距离和隔阂，乃至会感到不自在、陌生或产生抵触情绪。这种情绪为敌对势力所利用，会成为社会不安定因素。但传统文化是人们熟识的，历史上已形成了的相对稳定的价值观，在民间易被接受。所以凭借历史文化的积淀，建立正确的社会价值观，在重大问题认识上，与国策法规达成共识，这对精神文化建设具有重要意义。

从西域民族（族群）及政权的变迁看，秦汉以前古代西域的民族（族群）主要有塞人、月氏人、乌孙人、羌人、匈奴人和汉人等。自公元前2世纪以来，汉朝与匈奴激烈争夺西域的统辖权，于公元前60年，西汉政府统一了西域，随后设置西域都护府管辖天山南北。至魏晋南北朝时期，继匈奴之后，鲜卑、柔然先后在蒙古草原建立政权，并与中原王朝争夺西域。高车，亦称铁勒，最初游牧于贝加尔湖及鄂尔浑河、土拉河流域，公元487年高车副伏罗部首领因反对柔然进攻北魏，与其弟率所属十万余落（户）西迁，在车师前部（今吐鲁番交河故城）西北建立高车国。嚈哒起于塞北，后进入西域，5世纪中叶攻月氏建立政权，定都于拔底延城（今阿富汗北部巴尔赫），后东侵越过帕米尔高原，一度控制南疆部分地区。吐谷浑鲜卑，4世纪初自辽东西迁，逐渐控制了今甘南、四川北部和青海部分氐羌部族，并建立政权，5世纪末从高车人手中夺得鄯善、且末，大批吐谷浑人迁入罗布泊周围地区。突厥人最初活动于叶尼塞河上游地区，后徙居高昌北山，5世纪初被柔然征服，被迫迁至金山，6世纪初强大起来，552年击败柔然，建立突厥汗国，控制了东至辽海、西至西海（今里海）、南至沙漠以北，北至北海（今贝加尔湖）的广大地区。583年突厥开始分裂为东、西两部分。西突厥位于阿尔泰山以西，据有乌孙故地，至统叶护可汗（619—628年）时西突厥势力达到极盛，又建帐于千泉（今吉尔吉斯斯坦托马克西之明布拉克），遂霸西域诸国。所以魏晋至隋唐，西域民族又增加了鲜卑、柔然、高车、嚈哒、吐谷浑、突厥等民族（族群）。宋、元及以后，西域经历回鹘汗国、西辽政权以及蒙元几个汗国统治时期。可知，西域自古是多民族聚居之地，文化特色具有多元性。

多元民族文化史料文献留存于多种文字中。传统文化蕴含于民俗中，也辑录在文史资料中。就辑录下来的文史资料而言，有汉文史料，也有西域民族文字史料。汉文字一直沿用至今，而历史上西域各种民族文字，则各自有一定使用时段。大致而论，西域古代民族文字如吐火罗语、和田塞语等，用婆罗米（Brahmi）字母写成（除部分用佉卢Karoshthi字母以外），为我国汉唐时期西域民族古文字，到公元8—9世纪回鹘人迁居新疆塔里木盆地，这些语言逐渐消亡或融入后者。回鹘文的使用自唐代至明代（8—15世纪）；察合台文，10世纪下半叶至13世纪初称喀什噶尔语，13世纪分化为3支，其中一支在帖木儿时期被称作察合台语，成为维吾尔、乌孜别克、哈萨克、柯尔克孜、塔塔尔等民族的共同书面语一直持续到 20 世纪初。藏语言文字历史悠久，但与西域有关的藏语言文字文献主要集中在 8—9 世纪吐蕃时期。蒙古托忒文和满文是 17 世纪以后形成的文字，而在西域部分地区或范围使用过。综上所述，西域历史文化史料存在于多种语言文字书写的资料中。

二 明晰新疆历史上以汉文化为主导的积极意义

在漫长的历史文化进程中，逐渐形成了华夏文化圈。历史上相对先进的中原文化，不断向四周扩散，也不断吸收和滋养自身的文化发展，逐渐形成了以汉文化为核心的华夏文化圈。自汉唐以来，以汉文化为核心的华夏文化辐射漠北、中亚、东南亚，在这些区域占有统摄地位。虽然语言不相同，国内外语言学家称为"汉字文化圈"（主要指朝韩日本等，大漠、西域也兼用汉字）说明中原文化影响之大。汉唐以来，中原制度、儒学经典，甚至启蒙学教材等都在西域得到推行和接受。佛教作为亚洲当时最主要的宗教，由汉魏时期东传（西域传入中原）到唐宋时期西传（中土传入西域），逐渐形成共识，为文化上的沟通和认同积淀了深厚的基础。这种文化认同不仅在汉文史料中有记载，在其他文字史料中也不例外。如出自 11 世纪喀喇汗王朝的突厥学者麻赫穆德·喀什噶里的《突厥语大辞典》及中世纪阿拉伯、波斯文献中，多处把喀什与宋、契丹并列，认为中国是由这三部分组成的。在一位美国学者的著述《早期吐蕃在中亚的争夺》所引用的阿拉伯、波斯文献中，也将西域诸多部族称为中国人。古代新疆是中国的一部分，古代新疆诸多民族是中华民族成员，在历史上已形成了共识。

古代西域一些名著也是处于中国文化的影响之下产生的。就以喀喇汗王朝时期的尤素福·哈斯·哈吉甫的《福乐智慧》为例，作者在"序言"中直言不讳："他以秦地哲士的箴言和马秦学者的诗篇装饰而成"，整部作品体现了中原汉文化与回鹘传统文化的有机融合，国外也有研究者认为，整个喀喇汗王朝表明了与中国文化的一统性。如果细致研读，并以此与中国古代思想流派进行对比研究，更能清晰地看到文化的亲缘性。

高昌回鹘汗国与中原文化联系更加密切。自公元前2世纪前后，汉武帝击败匈奴伊始，高昌地区逐渐形成了以汉文化为主导的多民族聚居格局。经汉、魏、西晋、十六国、北朝至隋唐，相继设置行政区域。高昌居民"语言与中国略同""文字亦同华夏"，且有《毛诗》《论语》《孝经》，置学官弟子，以相教授，宗教信仰主要是佛教。在这种文化土壤中生成的文学，具有典型的中国西北地域文学特征，具体而言，与敦煌、凉州或十六国北朝文学元素相近，其特点是汉文字作品和民族文字作品并存，宗教文学与翻译文学占有较大比重。入元以后，高昌畏兀儿是色目人中文化智慧最高的部族，他们或参政入仕，或为宗教名流，或为师或著述，文人学者辈出。

三 展开传统文化资源整合研究

精神文明建设，是属于意识形态领域的文化建设，这种意识形态又是根植于传统文化之中，是千百年来形成的，具有深厚的大众文化基础。经过历史长河的淘选，传统文化精华会留存下来，但也不可否认其中也有陋习、滞后于时代的成分，所以需要取其精华去其糟粕。传统文化又会在潜移默化中嬗变，可以说又是动态延续与发展的。如何将传统文化导入精神文明建设轨迹，这关系到理论构建、文化资源整合研究（阐释与应用结合）、导入途径实施措施的探索。

新疆地处中亚腹地、东西文化交流的枢纽地带，历史上多民族聚居多种语言文字并用，历史上留存下来的文化史料，就存在于这些曾经使用过的多种文字文献之中。为了便于整合，我们可按文献性质分为三大部分：其一，典籍类中的相关资料；其二，宗教文献中的相关资料；其三，出土文书写卷中的相关资料。从这三大部分文献中析取传统文化精髓，进行分类整合。

四 相关史料文献的分析与阐释

对经典篇目章节及相关史料文献进行归纳。两千多年来，西域文化与中原文化之间广泛交流和吸收，具有共识的文化元素广泛存于历史典籍、宗教写本、民间文学之中。经典名著如《福乐智慧》《突厥语大辞典》等，其中优秀的精神文化元素极其丰富，尚智尚善向往社会进步的文化精神，与当今社会的精神文明建设，可以合轨或互动。我们可以通过分析归纳，从中选辑出代表性的经典篇目、章节或条目，编辑成册。通过分析，按主题拟归纳为以下几个方面：国家统一认同观、和谐文明社会观、个人道德行为观，等等。将传统文化元素，与当今新疆精神文化建设密切结合起来。

关于经典篇目章节及相关史料文献的阐释。经典篇目章节等的阐释是重点，也是难点。经典作品由于历史的隔阂，语言晦涩，需要注释和解析。犹如经学家解经，有诗、书、礼、易、春秋、五经，就有了"五经"博士为之注疏传授。我们通过对文献较广泛的考察、分析，然后进行归纳，选辑出经典篇目章节。对选辑的篇目进行深入分析研究，重点发掘在漫长历史中形成的文化共识元素，对国家统一、社会安定、民族团结有利的价值取向因素；对社会文明进步、发展经济、繁荣文化有利的积极精神取向。对经典篇目注释，使之通俗易懂，便于普及引用。解析阐释则围绕文化精神建设的主导思想，使之接地气、通民心。使国家文明法规与文化精神接轨，文化精神建设与传统文化接轨，这是深刻的学术研究的症结所在。

五 面向大众的文化教育与宣讲

精神文明建设关涉广泛的社会群体，从城市到乡村，从儿童到老人，从政府部门到市井民众等，"入其国，其教可知也"（《礼记·经解》），社会精神文明，体现在每一位公民身上。作为新疆的居民，应该知道基本的地方历史文化，应该对本地域的历史文化有一个基本准确的认知，这样不至于人云亦云而受蒙蔽。再进一步，对优秀的传统文化加深理解，主动传承，在历史文化与现今社会文明之间搭起桥梁，使当今社会文明建于丰厚的文化基石之上。所以研究的成果须通过教育与宣传，成为广为人知的知识。这样，方能使传统文化在继承中发展，为精神文明建设铺垫厚重的文化基础。基础夯实了，精神大厦方能坚固。

总之，典籍等文献中承载着丰富的传统文化元素，将传统的优秀文化元素与当今的社会价值评判接轨，能历史地看待问题，现实地分析问题，面对不良事件有本能的抵御能力，不受蛊惑。使传统文化意识与现代精神文明建设的理论接轨。精神文化建设在延续传承文明的长河中走向现代文明。文史研究人员作为新疆精神文化建设的推进者，要了解和研究多民族文化内核，熟悉文化载体的经典著作，凭借西域史实、当地先贤至理名言、历史形成的民间共识，将传统文化意识有机地导入当今精神文明理念。并将这些研究成果，推而广之，作为教育宣传的蓝本，增进文化共识和社会安定，促进新疆精神文明建设。

新疆文物保护面临的问题与建议

林梅村[*]

一 西域都护府遗址

（一）奎玉克协海尔遗址（乌垒城及西域都护府治所）

建立西域都护府是汉王朝经营西域的一项重大举措，是在汉、匈奴双方经过多次反复较量，匈奴在西域力量退缩，汉王朝控制力加强的背景下发生的。而西域都护府到底设立在哪里，一直是学者们争论的焦点。

据考古发现，张骞通西域以前塔里木盆地西域三十六国流行圆城。由于地处孔雀河、策大雅河、迪那河或塔里木河的河网地带，这些古城大都在城内构筑高台建筑。西域都护府设在乌垒国都——乌垒城，该古城应采用西域传统圆城与中原汉式方城相结合的建筑形式。我们认为，此城当即轮台县东南奎玉克协海尔古城。

据近年新疆巴州文物普查，奎玉克协海尔古城位于轮台县东南约20公里喀拉塔勒河下游红柳丛中。该古城有两重城，外城平面呈方形，方向为北偏西10°。步测周长920米，边长约230米。城墙已坍塌，残高4—5米，城基厚约5米，西南墙存有豁口，似为城门，宽约6米。内城呈圆形，城内筑有残高达8米的高台建筑，高台底部南北100米，东西宽约80米，高台上废墟有土坯建筑。城内遗物丰富，主要有磨制石镰、石磨、石锄、手制夹砂红陶和灰陶质单耳罐、灰陶带流罐、双耳陶罐等陶

---

[*] 林梅村，北京大学考古文博学院教授。

器，以及铁器残块、骨器、铜器等残件。1928年黄文弼调查此城，命名为"柯尤柯沁"，并在城内发现了红衣黑胎陶片以及红底黑花彩陶片，其中一片彩陶为红彩，口沿内绘宽带纹，口沿外绘斜线交叉纹。器型有罐、釜、带流器等。

奎玉克协海尔古城中有一土坯构筑的大型台基，高达5米，乌垒城之"乌垒"似得名于此。

2011年7月，笔者到轮台考察时，巴州文物局提供了奎玉克协海尔古城文物普查资料。据他们测绘，奎玉克协海尔"城址平面略呈圆角长方形……周长940米，直径约230米"。河曲城（小河古城，周长880米，边长约合220米）即郑吉任屯田校尉或卫司马（秩比二千石）时的治所，规模比郑吉迁西域都护（秩二千石）后的治所乌垒城略小。

从上述分析可以看出奎玉克协海尔遗址对于探知西域都护府治所的重要性。当地文物部门也给予了足够的重视。1957年1月，该古城被公布为自治区级文物保护单位。1980—1981年，新疆博物馆文物队做过调查和测量。在近几年的全国文物普查过程中，该遗址也进一步被纳入重点考察范围，并绘制了较为清楚的平面图，详细的调查信息也逐步公布出来。最近，中国科学院遥感所也参与了该遗址的调查研究工作，通过物探的方式，对还未经过发掘的古城地下的夯土结构、遗址堆积做出进一步科学分析。这是一个良好的尝试，为以后考古发掘工作的展开提供了一个科学的依据和方案。

随着风雨的侵蚀以及其他外因的破坏，现在的城墙已经坍塌低矮，保存状况一般。此外，古城周围是荒漠景观，地表为粉沙碱化土，生长有稀疏红柳、骆驼刺等植物。现在该古城的地位相当重要，首先要对遗址保护区范围内部的城址进行进一步勘查，如果存在有持续的坍塌、侵蚀，应在不破坏遗址原本状态的基础上，进行外围的加固工作。城址内部保持原貌，不允许随意进入或者进一步破坏的行为。此外，在未进行科学发掘之前，应普遍检查该遗址周围是否还有未被发现的居址、墓葬、窑址以及其他遗迹，做好记录。值得注意的是，不仅仅要保护古城城墙及内部的范围，而且要在细化调查的基础之上，合理扩大遗址保护范围，将城周围尤其是重要的通道都囊括在保护的区域之中。考虑到地方文物部门业务繁多且相关设备不齐全等问题，应与测绘、文物保护等专业部门合作，进一步细化调查工作，提供更为准确、精细的数据资料，也为将来的研究做好基础性工作。

（二）小河古城

2002—2007年，新疆文物考古研究所考古队在发掘小河墓地时，对周边古代遗存进行考古调查，并且采集到西汉陶片、西汉晚期石眉笔和东汉连弧柿蒂纹铜镜。2008年11月，中科院考察队吕厚远在新疆孔雀河支流小河墓地西北6.3公里处发现一古城。该古城位于若羌县铁干里克乡英苏村东南，地处罗布泊西部的孔雀河干河床南约30公里处的风蚀与流动沙丘地带。古城平面大致呈方形，边长约220米，可测墙体宽度约为6米，由红柳枝和泥土构建而成。调查者在地表采集到陶纺轮、陶片、石磨盘、陶制坩埚、铜门扣、铜锁、嵌宝石铜带扣、纺锤、玻璃器、五铢钱等大批文物，今称"汉晋四号遗址"。考察者后来将从古城墙体内采集的红柳枝和木炭样本拿到实验室作碳14测年，年代在公元437—501年。

小河古城是目前所见罗布泊地区仅次于LA古城的第二大古城遗址，边长约相当于汉代100丈，且城墙基本呈正方形，略有偏角，应是按照汉代规格建造。另外，据中瑞西北科学考察团瑞方队员贝格曼（Folk Bermann）调查，小河流域附近有汉代烽火台，地表采集到五铢钱、铜镜等西汉遗物，今称"小河烽火台"。近年新疆文物普查时，还在小河附近阿拉干采集到一个西汉铜弩机。

《资治通鉴》中记载："日逐王素与握衍朐单于有隙，即帅其众欲降汉，使人至渠犁，与骑都尉郑吉相闻。吉发渠犁、龟兹诸国五万人迎日逐王口万二千人、小王将十二人，随吉至河曲，颇有亡者，吉追斩之，遂将诣京师。汉封日逐王为归德侯。"我们推测，小河古城就是这里提到的郑吉所驻河曲城。根据《汉书·西域传》及居延汉简的记录，郑吉被封为"护鄯善以西校尉"，所以说，小河古城是护鄯善以西校尉的治所。

由于这个古城保存情况较差，大部分墙体已经风蚀殆尽。北墙部分墙体和南墙东段还保留着0.3—0.5米的高度，残迹显示为红柳和夯土间筑而成。东墙仅残存宽6—8米的墙体基部。有些墙体还被流沙掩埋。建议该城址要进一步测量，将城址的方向、城墙的走向都了解清楚，继而画出清晰的平面图。另外，小河古城周围还有一些重要的遗址，需要将这个古城和周围的遗址的关系进一步研究清楚。如果古城还要进一步发掘，则需要圈出保护区，划出明显警戒和区隔界线。该城所在地域也较难通入，导致相关工作的展开非常困难，需要大力支持交通设施建设、道路疏浚以及其他相关大型工程类的工作，这样才能保证工作的顺利展开。此外，流沙环境下的古城保护相对困难，需要有专业的固沙或清沙设备，由于小河古城所在区域大量的遗址都是处于这样的恶劣环境之中，进去调查一次都比较困难，更何况是考古发掘工作，相关的后勤保障体系也需要进一步健全。

（三）土垠遗址

遗址位于若羌县罗布泊镇罗布泊村，即罗布泊北、孔雀河尾闾的风蚀地貌中，北倚库鲁克塔格山，南临罗布泊湖床，周边广布风蚀台地以及风成沙丘，地表为湖泊沉积的粉沙黄色黏土。当地属温暖带典型大陆性干燥气候，自然环境十分恶劣，干旱少雨雪，夏季高温炎热，冬季严寒，常年盛行东北风，同时伴有不同程度的沙尘暴。北部山前地带为当年的核试验区。其南数十公里范围内分布古遗存数十处，西南约16公里为LE古城，约37.5公里为楼兰城。南距楼兰文物保护站10公里。

该遗址于1934年由黄文弼发现。位于罗布泊北岸一舌形风蚀台地上，平面呈长方形，总面积约1200平方米，包括房屋、墙垣、夯土台、木柱、井穴、壕沟等遗迹。壕沟位于南北端，南壕沟东西长约83米，北壕沟东西长约114米（包括缺口），南北壕沟间距110米。主要建筑遗址位于壕沟内的西部、西北部和东北部。西部遗址在一南北长约55米、宽约18米、高3米的土台上，南北直列木杆5根，杆高约3.6米，相距约3.5米，杆上端凿有一方孔，木杆旁横陈若干木质材料，周围有许多井穴，约四尺建方，用柳条渗以木屑，编织为褡，覆于井口。台地的南北端有房屋建筑遗迹。西北部的遗址位于上述台地的北侧，有一段墙垣，南北残长约25米，东西约5米。东北部的遗址位于一高台上，有建筑残迹。

该遗址中发现 71 枚汉简，其中有明确纪年者 4 枚，即黄龙元年、永光五年、河平四年、元延五年，是公元前 8 年—前 49 年的文书。还出土有铜器、铁器、漆器、木器、骨器、石器、陶器、玻璃器、丝麻织品、料珠、草具等 600 余件文物。土垠遗址是汉朝建立在罗布泊地区沿线诸烽燧的管理机构和补给基地，也是汉通西域楼兰道的交通线上的大本营。对于两汉时期敦煌至罗布泊地区的军事交通、烽燧线的建立和建制，以及汉王朝经营西域等诸多方面具有较高的研究价值。

该遗址的发现与重大研究意义。2016 年 10 月，我们前往该地区调查，认为对该遗址的发掘研究首先应有个总体规划，将其放入楼兰遗址或者是沿线烽燧线的一个体系之中系统研究。土垠遗址的发掘工作应该继续持续，切实弄清楚遗址的全貌及地层关系，同时需要绘制清晰的平面图和结构图。在该区域发掘是相对困难的事，所以需要大量的补给和支持，才能确保在该遗址的长时间发掘。

值得一提的是，黄文弼先生在该地区调查发掘的资料一直没有得到很好的发表和公布。尤其是其中的文献资料，几经周折，现在大多数收藏在中国国家博物馆，少量吐鲁番墓砖归故宫博物院所有。由于保守的管理体制，大部分学者是很难见到以及利用原件的，这无疑降低了这些文献资料的价值，也遮掩了黄文弼先生原本应当拥有的荣誉。所以我们建议应该多方合作，进一步公布黄文弼先生几次在新疆的考察所获文物及文献材料，以便以后的研究。

（四）楼兰烽火台至拉依苏烽火台之间汉代烽燧线

LJ 烽燧。该烽燧由斯坦因于 1914 年发现并编号为 LJ。烽燧位于一座长约 100 米、高 12 米的雅丹台地上，台地呈东北向长条形，烽火台构筑在台地东北端，受劲风的吹蚀，残存长 6.4 米（与台地同向）、宽 2.4 米、高约 1 米的密实的红柳枝束层，红柳枝层中间有根胡杨木柱，以起加固作用。台地两侧的坡地上散落许多凌乱的红柳枝，迹象表明，烽燧南北两侧已被严重风蚀，原先肯定要比现在宽许多，可能原基部为方形。烽燧东南角外约 1.5 米的地方，有一小堆被烽燧掉落泥土半埋的废墟，废墟中有烧过的红柳、灯心草垫子、苇草及大量的胡杨木片等。坡面上散布一些质地较粗的陶片。与周边的一些重要遗址相联系，发现它们大致呈东北—西南方向分布，其中 LJ 烽燧与 LF 戍堡、LE 古城、楼兰古城等均基本在一条直线上。则该烽燧当是楼兰古城东北部汉晋时期的一处军事设施。

孔雀河烽燧。孔雀河烽燧遗迹群坐落于尉犁县境内孔雀河沿岸的荒漠地带。烽燧均有不同程度的风蚀、倒塌，部分形制呈土墩状。建筑形式主要为土坯建筑（土坯层间夹胡杨木、芦苇及红柳枝等），少量为夯筑，为汉晋时期丝绸之路楼兰道上的重要军事设施。烽燧群地处营盘古城到库尔勒之间，基本走势是由楼兰沿孔雀河古道向库尔勒方向延伸，分布长达 150 公里。现存 11 处烽燧遗迹，自东向西依次为脱西克、脱西克西、卡勒塔、克亚克库都克、库木什、沙鲁瓦克、阿克吾儿地克、萨其该、孔基、亚克伦、苏该提等。其间距 5—30 公里不等，为土坯和夯筑筑成，烽体多为方形，残高 3—10 米不等。

1913—1916 年斯坦因第三次中亚考察期间，在楼兰 15 个地点做了工作。其中在 1914 年、1915 年，他也调查了包括 LJ、克亚克库都克等烽燧，并记录在《亚洲腹地考古记》中。1928 年，黄文弼在罗布泊地区考察，曾在土垠周围调查发掘了几处汉代的烽燧遗迹，获得一批漆器、纺织品以及简牍文书，目前所知最晚的一件纪年简牍为汉成帝元延元年（公元前 12 年）。

其中，孔雀河沿线最东的一座烽燧，也是形制最大，保存最完整的一座。烽体平面呈方形，立面呈梯形，底部边长为 10 米，顶部边长 7 米。砌筑方法为一层土坯夹一层芦苇。烽体外侧有围墙，砌筑方式与烽体相似。1915 年，斯坦因在此做过调查，记录了烽体南侧有 1.5 米宽的豁口，从顶部一直贯穿到地面。2016 年 10 月，新疆文物考古所调查了孔雀河沿线的 8 座烽燧。在脱西克发现了烽燧的大门所在位置。在此之前，无论是斯坦因还是后来的考古论著里，烽燧的大门都是标注在正南中间的位置上，通过对该烽燧的发掘，发现烽燧的大门位于南面偏西的位置，且大门两侧为土坯结构，墙面为双层。

在对克亚克库都克烽燧附近的土堆进行清理发掘中，出土了唐代的文书，这是此次考古调查又一重大发现，文书中似有"屯城"字样。

克亚克库都克烽燧地处孔雀河中游地段，烽体采用两种砌筑方式，形成内、外两种结构不同的建筑体——外部用土坯，内部是土层和芦苇层的交替叠筑。在烽火台南约15米的地方，有一排高出地面的木桩，南北向直线排列，可能是烽燧配套居住遗址。

孔雀河烽燧线在2001年被国务院公布为全国重点文物保护单位。现在这些烽燧，除了脱西克和克亚克库都克烽燧相对保存比较完整之外，其他烽燧的烽体都有不同程度的侵蚀和损害。有些烽火台因为风蚀等原因，形体已经不完整。对于这样已经侵蚀过的，更加要及时地保护。对于烽燧而言，并不是简单地保护烽燧本身，要关注到烽火台周围的遗址遗迹，因为古代的烽燧亭障是一个完整的系统，在主体烽火台附近应有相关的其他居住、屯物等遗址遗迹，所以不管在进行调查还是保护的过程中，不能只关注到烽火台本体，应有对其周边的系统调查。此外，对烽体的测量和数据提取非常重要，虽然个别烽体损毁严重，但是还能从剩余的部分得知筑造方式和筑造结构。由于烽体及位置的不同，现在很多烽燧的年代没有办法确定下来，而科技考古也不断运用到烽体年代判断。但要注意的是，烽燧测年样品的提取应尽可能从烽体底部、内里提取，且样品的提取要格外小心，不应受到外界环境干扰或者混杂外来物质，如果有能力，应请专业人员来进行提取。在第三次全国文物普查的调查记录中，虽然已经有了对这些烽燧的示意图，但是希望在进一步要刊布的资料中，有更为专业且能提供更多信息的烽燧平面图和立面体。相关的测量和绘制，也可以和专业的测绘公司合作完成。

二　西域长史府遗址

（一）柳中城（吐鲁番市鲁克沁乡东汉至唐代古城，东汉西域长史最初治所）

东汉元初六年（119年），班勇向朝廷建议："宜遣西域长史将五百人屯楼兰，西当焉耆、龟兹径路，南强鄯善、于阗心胆，北扞匈奴，东近敦煌。如此诚便……于是从勇议，复敦煌郡营兵三百人，置西域副校尉居敦煌，虽复羁縻西域，然亦未能出屯。其后匈奴果数与车师共入寇钞，河西大被其害。"《后汉书·西域传》记载：延光三年（124年）正月，"（班）勇至楼兰，以鄯善归附，特加三绶。而龟兹王白英犹自疑未下，勇开以恩信，白英乃率姑墨、温宿自缚诣勇降。勇因发其兵步骑万余人到车师前王庭，击走匈奴伊蠡王于伊和谷，收得前部五千余人，于是前部始复开通。还，屯田柳中"（今吐鲁番鲁克沁）。文献中所提到的"柳中"，就是东汉西域长史府治所，即今天吐鲁番鲁克沁城。

　　柳中古城位于吐鲁番盆地东沿，火焰山南麓，库鲁塔格山西部，东距鄯善县城约43公里，西距吐鲁番市高昌区约70公里，隶属鄯善县鲁克沁镇的库尼夏村（十字路中心西约500米处），中心地理位置：东经89°45′7″，北纬42°44′36″，海拔25米。城址三面环山，属平原地形，北高南低，西宽东窄，形似纺锤，成不对称的盆地地形，海拔28—50米。该城在1999年公布为新疆维吾尔自治区文物保护单位，2013年升级为全国重点文物保护单位。柳中城有内城和外城，内城为方形，南北约700米，东西约800米。内城西面城墙向北延伸，与外墙相连，内城正西，有清代吐鲁番郡王额敏和卓的郡王府遗迹，虽不完整但轮廓清晰，当地人称"王爷台"。外城墙呈方形，南北约1000米，东西1900米。城址位于人口密集的鲁克沁镇，遗址区被大量房屋和道路占据，城墙建筑有一定程度的破坏。该城已经有了划定的保护范围，其中3处位于农田附近的城墙保存较好，其余一些残墙分布于现代的居住区内，被现代房屋掩盖，仅能推断墙址分布的大致位置。已经有一些调查工作在该区域展开，对于处于现代居住范围内的城墙进行进一步的确定和勘察。

　　新疆很多的古代遗址均掩埋在现代居址之下，在这样的情况下，应该在不做大的变动及迁移工程的同时，调查清楚基本的城址范围、城墙走向以及城址中部分建筑遗址的分布。此外，一般的城址或许有历代的不同叠压使用，且早期的遗址还是会在现代遗址或者是晚期遗址之下，使得系统的发掘工作不能很好地实现，这样则需要找到与遗址相关的重要参考坐标，确定好遗址的基本范围，对保存较好的残留的遗址部分进行维护并划定保护范围。

(二) 楼兰古城（斯坦因编号 LA 古城，东汉至十六国前凉西域长史治所）

楼兰古城位于若羌县罗布泊镇西北，学术界大多将其比定为楼兰古城。该遗址是斯文·赫定于1901年最早发现的。1906年，斯坦因第一次考察，将其编号为LA。城址大致呈正方形，城周长为1316.5米，总面积为108240平方米。东城墙长333.5米，南城墙长329米，西和北城墙各有一个缺口，可能是城门。城内有佛寺、官署和住宅。佛寺区位于东北部，主要是高耸的佛塔（LAX），土坯建筑，方形基座，边长12米许。基座上为圆形塔身。塔总高10.5米。佛塔东南残存一片较高的平台，与塔基平面连接，平面散见方形、圆形等木质建筑材料，出土过佛教遗物，似为僧房遗址。城中偏西南部有一处面积约2000平方米的大院。残存有较大的木构建筑和土坯建筑物，俗称"三间房"。三间房中的西间内宽1.5米，中间宽2.8米，东间宽1.2米。

楼兰古城保存较差，由于侵蚀严重，城墙大部分无存，佛寺区中的佛塔建筑中部裂塌，官署区的三间房顶部全无，墙基、墙体风蚀严重，木构建筑的宅院均已倒塌。

斯坦因在土垠遗址西南不远处发现了一座汉代古城，编号LE城。它位于孔雀河下游支流铁板河末流河网地带，地处罗布泊北岸之西，西南距离楼兰LA古城约24公里。1980年，新疆文物考古所楼兰考古队也曾到此调查，谓之"方城"。此城东北、东、东南是大片的盐碱地，古城内部也有一些枯红柳。古城近方形，东西城墙长122米，南北城墙长约137米，城垣收分明显。南城墙靠近中部有一个城门，宽约3米，北城墙也有一个城门与之相对，但稍窄。城墙很坚固，夯土版筑，间以柴草层，基本都是30厘米厚的结实的红柳枝层。斯坦因认为这种城墙的营建方式与敦煌汉长城类似。城内遗留的建筑遗迹很少，仅在雅丹顶上留有黏土，表明可能是房屋居址的遗存。距北墙22米处有一处土坯建筑，散乱的土梁长达8米，横剖面约30厘米见方，显示当时是一处十分宏伟的建筑物。北城门附近的垃圾土堆中出土了3件汉文木简，一卷完整的汉文纸文书和两张汉文纸文书残片，其中两件汉简的年代分别是公元266年和公元267年，还出土了一枚五铢钱。

罗布泊的楼兰城址一直是人们向往的神秘地带。正因如此，很多旅行社以"楼兰探险"的名义招揽游客，未经若羌文物局及楼兰工作站的允许，擅自闯入楼兰区域。2016年10月，我们在完成楼兰考察回若羌的路上，正好发现了横穿捷径从盐碱地驱车前往楼兰古城方向的几辆车，我们和当地文物局的人员一路追赶，最终制止了这场私自深入楼兰的行为。当地文物局的领导告诉我们，每年都会有很多这样的团体寻找曾经去过楼兰的向导，未经任何部门的允许就直接开车进入楼兰。这样不仅会对这一带的遗址产生破坏，同时也是对自己的人身安全极不负责任的行为，更是受利益驱使、藐视相关法规的行为。要提前警告相关行为可能会造成的悲剧，也要对相关私自组团进入楼兰一带的行为严肃处理，杜绝相关行为的再次发生。

楼兰工作站是保卫楼兰的重要基站，但由于资金缺乏、编制紧张等问题，楼兰工作站的相关工作人员很少，可能最多的时候就四个。在这么大范围的楼兰遗址，工作人员骑摩托车猛跑一天，才能把保护区走个大概。如果遇到前来盗取文物的团伙，他们需要用卫星电话向若羌县报警，而从县里赶到楼兰保护区需要6个小时。工作站的条件也非常艰苦，从县城给楼兰工作站补给物资，往往一次就补足三个月，而工作站的人员轮班也大致是这样的一个周期。三个月中，他们需要省吃俭用，节约用水，还要在这无人之境默默地守护，非常辛苦。楼兰保护非常重要，但又因其在这样条件艰苦的区域，所以保护起来也相当困难。楼兰遗址的保护和研究需要大力的支持，不仅是楼兰保护站的相关基础设施的提供，更需要遗址内部保护和研究的资金提供。

（三）楼兰壁画墓（三国时期贵霜移民古墓）

2003年，楼兰地区首次发现大型壁画墓，年代在曹魏时期（约公元3世纪）；该墓位于若羌县罗布泊镇罗布泊村西北荒漠地带，即斯坦因编号的楼兰LE城附近，今称"03壁画墓"。壁画内容为犍陀罗艺术风格的饮酒图和礼佛图，并写有佉卢文题记，墓室内三具彩棺则用中国艺术风格的图案。楼兰壁画墓地表有一座小佛塔（Stupa），说明墓主人是佛教信徒。在新疆库车的苏巴什发现过一座高僧墓，地上建佛塔，地宫内置木棺椁。从出土陶器看，库车高僧墓年代约在魏晋时期（公元3—4世纪）。这个小佛塔是用土坯垒砌的，年代当在魏晋时期。在楼兰壁画墓的前室东壁发现了佉卢文题记，据美国华盛顿大学安德鲁·格拉斯（Andrew Glass）博士解读，这段题记和米兰佛寺壁画上的佉卢文一样，为壁画作者签名。1924年，北大教授马衡在洛阳汉魏古城遗址发现一块东汉佉卢文井栏石刻，现藏北大赛克勒考古与艺术博物馆。

楼兰壁画墓佛塔下墓室内有一个中心柱，上面画满了佛教法轮符号。盗墓者从佛塔下进入墓室，挖坏了中心柱上半部分。在楼兰壁画墓后室墙壁也绘满了佛教法轮。楼兰壁画墓随葬品几乎被洗劫一空，只留下一些残破的棺木，上绘曹魏时期流行的菱格花卉连璧纹。楼兰壁画墓为丛葬墓，至少有三具彩棺。如果皆为夫妻合葬，则恰好有六位墓主人，正与壁画上六个人物相对应。楼兰壁画墓的墓道口有一幅礼佛图，还有宴饮图。还出土了半袖绮衣以及希腊酒神图丝绸长袍。

（四）楼兰佛寺遗址（斯坦因编号LB遗址，东汉至魏晋西域佛寺遗址）

楼兰古城的西北处，俗称"两公里城"，是一座佛教遗存集中分布的遗址，保留下来的建筑可以分为三组：第一组是由一方形寺庙LB.Ⅱ和两僧房LB.Ⅰ、LB.Ⅲ组成，围成一个院落。LB.Ⅱ是中心聚落，位于LA西北12.87公里处，大致呈方形，约6米见方，门开向东南方，规格约17.8×8.7米。第二组建筑由寺庙LB.Ⅴ与僧房LB.Ⅳ组成。LB.Ⅴ保存情况较差，仅有一些门梁和基木，建筑结构、木雕装饰等与Ⅱ相似，尺寸规模也相当，应为同一时期的寺庙。LB.Ⅳ位于LB.Ⅴ西北，占地面积较大，所在的土台约长52米，从残留下来的墙体和立柱可以分辨出其中的八间。各个小室的功能不同，其中LB.Ⅳ.Ⅱ室出土了木简和印盒，应该是文书室。第三组两座建筑编号共同为LB.Ⅵ，是一佛寺与一僧房的组合。

由于自然条件限制，LB佛寺主要以木材为建筑材料，因此并未发现大型土坯佛塔，但却出土了一些小型佛塔和佛塔模型。

LB遗址群分布有佛塔、寺院、住宅、窑址等遗迹。斯文·赫定1900年4月首次发现并带走了一些木雕构件。1914年斯坦因来此发掘，仍收获一批精美佛教建筑艺术品。LB 遗址还有一个高塔，土坯砌筑，被风蚀成一个土墩状，基部东西残长约 7.9 米。塔的各面都已经被严重地吹蚀破坏，形状也不清晰。LB2 号佛寺遗址位于 LB1 号佛寺遗址西约 1.6 公里处的土台上，这个佛寺也是包括两组建筑，其中一个是佛殿，另一个可能是附属设施。LB.Ⅳ位于一个土台顶上，土台长 51 米，高 2.4—2.5 米，大致由 7 间房屋和两条过道组成，总面积约 600 平方米。木骨泥墙结构，墙壁用水平芦苇编条固定在木柱框上建成。在这个房址里出土精美的木雕建筑构件、木雕怪兽漆器以及佉卢文楔形盖简等。LB3 号佛寺位于 LB2 号佛寺的南偏东约 3.6 公里的土台之上，有两处严重毁坏的建筑，东北边的一处为一件砖砌的小室，约 4.7 米见方。在室内发掘出壁画残块。另一处位于西南约 18 米，是一堵约 8.2 米长的烧砖墙基，附近散落着一堆木头，其中有巨大的梁，长达 7.6 米，大量陶片散落在这两处建筑附近。LB2 号佛塔位于 LB 遗址区的东南部，LB3 号佛寺遗址东南约 200 米，为土坯建筑，但外形已经被风蚀呈土墩状，在塔的西南约 800 米的地方是 LB 陶窑遗址。

对于楼兰的佛寺遗址，在全国文物第三次普查的基础上需要进一步落实地理方位，已经绘制相关的平剖面图，明确遗址性质和不同遗址之间的关系，建议同其他部门合作，进行年代断定，为确定遗址性质提供科学依据。

三　安西都护府遗址

贞观十四年（640 年），侯君集平高昌国（今吐鲁番），唐太宗以其地置西州都护府，治高昌（今高昌古城）。下设高昌（宝应元年更名前庭县）、天山（今托克逊）、蒲昌（今鄯善县）、交河（今交河古城）、柳中（今鲁克沁）五县。贞观十四年九月，设安西都护府，治交河（今交河古城）。首任安西都护为乔师望，兼西州刺史，后由郭孝恪接任。

贞观二十二年（647 年）平龟兹，安西都护府西迁伊逻卢城（今库车皮朗古城）。一度迁回西州，显庆三年（658 年）才稳定下来。西州都护府改称西州都督府，而安西都护府西迁后改称"安西大都护府"，统辖龟兹、于阗、疏勒、碎叶（后迁焉耆）四镇，史称"安西四镇"。安西都护府起初仅有数千兵力，后来发展到三万多兵马。鼎盛时期，安西大都护府辖区包括天山南北，西尽波斯。武周时与北庭都护府分立，安西都护府分管天山南麓西域绿洲，北庭都护府则负责天山北麓草原地带。

《资治通鉴》第233卷记载："贞元六年（790年）……回鹘颉干迦斯与吐蕃战不力，吐蕃急攻北庭。北庭人苦于回鹘索求，与沙陀酋长朱邪尽忠皆降于吐蕃。……安西由是遂绝，莫知存亡，而西州犹为唐固守。"从贞观十四年至贞元六年（640—790年），安西都护府对西域的直接统治长达150年。

（一）交河古城（吐鲁番市交河古城，唐代初年安西都护府治所）

交河古城位于吐鲁番市区西10公里的亚尔乡亚尔果勒村，布局在雅尔乃孜沟河床中间的台地上，又称"雅尔湖古城"。该台地两侧分别为二道沟和三道沟，高出河床近30米，台地崖壁近乎垂直，易守难攻。

19世纪末以来，西方探险家多次在交河城中盗掘。1992—1996年，为配合交河古城整体修复保护工程，考古工作者对古城遗址做了全面调查、清理、发掘了部分遗存，测绘了古城的详细平面图。此后，李肖、孟凡人等学者先后著文，对交河古城做了总体性研究。

交河古城沿台地形势，呈西北—东南方向布局，西北高、东南低，总长1700余米、最宽约300米，总面积约50万平方米，建成区面积约22万平方米。古城有东、南两门，东门开于东墙近正中处；南门位于台地南端靠西一侧，为正门。

交河城中有三条干道，两条南北向，一条东西向。南北向干道自南门至"瞭望塔"（实际可能是佛寺）处一分为二：一条由"瞭望塔"向北通到大寺院，东为官署、西为1号居民点。该干道全长约340米，宽8—11米，道两旁有墙，残高3.5—4米，这条路应该是交河城的中心干道。另一条干道由"瞭望塔"经官署西侧、2号居民点东侧到东北佛寺，进而至塔林。交河古城的第三条干道为东西向，从东门入，经2号居民点南、官署北至1号居民点，又折而向北到大寺院西之窑址区。

以上三条干道将交河古城内划分成若干不同的功能区：其一，衙署区和居民区，位于台地中南部，其中还有一些寺院；其二，寺院区，位于台地中部，包括大寺院、西北佛寺、东北佛寺和塔林等，以大寺院为中心；其三，墓葬区，位于寺院区以北，多为斜坡墓道墓，形制受中原影响，为唐西州时期墓葬；还有一些墓葬形制与交河沟西、沟北者近似，年代早于交河古城。

与交河古城隔河相望的沟北、沟西还有四处台地，其中一号、四号台地上主要是车师国至唐代的墓葬。

沟北一号台地有墓葬约57座，占地约1万平方米。1994年，新疆考古工作者在该台地发掘墓葬55座、殉马坑55座，其中，地表堆石的竖穴土坑墓43座、竖穴偏室墓12座，偏室墓墓室多在墓道南面。基本葬式为仰身直肢，也有少量仰身屈肢葬，墓向基本为东西向，个别为正南北向。其中，M01和M16为两组大型附葬墓的中心墓室，规模巨大；M01周边有15座宿舍葬墓、22座殉马坑；M16有9座葬墓和23座殉马（驼）坑。墓中随葬的陶器与洋海三号墓地苏贝希文化晚期遗存相近，应该是月氏西迁后留在当地的小月氏人的墓葬（公元前108年姑师部落进驻吐鲁番之前）。

交河沟西墓地位于四号台地上，在四个台地中面积最大。沟西墓地经过四次发掘，分别是1930年黄文弼、1956年中科院考古所、1994—1996年新疆文物考古研究所与早稻田大学、2004年吐鲁番文物局的发掘。该台地有四种墓葬形式：竖穴土坑墓、竖穴偏室墓和斜坡墓道墓、斜坡墓道洞室墓。前两种以仰身直肢葬为主，个别为屈肢葬，据出土的铜镜、铜钱判断，其年代大体在公元前1世纪至公元3世纪，为车师国时期的墓葬。斜坡墓道墓据墓葬地表形态，可分为茔院式家族墓及单体斜坡墓道墓两种。前者由若干单体斜坡墓道墓组成，最外围用砾石围出方形茔院，在东北或东南伸出茔院门道，总体平面呈"凸"字形，茔内埋葬同一家族的成员。从随葬器物及墓志看，斜坡墓道墓年代多在高昌郡时期，而斜坡墓道洞室墓年代在6世纪末到7世纪末。陈凌教授认为，这类墓葬源自突厥，是在突厥石围墓与中原斜坡墓道墓的共同影响下产生的。

交河古城始见于《汉书》卷九十六下《西域传下》："车师前国（汉

宣帝元康二年，即公元前 64 年，姑师分为车师前后部），王治交河城，河水分流绕城下，故号交河。"450 年沮渠安周灭车师前部时，交河城的建成区域主要在台地南部，麴氏高昌（499—640 年）时东门、2 号居民区、衙署区已初具规模，东北佛寺可能也建于该时期。古城现今遗留的形制最终形成于唐西州时期（640—790 年），其间，交河两度为安西都护府治所。

2014 年 6 月，"丝绸之路：长安—天山廊道的路网"申遗成功，交河古城名列世界文化遗产名录。交河古城文管所在遗址保护方面有许多值得借鉴之处。古城保存了大量古代墙壁，存在剥蚀、掏蚀、崩塌、裂隙等病害，文管所针对这些问题，派有专人进行维护保养，养护工作与古城旅游并行不悖，游客可以现场观看土遗址的保养作业，对普及文物保护知识和理念有很大的推动作用。古城位于交河台地上，就需要应对台地崩塌、河水对台地的冲蚀等问题，1992 年，文管所沿河建造了防洪堤，有效缓解了这些问题；对台地崩塌的难题，还需要进一步加强研究和实验。为保护古城土遗址，交河古城沿主要游览线路全线铺设了木质踏道，避免了游人踩踏对城址的损坏。主要游览线路上还设有监控摄像头，有利于及时发现、制止走出踏道、踩踏古迹的现象。交河古城的旅游开发相对充分，建议继续深入加强对导游员或讲解员进行集中培训，强化其文保意识与知识的教育，以深化游客管理与教育、古城开发与保护。

（二）皮朗古城（库车市皮朗古城，唐代安西大都护府治所）

贞观二十二年（647 年），唐军进驻龟兹国，将安西都护府移至龟兹国都城伊逻贞城，同时置龟兹都督府，领羁縻州九，以龟兹王叶护玷为都督。唐开成五年（840 年），回鹘西迁，龟兹进入西州回鹘势力范围。龟兹都督府的历史长达 140 多年。从出土遗物尤其是铜钱看，汉唐龟兹王城一直在库车县东郊皮朗古城。

皮朗古城位于库车县新城老城之间库车河东岸皮朗村，东距库车新城约 2 公里。1962 年列为新疆第二批自治区级文物保护单位，2013 年又列入第七批国家重点文物保护单位。此城即汉代"延城"，唐代称"伊逻卢城"，今称"皮朗古城"，又名"玛扎不坦古城"。

1958年，黄文弼先生曾经考察过皮朗古城；20世纪90年代以后，考古工作者对城墙轮廓做过几次勘查。

现存遗迹主要为唐代伊逻卢城遗存，平面呈不规则正方形。现存古城墙残高2—7米，为夯土筑成，每隔40米左右有城垛一个。如今只有东、南、北三面城墙尚可辨认，西墙已荡然无存。古城北墙西起劳开墩村之西，东至麻扎甫塘村，全长2075米；东墙起自麻扎甫塘村北，南至皮朗村东转西，全长1608米；南墙仅存两段，一段在皮朗墩东南，另一段在皮朗墩西南艾里克勒克巷附近，自皮朗墩至萨亦巴克墩都有残墙，全长约1809米；西墙在萨克刹克土墩东侧，今已不存。据此，龟兹王城周长合7000米左右，与《大唐西域记》所言"都城周围十七八里"大致相符。古城城内计有6处建筑遗迹：南海墩、南海村土墩、乌库土拉、白尖土拉、哈拉墩和皮朗土拉。城外有6处建筑遗迹：萨克刹克土墩、雀鲁拔克土墩A、雀鲁拔克土墩B、雀鲁哈拉、沙雅巴克土拉和贝难阿勒克遗址。此外，城北、城西还有两座墓地，分别是麻扎甫塘墓地和墩买里墓地。

麻扎甫塘墓地位于东城墙北端、麻扎甫塘渠东岸台地上，北部叠压在现代伊斯兰墓地之下，地表散布大量夹砂红陶片和彩陶片，这里曾出土过陶舍利盒、陶罐、陶盆和烧过的人骨，还发现过骨架和祆教徒的纳骨器。1984年，当地老乡挖到一座夫妻合葬墓，年代相当于汉晋时期。

哈拉墩（龟兹都督府治所）。据黄文弼调查，"哈拉墩位于库车县城东郊约3公里，在皮朗古城内，乌恰河东面平原上。遗址东距皮朗村约300米，北距百材艾力克村约100米，南240米抵乌库公路。……用土坯垒砌，形状不甚规则。土墩南北长25米、东西宽15米、高出地表3.2米。从遗址的近代取土坑的坑壁上观察，土墩之下灰层厚约2米。经初步调查，灰层分布范围为南北85米、东西116米，总面积当在9359平方米以上"。从现代地图看，哈拉墩位于龟兹王城（今皮朗古城）东门内。库车县城人民路贯穿皮朗古城东西两城门，很可能建于龟兹王城内东西大街上。龟兹王城东门外是古代墓地，近年在库车新城友谊路发现十六国时期砖室墓，有助于说明这一点。

早在十六国时期，龟兹就流行中原建筑材料，但是只用于砖室墓。

龟兹地面建筑使用中原风格的砖瓦始于唐代，而且只有最高等级建筑才使用瓦当、陶水管和铺地砖。在龟兹地区，此类中原式建筑材料主要见于伊逻卢城内外，如雀鲁拔克墩、塔什墩、皮朗墩、哈拉墩。不过，古城内只有皮朗村附近哈拉墩发现唐代砖瓦和陶水管。那么，龟兹都督府治所就在此地。

萨克刹克土墩位于古城西部，四周原有围墙，中心土墩5级，现高7—8米，旁边原有寺庙。此处曾出土陶缸、石臼及柱础石。《大唐西域记》载，龟兹王城西门外"大会场"有两尊高90多尺的大佛像，萨克刹克土墩即龟兹王城西门外高90余尺的大立佛废墟。唐代1尺约合30.7厘米，那么，这尊大立佛高达27米。张大千旧藏敦煌唐写本《张君义文书》提到龟兹王城附近有个仏随城，即该立佛所在佛寺。由此向西到白马河（今渭干河），河东有白寺城（即白马寺，又称东柘厥寺，今玉其吐尔），河西为西柘厥寺（今夏合吐尔）；萨克刹克土墩向西北有阿奢理贰寺（博特罕那佛寺遗址），后三者见于《悟空入竺记》。

雀鲁拔克土墩。据黄文弼的资料，"雀鲁拔克（B）土拉，在A土拉之东，贝难阿勒克村北，龟兹北城墙的北侧。该土拉为方形黄台，面积约22.8米×22米，高2.8米左右。在台面上散布有筒瓦、板瓦、压纹铺地砖，以及较多的红陶片等。……此外，在调查中还发现有筒瓦、瓦当、压纹砖，其作风与哈拉墩上层及皮朗墩所出者完全相同"。他认为"（哈拉墩）或许是唐朝安西都护府的所在地"，不一定准确。

据《资治通鉴》卷二百一十五记载，"安西节度抚宁西域，统龟兹、焉耆、于阗、疏勒四镇，治龟兹城，兵二万四千"。据此，安西都护府在龟兹驻军多达24000人。这个人数应该仅指汉兵，数以万计的汉兵，不可能在龟兹王城内驻防。此外，伊逻卢城是龟兹王宫和龟兹都督府所在地，那么，安西都护府指挥中心只可能设在王城郊外。从地图看，雀鲁拔克土墩位于龟兹王城北门外，通往柘厥关的丝绸之路大道旁，并且采用中原建筑材料，当即安西都护府重要指挥中心之一。

早些年，由于古城文保级别不够，城址破坏比较严重。20世纪90年代考古工作者调查时，仍能看到大部分墙基。现在，城垣仅余西北一段和西南一角可见。城内外的大土墩，只剩下皮朗墩、萨克刹克土墩和诺开墩三座保留较好。2013年古城入选国家重点文物保护单位后，破坏情况稍有缓解，但保护形势依旧严峻。皮朗古城距今库车市不远，随着城市化的大力推进，古遗址保护与现代城市开发产生冲突，我们建议相关考古文物研究管理机构能及时参与到市政规划研究中，推动决策者加深对古城文化价值的认识与理解，促进形成一条"古为今用"的合理发展路线，使古城既能得以保存给子孙，又能为当代人的幸福生活造福。

（三）柘厥关遗址（库车市渭干河口古城遗址，伯希和称"都勒都尔—阿护尔遗址"）

唐代龟兹最重要的关隘是柘厥关，《新唐书·地理志》记载："安西（皮朗古城）西出柘厥关（今库车玉其吐尔古城），渡白马河（渭干河），百八十里西入俱毗罗碛。"

1903年，日本大谷探险队渡边哲信调查了库车渭干河两岸夏合吐尔、玉其吐尔（乌什吐尔）遗址，并进行发掘。从中发现带"陶拓所""天宝""大历"字样的唐代纸文书残片。渡边哲信将夏合吐尔比定为《大唐西域记》的"阿奢理贰寺"，将河岸对面玉其吐尔比定为柘厥关，其西30公里处则定为"白马渡"。1907年，法国学者伯希和在夏合吐尔进行发掘，掘获汉文及少数民族语言文书数十件，其中编号为D. A83号文书断片存有"牒上龟兹都督府"等字。伯希和将该遗址称作"都勒都尔—阿护尔"（Durdur-Aqur），他认为即阿奢理贰寺。王炳华根据伯希和收集品，详细论证了渭干河两岸夏合吐尔和玉其吐尔古城分别为唐代柘厥寺和柘厥关。

玉其吐尔古城位于库车县玉奇吾斯塘乡库木吐尔村北、314国道北约2公里的渭干河东岸。1957年公布为自治区级文物保护单位。玉其吐尔古城南北长约210米、东西宽60—100米，由外城、内城、北城三部分组成。外城略呈长方形，现存北、东、南三面城墙，西面为渭干河，南墙东部开门，门宽9米。内城内有大量房基，还有佛塔塔基遗存。北城残存部分墙基，城门开于东墙南端。城墙残高2.5—7米、基宽3—6米、顶宽0.7—3米，局部有马面、角楼。城墙有砾石土夯筑及土坯、砾石土层交替垒筑两种结构。

玉其吐尔古城西边紧邻渭干河，受河水冲蚀，西墙或已崩入河中，幸运的是，古城上游修建了一座水库，有效调节了渭干河的河水流量，缓解了其对古城遗址的破坏。建议继续加强对古城的研究工作，选取关键点进行有目的的发掘、解剖，以明确渭干河水位变化对古城土遗址的影响，发现问题及时应对。

（四）拉依苏烽火台（轮台县拉依苏河畔唐代烽火台遗址）

拉依苏烽火台位于轮台县群巴克镇群巴克牧业村、拉依苏沟东的洪积扇上。烽火台剖面呈梯形，基部边长约13米，残高约4米，为土坯垒砌。烽火台附近有戍堡一座。戍堡呈长方形，长约70米、宽约50米，墙基宽约4米、残高3—5米，城门开在北墙。戍堡内出土铁刀、箭镞等兵器，铁犁铧、铁镰、石磨、铁锨等农具，还出土有汉龟二体五铢、无文龟兹小钱、开元通宝和海兽葡萄纹镜等。其附近还有唐代墓葬。1980—1981年，新疆博物馆文物队调查该烽火台时，对顶部木桩作过碳14检测，年代为距今1155±75年。

该烽火台西220米又有一座烽燧，基部边长8.5米，残高8.2米，为黄土夯筑，夯厚8—12厘米，为汉代烽火台。

拉依苏烽火台及戍堡为唐西夷僻守捉遗存。《新唐书》卷四十三下《地理志七下》载："自焉耆（博格达沁古城）西五十里过铁门关（今塔什店与库尔勒之间的山谷中段），又二十里至于术守捉城（玉孜干古城），又二百里至榆林守捉（阿克墩戍堡），又五十里至龙泉守捉（库尔勒阳霞乡塔拉布拉克村），又六十里至东夷僻守捉（恰库木排来克戍堡），又七十里至西夷僻守捉（拉依苏烽戍），又六十里至赤岸守捉（阿瓦提烽戍），又百二十里至安西都护府（皮朗古城）。"

拉依苏烽火台地表较高，存在风蚀隐患。2015年9月底，国家文物局批准投资1040万元加强对长城资源的保护，巴州随即启动境内33处烽火台遗址的保护加固工程，工程坚持原材料、原结构、原做法、原工艺等原则，对烽火台可能出现的风蚀、雨蚀、裂隙和生物破坏采取应对措施，同时进行考古清理、测绘等工作，采集信息、建立档案，并在烽火台附近设立保护标志和围栏，铺设参观踏道等。

四　北庭都护府遗址

贞观十四年（640年），唐高宗平高昌，建立西州。屯兵可汗浮图城（汉代务涂谷，今北庭古城）的西突厥叶护降唐，唐高宗在西突厥王庭建庭州，置金满（为庭州治所）、蒲类（今奇台附近）二县。这一设置标志着天山北麓列入大唐版图。永徽二年（651年），阿史那贺鲁反叛，攻陷庭州，年底被唐收复，次年，又置轮台县。658年，唐在西突厥故地设置都护府，依两厢分治的传统，以左厢五咄陆部落置昆陵都护府，以阿史那弥射为兴昔亡可汗兼任昆陵都护，治庭州（今北庭古城）。龙朔三年（677年），庭州设金山都护府，管辖唐朝在天山以北、金山以西、巴尔喀什湖以南、两河流域以东广大地区所设羁縻府州。

唐睿宗文明元年（684年），唐王朝在庭州设瀚海军，成为唐朝前期在西域重要军事建置。唐玄宗设北庭节度使（先后有伊西节度使、伊西北庭节度使、北庭伊西节度使等多种称谓，并数度分合，最后定名"北庭节度使"），下辖瀚海、天山（驻西州）、伊吾三军，担负"防制突骑施、坚昆，抚宁西戎"的战略任务，三军共二万人，瀚海军定编员额达一万二千人，马四千二百匹，成为北庭节度使的主力军。瀚海军所在地——北庭地处天山北麓，东连伊州、沙州，南接西州，西通弓月城、碎叶镇，战略地位十分重要。《资治通鉴》卷二三一德宗兴元元年（784年）七月条记载："安西、北庭，人性骁悍，控制西域五十七国及十姓突厥，又分吐蕃之势，使不得并兵东侵。"

武则天长安二年（702年），唐朝设立北庭都护府，以庭州置北庭都护府。北庭都护掌领庭州（今北庭古城）、伊州（伊吾军，今哈密）、西州（天山军，今吐鲁番），仍隶属于安西都护府；辖兵二万人，管理昆陵、濛池两都护府所辖天山北麓、热海以西草原西突厥故地。与天山以南安西都护府（治龟兹）分疆治西域，成为唐经营北疆，对西域各地进行有效统治的军事重镇和核心。

（一）北庭古城（吉木萨尔县破城子遗址，唐代北庭都护府治所）

北庭都护府遗址位于吉木萨尔县北庭镇古城村，为丝路北道的必经之地，是当时天山以北、巴尔喀什湖以东以南广大地区的最高军政中心。

北庭原为沙陀王庭可汗浮图城，贞观十四年（640年），唐太宗平高昌后，置庭州，武则天时期，突骑施势力强盛，成为继西突厥之后，天山中西部的霸主。为防制突骑施，武则天于长安二年十二月（703年元月）设置北庭都护府，使准噶尔盆地在历史上首次处于中央政权直接管辖之下。

日本大谷光瑞探险队（1908年）、斯坦因（1914年）、西北科学考察团（1928年）、中科院考古所（1980年）先后在古城址内作过发掘。1992年，刘建国据航片资料，结合实地踏察，对北庭古城的形制布局做了解读。

北庭古城平面呈不规则的长方形，南北长约1666米，东西宽约959米，面积约130万平方米，有内外两重。外城周长约4937米，现存角楼2个，敌台2个，马面32个，城门1座（北门）。北墙中部北门北侧有略呈方形的瓮城，瓮城外侧又有一近似长方形的小城，应为军事防御设施，俗称羊马城。外城城墙都系夯土版筑而成，夯层直接建于原生土上。夯层平整、坚硬结实，厚5—7厘米，局部厚达10厘米以上。夯面上有明显的夯窝，大小不一，直径4—8厘米。

内城位于外城中部略偏东北，周长约3008米。现存角楼2个，敌台1个，马面11个，城门2个。在内城南、西、北外侧环绕一凹槽，为护城壕。城墙均系夯筑，夯层建于原生土上，厚10—15厘米，个别厚达20厘米左右。平夯，无夯窝。城内外可辨识建筑遗迹有13处。其中城外东侧1处、外城7处、内城5处。大多为土坯砌筑，个别夯筑。其中4座曾出土佛教像等遗物，可能为佛教建筑。据文献记载，北庭都护府还建有龙兴寺（原大云寺）、应运太宁寺、高台寺、西寺等汉式佛寺。1908年，日本大谷探险队在北庭古城西北角一处佛寺遗址中挖出残碑十数块，上有"龙兴寺"之名。

北庭古城西约660米处有一大型佛寺，今称"北庭西大寺"。1979年考古工作者调查发掘后，1980年对其做了发掘。西大寺平面呈长方形，南北约70米、东西约43米；地面以下是夯土台基，地面以上全部用土坯建造。佛寺可分为南、北两大部分，南部是残高0.2—4米的庭院、配殿、僧房、库房等建筑群；北部是残高约14.3米的正殿，其四周环筑洞窟。贞元六年（790年）庭州陷于吐蕃，最后一任北庭大都护杨袭古被杀，唐朝失去了对北庭的控制。从贞观十四年到贞元六年（640—790年），唐朝对北庭的统治长达150年，而北庭西寺的香火也绵延了150年。回鹘人在漠北时，本来信奉摩尼教，唐文宗开成五年（840年）西迁中亚，在吐鲁番盆地建高昌回鹘政权后，入乡随俗，在西域佛教文化的影响下，逐渐皈依佛教，而北庭回鹘高昌皇家寺院当在唐代佛寺旧基上改建而成。

2014年6月，"丝绸之路：长安—天山廊道的路网"申遗成功，北庭古城名列世界文化遗产名录，这对于古城文化价值的开发及古城的保护，无疑具有重要推动作用。目前，北庭古城的开发与展示还有待于进一步深化。北庭古城的布局情况，现在还没有特别明确的结论，需要选取关键点进行发掘清理。而古城出土的文物，散落在北庭西寺博物馆、吉木萨尔县博物馆、昌吉州博物馆及旅顺博物馆等处，有必要进行整合，以便于对古城的进一步研究保护，并深化公众对古城的认识与关注。散落于英、日、俄等处的文物，条件许可时可以举办联合展览。

（二）弓月城（伊犁河流域元代阿力麻里古城，唐代弓月城）

《新唐书·地理志》载，弓月城位于庭州西行到碎叶的大道上。《新唐书·西突厥传·乌质勒传》记载："突骑施乌质勒……稍攻得碎叶，即徙其牙居之，谓碎叶为大牙，弓月城伊丽水为小牙。"

1966年，吐鲁番阿斯塔那墓地61号墓（M61）出土一件唐代文书残片，题为《唐西州高昌县上安西都护府牒稿为录上讯问曹禄山诉李绍谨两造辩辞事》，简称《高昌县上安西都护府牒》，内容涉及京师汉商李绍谨借练于粟特胡曹禄山，拖欠未还，曹禄山控告李绍谨，官司打到高昌县。因弓月城、龟兹属安西都护府管辖，高昌县便把这件事上报安西都护府。李绍谨在弓月城一次向粟特胡借练达275匹之多，可见弓月城为丝绸之路天山廊道贸易中心之一。

据王国维考订，弓月城为元代阿力麻里城，故址在新疆霍城县西北的阿力麻里古城，当地称"阿勒泰城"。1958年，黄文弼等人到此城做过调查，当时测得城墙周长约25000米。此地先后出土过大量珍贵文物，主要有元代龙纹青瓷盘、青花瓷碗、龙纹瓷碗等景德镇、龙泉窑瓷器，叙利亚文景教徒墓碑及当地制造的察合台汗国金银币等。

1957年，阿力麻里古城被选为第一批自治区级文物保护单位。根据第三次全国文物普查报告，该城址破坏极为严重，现已全部辟为农田，属61团2连，迫切需要保护。鉴于阿力麻里古城的重要性及保护的迫切性，建议相关部门尽快提请该城遗址入选国家文保单位，划定保护范围，设立保护标志，进行考古清理、测绘，建立健全相关档案资料；尽快制止对古城遗址的进一步破坏行为。

（三）乌拉泊古城（乌鲁木齐附近古城，唐代轮台县城）

永徽三年（652年），唐平阿史那贺鲁反叛后，置轮台县，隶庭州，故址在今乌鲁木齐乌拉泊古城。唐轮台县位于庭州西行至碎叶城的大道上，《新唐书·地理志》记载："（庭州，今北庭古城）西六十里有沙钵城守捉，又有冯洛守捉，又八十里有耶勒城守捉，又八十里有俱六城守捉，又百里至轮台县（今乌鲁木齐乌拉泊古城），又百五十里有张堡城守捉（今昌吉古城），又渡里移得建河，七十里有乌宰守捉，又渡白杨河，七十里有清镇军城，又渡叶叶河，七十里有叶河守捉，又渡黑水，七十里有黑水守捉，又七十里有东林守捉，又七十里有西林守捉。又经黄草泊、大漠、小碛，渡石漆河，逾车岭，至弓月城（今霍城县西北阿力麻里古城）。过思浑川、蛰失蜜城，渡伊丽河（今伊犁河），一名帝帝河，至碎叶界。又西行千里至碎叶城（今吉尔吉斯斯坦阿克贝希姆古城），水皆北流入碛及入夷播海。"

乌拉泊古城位于乌鲁木齐市东南部乌拉泊村。古城平面呈长方形，南北长约550米、东西宽约450米，周长约2000米，面积24.75万平方米。城墙夯筑，夯层厚6—12厘米；基部宽5—6米，残高5—8米。城内分筑东、西、南三个小城。外城东、南、北三面筑有马面，城门处各有瓮城。西城南墙外有马面，东南角有角楼。东城南墙有瓮城。城内出土器物主要是陶器，以红、灰陶为主，亦见少量黑陶。器形有双耳罐、三耳瓶、瓮、壶、盆等。瓶、瓮类器物均为小口、深腹、平底，腹部刻画波浪纹或弦纹数道。该城是乌鲁木齐现存年代最早的古城址。

2001年，乌拉泊古城被国务院选为第五批全国重点文物保护单位，古城附近设置了保护标志。调查后，笔者建议在以下几个方面加强对古城的保护工作：第一，有一条通往盐湖化工厂的高压输电线穿城而过，建议改引线路，以保护城址的整体面貌；第二，加强监管，比如设置监控摄像头，规范游人在遗址内随意捡拾文物的行为；第三，将古城的保护、管理纳入相关遗址群的保护体系中，实现整体保护、协调管理，这些遗址包括柴窝堡古墓群、盐湖烽火台及南山一带的烽火台和戍堡等。

（四）别迭里烽火台（乌什县西境别迭里山口唐代烽火台）

别迭里山口是塔里木盆地翻越西天山通往中亚草原的必经之路，地理位置相当重要。《汉书》卷七十《陈汤传》记载，汉元帝建昭三年（前36年），"（甘延寿、陈汤）即日引军分行，别为六校，其三校从南道逾葱岭径大宛，其三校都护自将，发温宿国，从北道入赤谷，过乌孙，涉康居界，至阗池西"。其北路军正是经别迭里山口至康居的。《新唐书·地理志》引贾耽《皇华四达记》曰："安西西出柘厥关，渡白马河，……至拨换城，一曰威戎城，曰姑墨州，……又六十里至大石城，一曰于祝，曰温肃州。又西北三十里至粟楼烽。又四十里度拔达岭。又五十里至顿多城，乌孙所治赤山城也。……八十里至裴罗将军城。又西二十里至碎叶城，……又五十里至怛罗斯城。"即所谓"热海道"，别迭里山口当其要冲。

别迭里烽燧，又名"窝依塔勒烽燧"，位于乌什县亚曼苏乡窝依塔勒村西约20公里处，地处交通要道别迭里山口。

烽燧高约7.3米，基部近椭圆形，东西约12.7米、南北约9.8米，顶部东西7.5米、南北3.5米，剖面为梯形。早期为夯筑，夯层厚15—20厘米，夯土间夹木骨和柴枝。烽燧南壁有坡道通往顶部，顶部土层夹杂木炭和灰迹。地表散布夹砂红、灰陶片，可辨器形有釜、罐等，均为素面。烽燧始建于汉，唐代沿用，清代修复后继续使用。

2003年公布为自治区级文物保护单位。据第三次全国文物普查，该烽火台风蚀现象严重，晚期烽燧四周包砌一层卵石，现仅北壁卵石保留较多，其余三面坍塌，卵石大部分脱落，亟须加固。该烽火台所在位置十分重要，有必要尽快采取措施加以保护。建议将其级别的遗址提升至国家级文物保护单位，以引起有关部门的重视。

清代犯屯再研究

——以新疆哈密为例

何汉民[*]

以往学术界对清代新疆哈密犯屯作专题性研究的尚不多见。王希隆先生的大作《清代西北的犯屯》[①]，因限于体例，未对哈密犯屯内部的独特性作进一步阐发，给笔者留下了探究的空间。

清代绿营兵在哈密的屯田区有三处，其中安置犯人屯田的有塔尔纳沁和蔡把什湖，前者有遣犯130人，每人承种份地24.3亩；后者有遣犯50人，每人承种份地27.1亩。他们上交屯粮的额数也与屯兵相同。而同期乌鲁木齐、伊犁等处的犯人，承种份地只有12亩，上交屯粮也不及屯兵的一半，其原因何在？哈密地方当局为什么这样做？当局对屯田犯人的管理、役使、待遇等方面究竟与新疆其他屯田区有哪些不同之处，效果如何？本文拟分五个部分，试加探讨，以就教于大家。

一 哈密的战略物资：粮食

哈密是新疆的门户，是通向内地的战略要地，粮食是这里最重要的战略物资。哈密设办事大臣一员，其全称为"哈密办理粮饷事务大臣"[②]，

---

[*] 何汉民，石河子大学兵团屯垦戍边研究中心副研究员。
[①] 载《西北民族研究》1988年第2期。
[②] 《清高宗实录》卷643，乾隆二十六年八月甲申条。

可见粮饷是其职责所在。正如陕甘总督杨应琚所言："哈密为办理粮饷总汇之区。各处拨运及防兵口粮,皆取给于此。现又将道员、副将等移驻,需用粮石尤多,宜筹备积贮,添建仓厫。"乾隆二十四年八月清廷就准备在哈密建仓厫五十间,贮粮四万石。①

要"贮粮四万石",可不是一个小数字。哈密是回王统治的札萨克辖区,一直不允许户民存在。② 除哈密的三个屯田区上交贮粮外,哈密粮仓主要在市场上购买粮食。但是,乾隆对"采买粮石"颇为不满。《乾隆朝上谕档》乾隆四十九年十一月初三日载:

> 奉上谕,前据常青奏宜禾县采买粮石一折,因思新疆既有收获粮石,何以仍需采买?据军机大臣查奏,伊犁、塔尔巴哈台等处所覆粮石,俱足敷供支,并无采买。惟乌鲁木齐、巴里坤、吐鲁番、哈密四处,供支尚有不敷,向系动支采买粮石,又或因秋收丰稔,平籴贮仓,预备借给籽种等语。采买最易滋弊,非浮冒开销,即短价勒买。从前经方等获罪,皆由乎此。如果供支不敷,则乌鲁木齐各处隙地甚多,与其听内地民人前往开垦,追收获粮石,地方官又重价向买,殊属非计,何不派兵耕种,俾每年粮石多为收获。既可备供支之用,无须据买滋弊,兼可使兵丁等习劳耕作,岂不一举两得。③

乾隆对"并无采买"的伊犁、塔尔巴哈台等大多数地区的屯田表示满意,对"采买粮石"的四个地区乌鲁木齐、巴里坤、吐鲁番、哈密提出批评。此处尤其提到"采买最易滋弊"问题。因为此前不久新疆刚发生了"采买冒销贪污案",涉案数十人,乌鲁木齐所属各主要军政官员几乎全部参与,此案还牵出前任乌鲁木齐都统索诺木策凌。不久又发生哈密通判经方贪污挪用钱粮公款共计十五万余两的大案。乾隆不从制度层

---

① 《清高宗实录》卷594,乾隆二十四年八月己卯条。
② 这种局面到道光二十六年才有所改变。参见齐清顺《林则徐哈密勘田新探——从新见林则徐所写的布告、信件谈起》,《西域研究》1997年第2期。
③ 此上谕亦见《清高宗实录》卷1218,乾隆四十九年十一月甲寅条。

面寻找"采买冒销贪污案"的原因,也不考虑兵屯生产的成本,提出"派兵耕种"的方案。

但用扩大兵屯规模来达到"停止采买"粮食的目的,是一个不现实的方案。兵屯生产的成本一直居高不下,乾隆帝未算过经济账。就哈密而言,在回王的领地上,没有户民种地,也就没有粮赋收入。兵屯要增加粮食产量,必须多开荒地,而多开荒地,势必要多派兵丁耕种。多派之兵丁从何而来? 绿营兵额是固定的,增加兵额势必增加兵饷,这又与节省开支、"停止采买"的目的相矛盾。从史料上看,乾隆帝的这一指示,至少在哈密未得到贯彻执行。

屯田区要多生产和上交粮食,绿营兵额有限,就要调动犯人的积极性。哈密屯田当局从一开始就规定犯人的生产量向士兵看齐——所种份地亩数和上交屯粮数皆与屯兵相同。

二 哈密屯田犯人的来源

哈密是新疆较早利用犯人屯田的地区之一。乾隆二十三年(1758年),御史刘宗魏奏请将内地军流人犯改发新疆:"嗣后盗贼抢夺、挖坟、应拟军流人犯,不分有无妻室,概发巴里坤……指一屯垦地亩另名圈卡,令其耕种",乾隆同意了这一建议。此处"巴里坤"乃"笼统之辞",泛指新疆①。刑部为此迅速拟定发遣新疆条例,有以下22种犯罪缘由者,发遣新疆:

①凶徒因事急争执,持军器殴人致笃疾者;②偷盗围场木植牲畜已得者;③旗下正身犯积匪者;④拿获逃人不将实在窝留之人指实,再行妄报者;⑤移驻拉林闲散满洲有犯末次逃走,尚未出境者;⑥派往各省驻防满洲兵丁临行及中途逃走者;⑦强盗窝主,造意不行,又不分赃者;⑧杀一家非死罪三人以上之妻女,并未同谋加功者;⑨发遣云贵、两广烟瘴刨参人犯在配脱逃者;⑩奸妇抑媳同陷邪谣,致媳情急自尽者;⑪盛系旗下家奴多匪逃走至二次者;⑫川省匪徒在野拦抢,并未伤人,

---

① 《清高宗实录》卷556,乾隆二十三年五月丁亥条。

数在三人以上至九人之首从各犯，及数十人以上被协同行者；⑬姑谋杀出言顶撞子妇凶残显著者；⑭贼犯谋杀官差多从在场助势济恶者；⑮监犯越狱数在三人以上，原犯徒罪为从及原犯徒罪为首者；⑯监犯越狱数止一二人，原犯军流为从及原犯徒罪为首者；⑰永远枷号人犯，于枷示十年后，原拟死罪及应行发遣者；⑱用药迷人甫经学习，即行败露者；⑲调奸妇女未成，本妇抱忿自尽致死二命者；⑳军营脱逃余丁，在军务未竣以前拿获及投首者；㉑行营地方金刃伤人，伤轻平复者；㉒中途夺犯杀差，随同拒捕未经殴人成伤者。①

由上列各项可以看出，作为遣犯而被流放到新疆的基本上包括这么几种人：斗殴伤人者、窃犯、逃人及逃兵、杀人犯、刨人参犯、逃奴、越狱犯、永远枷号及死罪减等人犯、奸淫妇女犯、杀官抗差者等各类人员。

按此条例，各省应将发遣人犯先递解至甘肃省，再由甘肃省负责递解新疆。但此时新疆战争未停，政局不稳，尚不具备大规模安置遣犯的条件，而各省按例应行递解的遣犯云集安西、巴里坤、哈密等地，清廷即安排这批遣犯在上述地区从事屯田。这批发遣人犯是哈密屯田犯人的最初来源。

乾隆二十四年（1759年），塔尔纳沁兵屯区设置，以管屯都司督领，安置屯兵170名、遣犯130名屯田；二十七年（1762年），蔡巴什湖屯区设置，以管屯把总督领，安置屯兵100名、遣犯50名屯田。种植物有小麦、青稞、粟谷、豌豆、胡麻等。

其后，清廷不断修改、增加发遣新疆条例，发遣的人犯不断流入新疆。在新疆当时的条件下，要保证粮食高产，以一人种24—27亩地，已是极限，年老体弱之人是难以胜任的。获得身强力壮的犯人，哈密当局有地理上的优先条件，即截留途经哈密的"年力精壮"的遣犯去种地。因为犯人在兵屯区种地，年满即可离开，落籍为民。当屯田区出现缺额时，哈密屯田当局便会上奏朝廷，请求截留途经哈密的遣犯，填补缺额，

---

① 见军机处汉文清册第270号。转引自吴元丰《清乾隆年间伊犁遣犯为民后的屯田》，《中国边疆史地研究》1994年第4期。

这几乎成了定例。《清实录》对此表述得很清楚："向来哈密地方所属屯田，俱于发往伊犁、乌鲁木齐两处遣犯内，截留种地。"但是遣犯所犯罪行轻重不同，处罚也不同，而哈密屯田当局截留遣犯只图身强力壮，而不太考虑"情罪轻重"的问题，引起乾隆帝的不满，由此指出："若不定以区别，则情罪较重之犯，俱可就近截留。一经种地年满，即可侥幸安插为民，未免启避重就轻之弊，不足以示惩儆……嗣后该处应留种地遣犯，如原犯情罪本轻者，方准截留。其情罪较重者，概不得截留。"① 这是乾隆五十七年（1792年）发的上谕。

由此可知，此前哈密屯田的遣犯，"情罪轻重不同"者皆有之。此后这种状况也未有多大改变。"情罪本轻者，方准截留"只是具文而已。因为第二年（1793年）哈密办事大臣就上了一份奏折《为挑拨年力精壮遣犯补充哈密屯田人犯事折》："哈密屯田遣犯，原定一百八十名，每名种地二十七亩，现在缺额共计二十名，无人顶补。"② 要求"截留"年力精壮的遣犯种地。又过了三年，即嘉庆元年（1796年）十二月，哈密办事大臣僧保住上奏称："近年发遣新疆情轻者甚少，不敷耕作，请于情重人犯内，择年力精壮暂行截留，俟续到有情轻者再更替发往原配，照原拟罪名办理。"这样一个"更替"方案，最终获得皇帝的妥协："除洋盗案内被胁服役发往回疆为奴者仍不准截留外，余如所请，从之。"③

概言之，哈密是进入新疆的东大门，是内地遣犯发配伊犁、乌鲁木齐和回疆的必经之地，哈密屯田当局有"截留"遣犯的优先权，主要挑选"情罪本轻者"，尤其是年力精壮者；在屯田人力"不敷耕作"的情况下，允许"情罪较重之犯"在哈密屯田。

三 犯屯制度

在乌鲁木齐、玛纳斯、晶河、库尔喀喇乌苏、伊犁、塔尔巴哈台等

---

① 《清高宗实录》卷1414，乾隆五十七年十月丁卯条。

② 军机处杂册270号档案，乾隆五十八年四月十三日哈密办事大臣奏为挑拨年力精壮遣犯补充哈密屯田人犯事折。

③ 《清仁宗实录》卷12，嘉庆元年十二月丁丑条。

屯田区，承种份地的遣犯，其份地额数是一夫授田十二亩，所需籽种、农具、耕畜等都由国家供给，有家眷者"酌给地五亩，自行开垦，其未收获以前，官为养赡家口"①。遣犯上交的粮食远不及屯兵的半数，如乌鲁木齐屯区："（乾隆）三十年，每兵十三石，遣犯五石八斗九升。……三十五年，每兵十三石一斗，遣犯五石一斗五升……四十二年，每兵十五石零，遣犯六石六斗零。"②

但哈密屯区的遣犯承种份地额数与屯兵相同，上交粮石也相同。《乌鲁木齐政略》将哈密种地兵丁、遣犯并列，记载他们的收成分数："沁屯，（乾隆）四十二年，每兵丁、遣犯十三石六升零。蔡屯，四十二年，每兵丁、遣犯十七石九斗零。"③

沁屯即塔尔纳沁屯田区，蔡屯即蔡巴什湖屯田区。屯田的犯人被编入兵屯组织系统中，受屯田兵丁的监督。他们名隶档册，分给土地，在自己的份地上耕作，单独纳粮。"每遣犯三名额给马牛一匹只，农具一副。"④

清政府安排遣犯和屯兵一起耕作，配置是有一定比例的。像塔尔纳沁，屯兵只有170名，遣犯高达130名，蔡把什湖屯兵100名，遣犯高达50名，这样兵遣比例的配置，在新疆其他屯区是鲜见的。如乌鲁木齐中营"辑怀城兵一百三十三名，遣犯三名；土墩子兵一百三十三名，遣犯二名；怀义堡兵一百三十三名，遣犯四名；屡丰堡兵一百三十三名，遣犯三名；宣仁堡兵一百三十三名，遣犯二名；惠徕堡兵一百三十三名，遣犯一名"；玛纳斯营屯"禾丰工兵一百名，遣犯三名；丰盈头工兵一百名，遣犯五名"；精河营屯"兵一百八十名，遣犯五名"。只有巴里坤营屯兵500名、遣犯350名，和哈密屯区比例相当。⑤

新疆遣犯允许携带家眷一同生活和生产，这一政策在乾隆三十一年

---

① 《清高宗实录》卷653，乾隆二十七年正月丙辰条。
② 《乌鲁木齐政略·屯田》，王希隆：《清代文献四种辑注考述》，甘肃文化出版社1995年版，第56页。
③ 同上。
④ 同上书，第130页。
⑤ 同上书，第53—55页。

（1766年）得到进一步推广。雅尔办事大臣阿桂提出："乌鲁木齐土地肥美，招募民人，一时难以足数。且起程一切，需费亦繁。不如将应遣人犯，悉令携眷遣发该处。其能改过者，拟定年限，给予地亩，准入民籍。不费帑项，地方渐至富庶，日久即可编成卫所。查例载发遣应携眷属者，准给官车口粮；不应携眷而自愿携眷者不给。"乾隆批准了这一方案。①

这样大幅度地放宽政策，自然有利于调动遣犯屯田的积极性，有利于新疆的农业生产。哈密遣犯携带家眷一同生活和生产，自然在制度安排允许的范围内。《哈密志》记载："遣犯家属大口每口日给面一斤，小口每口日给面半斤。"证明塔尔纳沁、蔡巴什湖的屯田犯人中有一部分是携眷者。

哈密屯田"年满"的遣犯，一般改拨巴里坤等处安插，称"为民遣犯"，又称"遣户"。这些遣户由当地官府安插在规定地区，"指给地亩耕种。其未领有马匹、农器者，照原奏所定，补行给予。并借给造房银两、口粮、籽种等项，分年归还。于种地次年，即令纳粮，照民人每亩八升"②。从性质上说，遣户和户民已没有什么区别了。

四 屯区的耕种

嘉庆年间，哈密办事大臣成书巡视屯田区，所作诗篇，让我们领略了当年塔尔纳沁和蔡巴什湖的屯田画面。关于塔尔纳沁：

> 乱石卧斜阳，孤城接大荒。
> 秋原认禾黍，低草见牛羊。
> 烟火新屯聚，风云古战场。
> 无由问沿革，独立向苍茫。
>
> ——成书《塔尔纳沁》

---

① 《清高宗实录》卷759，乾隆三十一年四月庚申条。
② 《清高宗实录》卷768，乾隆三十一年九月壬午条。

渐近沁城路，公田次第看。
雪深知岁稔，霜早怯秋寒。
屯戍争趋接，边防愧抚安。

——成书《东行巡屯》

使者巡边日，秋风静列屯。
平沙微有路，独树自成村。
野旷牛羊散，年丰麦豆繁。

——成书《即事四首》选一

东屯风景亦全谙，怪石惊沙百不堪。
杨柳数株泉一道，沁城已是小江南。

——成书《伊吾绝句》选一①

"沁城"即塔尔纳沁的简称。塔尔纳沁屯田区在哈密城以东，所以哈密办事大臣成书巡视其地，题诗"东行巡屯"。诗人所见"乱石卧斜阳，孤城接大荒"之"孤城"，即塔尔纳沁古城堡——绿营都司衙署所在地，距哈密城220里。塔尔纳沁屯田区是康、雍、乾三朝与准噶尔蒙古贵族争夺西域的"古战场"，这里"野旷牛羊散，年丰麦豆繁"，农牧业都很兴旺。兵丁、遣犯、家眷们的劳动和生活有序而富有生气，到处是"烟火新屯聚"，一派"小江南"的景象。

塔尔纳沁屯田区地域辽阔，"工段畸零，其间相距数十里不等"②，共计开垦屯地14000余亩，因为"土性瘠薄，轮流耕歇"③，每年实际种地7300亩，依据《哈密志》的记录，屯区耕地分布在21个"工"：

前营庄子工种植小麦350亩，白山子工种植小麦550亩，大庙湾工种植小麦320亩，小庙湾工种植小麦150亩，下河工种植小麦300亩，上河

---

① 星汉：《清代西域诗辑注》，新疆人民出版社1996年版，第247—254页。
② 《清高宗实录》卷784，乾隆三十二年五月壬辰条。
③ 《清宣宗实录》卷426，道光二十六年二月乙未条。

工种植小麦300亩，小堡工种植小麦400亩，城西工种植小麦400亩，头道沟工种植小麦250亩，照壁沟工种植小麦550亩，阿洞沟工种植小麦350亩，回庄子工种植小麦60亩，头工种植小麦320亩，二工种植小麦350亩，三工种植小麦230亩，庙儿沟工种植小麦150亩，土门沟工种植胡麻100亩，红山子工种植小麦100亩，中营槽工种植小麦400亩，庙前工种植小麦600亩，大黑山工种植小麦100亩。①

这21"工"灌溉用水来源于山水和泉水。多数情况下，一个工既用山水也用泉水浇地。塔尔纳沁屯区种植小麦的有20个工，只有一个工种植胡麻。

笔者统计上述21个"工"的耕地数字是6330亩。这可能是道光二十四年至二十六年（1824—1826年）间某一年的统计数字，因为《哈密志》正是在此期间修成。这与《清实录》记载的7300亩相差了近千亩。何以解释这种现象？笔者认为，哈密屯区耕作方式为轮作制，每年耕种土地数字不是恒定不变的。塔尔纳沁共计屯地14000余亩，7300亩应该是屯区上报清廷的常态数字，而不是每年的实际耕种数字。

关于蔡巴什湖，哈密办事大臣成书有如下描述：

早耕晚获看农忙，一熟须教歇两荒。
蔡巴什湖四千亩，三秋麦豆始登场。

——成书《伊吾绝句》其四

草湖富地利，开屯集众工。
屯兵杂戍卒，合作力不慵。
但多播种劳，而无芟薙功。
良田与恶草，相伴各青葱。
耕报虽鲁莽，终不碍岁丰。
薰风五月交，雪山水融融。
长渠亘百里，畎浍无不通。

---

① 钟方：《哈密志》卷之四十三，禹贡学会据传抄本印，1937年版。

灌溉既云足，曲折任所终。
永无水旱忧，日见仓禀充。
兵食与民食，乃将取携同。

——成书《蔡巴什湖》①

蔡巴什湖把总衙署在哈密城南10里，整个屯区由3个"工"组成：

头工种植小麦地700亩，谷地600亩；二工种植小麦地600亩，谷地700亩；三工种植小麦765亩，谷地700亩。②

3个"工"共种屯地4065余亩。这一数字自乾隆三十三年（1768年）沿袭至道光二十六年（1846年），近八十年间，一成未变。依据哈密办事大臣成书的描述，蔡巴什湖屯区实行轮耕法，和塔尔纳沁一样，"一熟须教歇两荒"。"屯兵杂戍卒"，共同劳作、生活。灌溉蔡巴什湖屯区的百里长渠，修建于雍正年间，由于渠水充裕，"灌溉既云足，曲折任所终"，"良田与恶草，相伴各青葱"，一派生机盎然的景象。蔡巴什湖"永无水旱忧，日见仓禀充"。"兵食与民食"，全赖屯田所得。

哈密屯田地点分散，以每人耕作24—27亩计算，上述每个"工"应分配兵丁、遣犯若干，每"工"就地建造几间土屋，方便劳作与生活（诗中所谓的"独树自成村"即是描述这种景象）。遣犯由兵丁监督，共同劳作，共同生活。

在此种状况下，遣犯若感到劳动极苦，生活绝无希望，就极易脱逃，监督也成了一件困难的事——这实在不利于屯田大计。高明的办法是施行仁政，化解矛盾。哈密屯田当局关心犯人，给他们发盐菜钱、衣物等，解决犯人家眷的困难，目的就是使遣犯安心屯田，勿逃跑，多打粮食。这个目的可以说达到了。

五 遣犯们的生活

一般来说，新疆屯区的遣犯，生活是非常苦的。纪晓岚在他的《阅

---

① 星汉：《清代西域诗辑注》，新疆人民出版社1996年版，第247—254页。
② 钟方：《哈密志》卷之四十三，禹贡学会据传抄本印，1937年版。

微草堂笔记》中记载,吉木萨遣犯刘允成"为逋负过多,迫而自缢";昌吉遣犯彭杞,有"一女年十七,与其妻皆病瘵,妻先殁,女亦垂尽。彭有官田耕作,不能顾女,乃弃置林内,听其生死"①;而巴里坤屯田遣犯"每名每月止支面三十斤,此外再无贴补"②。

但哈密屯田遣犯却享有较好的生活待遇。《哈密志》记载哈密屯田当局发给塔尔纳沁、蔡巴什湖种地遣犯有衣物、盐菜钱、面粉等:

衣物:"每遣犯一名,一年应给小衫一件,每件价银三钱;一年应给单裤二条,每条价银三钱;一年应给鞋二双,每双价银四钱五分;一年应给毛裹脚一双,每双价银一钱二分;二年应给大衫一件,每件价银六钱;二年应给绒帽一顶,每顶价银一钱二分;三年应给无面羊皮大袄一件,每件价银二两。"

盐菜钱:"每遣犯一名,日支盐菜钱五文,月支盐菜钱一百五十文,每岁支盐菜钱一千八百文(每钱七百文合银一两)。"

面粉:"日支白面一斤,月支白面三十斤,每岁支白面三百六十斤。每遣犯一名,月加增面十斤,每岁加增面一百二十斤。"此外,遣犯如有家属,也发给面粉,"大口每口日给面一斤,小口每口日给面半斤。"③

由上统计,哈密屯田当局一年发给一名遣犯的衣物,折银约二两二钱,盐菜钱约二两六钱,面粉480斤,发给其家属一年面粉大口360斤,小口180斤。这还未算丰收年份朝廷给的奖赏,一般是"收粮在十八石以上……兵丁、遣犯赏给一月口粮"④。这种待遇较新疆其他地方的屯田遣犯,实在要好得多。

人们不禁要问,哈密屯田遣犯的这种待遇,其来源是什么呢?

这和哈密屯田中的"余地"有关。所谓"余地",即屯田中隐瞒、未

---

① 纪昀:《阅微草堂笔记》,天津古籍出版社1994年版,第157、178页。
② 《清高宗实录》卷1232,乾隆五十年六月己卯条。
③ 钟方:《哈密志》卷之二十,禹贡学会据传抄本印,1937年版。
④ 《清高宗实录》卷1071,乾隆四十三年十一月辛亥条。

上报的土地。哈密屯田当局利用"余地"生产的粮食或经济作物，补贴遣犯的月支口粮、衣物、盐菜钱和家属的口粮。① 早在乾隆三十二年（1767年），陕甘总督吴达善就查出塔尔纳沁、蔡巴什湖"余地"2095亩，他命令将"余地"生产的粮食数量如数上报户部，将"余地"变为"正地"。他同时批评，哈密屯田当局发给遣犯每人每年的衣物、盐菜钱达十两三钱之多，属于"滥支"，命令"核计"，减为五两五钱。②

"余地"现象事实上禁而不止。屯田当局不报或少报多开垦的土地，至少有以下目的：

其一，以"余地"生产的粮食补贴"正地"的亏欠；其二，以"余地"收入改善屯兵和遣犯的生活待遇。事实上，在休耕地上也可以产生"余地"。如塔尔纳沁开垦屯地14000余亩，每年耕作一半，休耕一半。在休耕地上种一部分地而不上报收获，休耕地也就变成了"余地"，也可以达到上述目的。

哈密屯田遣犯的待遇较他处为优，连乾隆帝也都知道了。他在一份奏折上批示："哈密所属之塔尔纳沁屯田遣犯，俱有加增口粮，并例支鞋脚等银。"这种待遇，新疆其他地方的屯田遣犯就享受不上。如"巴里坤屯田遣犯，每名每月只支面三十斤，此外再无贴补"③。两地相距不远，同是遣犯，待遇相差竟有如此之大。

新疆农业生产的季节有大半年，秋后屯兵和遣犯就从各个"工"撤出，回到塔尔纳沁城堡周边的三个村庄（分别叫南庄、西庄、北庄）里，和各自的妻儿在这里度过漫长的冬季。当然单身遣犯就享受不到这种家庭之乐了。因精神需求而建造的圣贤庙、财神庙、大佛寺、菩萨庙、娘娘庙等，矗立在村庄里，为人们所供奉。

塔尔纳沁屯区的长官是都司，正四品，城堡内建有都司衙署一座，由30余间房屋构成。此外还有粮仓2处，共30间，用于储藏兵丁、遣犯的口粮、籽种。兵丁家属住房100间，遣犯家属住房30间，单身遣犯住

---

① 钟方：《哈密志》卷之二十，禹贡学会据传抄本印，1937年版。
② 钟方：《哈密志》卷之四十二，禹贡学会据传抄本印，1937年版。
③ 《清高宗实录》卷1232，乾隆五十年六月己卯条。

房 7 间。令人感兴趣的是，城堡内没有建造关帝庙，取而代之的是一座老君庙。

而蔡巴什湖屯区的长官是把总，正五品，有把总衙署一座，由 4 间土房构成。此外还有圣贤庙和风神庙，4 间仓房，土房 70 间，供屯田兵丁和遣犯们居住。这是《哈密志》提供给我们的当年屯田区状况的资料，弥足珍贵，引述于此。①

综上所述，清代哈密犯屯中，每名犯人承种份地 24—27 亩，上交屯粮的额数也与屯兵相同，这与当时新疆其他屯区的做法大相径庭。哈密是内地通往新疆的要道，粮食为战略物资。屯田当局为保障粮食供给，要求犯人承种份地和上交屯粮的额数与屯兵相等，为此在生产资料和生活待遇上给予一定的保证，以调动犯人屯田的积极性。另外，哈密占地利之便，屯田当局有条件首先截留身强力壮的犯人种地。从道理上说，一个青壮年劳力，不论他是屯兵还是犯人，只要提供必要的生产资料，在生活待遇上又给予一定的保证，承种相等的份地，上交相等的屯粮是不难做到的。只是新疆其他屯区没有哈密犯屯的相应条件，所以犯人承种的份地只是屯兵的一半，上交屯粮的额数不及屯兵的一半。哈密犯屯在清代只是一个特例。

---

① 钟方：《哈密志》卷之四十三，禹贡学会据传抄本印，1937 年版。